Adieu à Berlin

Adieu à Berlin est un enchaînement de récits — le premier d'entre eux a inspiré le film de Bob Fosse *Cabaret* — qui se complètent et puisent aux sources de la vie quotidienne de Berlin du début des années trente.

A travers l'intimité de personnages marginaux, Christopher Isherwood a su admirablement saisir le glissement progressif de la société berlinoise vers le nazisme. Artistes minables, ouvriers condamnés à la promiscuité et à la misère, militants pourchassés, concierges en mal d'un ordre nouveau, homosexuels à la dérive, tels sont les gens que l'auteur côtoie et tour à tour aime, admire, plaint.

Comme dans la plupart de ses romans, Christopher Isherwood se met ici en scène avec un narcissisme à la fois délicieux et pudique où affleurent son anticonformisme, sa sensibilité pour les êtres en péril et sa clairvoyance.

Christopher Isherwood est né en 1904 en Angleterre. Études à Repton et à Cambridge d'où, dit-on, il est expulsé pour avoir rédigé sa thèse de façon totalement non conformiste. Brèves études de médecine à Londres. Après avoir publié son premier roman, Tous les conspirateurs, *il quitte l'Angleterre en 1929 et voyage en Europe. En 1939 il s'installe aux États-Unis où il écrit des scénarios pour Hollywood, enseigne dans différentes universités et écrit de nombreux romans. Il est mort à Santa Monica, en Californie, en 1986.*

Christopher Isherwood

Adieu à Berlin

roman

TRADUIT DE L'ANGLAIS
PAR LUDMILA SAVITSKY

Hachette

TEXTE INTÉGRAL

EN COUVERTURE : Liza Minelli dans le film *Cabaret*
Photo Collection Cat's

Titre original : *Goodbye to Berlin*

ISBN 2-02-013012-2
(ISBN 2-01-013426-5, 1re publication)

à John et Beatrix Lehmann

Journal à Berlin

Automne 1930

Du haut de ma fenêtre, la rue en profondeur, solennelle et massive. Boutiques en sous-sol, où les lampes brûlent tout le jour, dans l'ombre des façades à balcons trop lourdement ornées, enjolivées de bas-reliefs en plâtre sale, avec leurs volutes et leurs médaillons héraldiques. Tout le quartier est ainsi : d'une rue à l'autre, ce ne sont qu'alignements de maisons pareilles à de vieux coffres-forts monumentaux pleins à craquer de valeurs jaunies et du bric-à-brac de la classe moyenne en déconfiture.

Je suis une caméra braquée, absolument passive, qui enregistre et ne pense pas. Qui enregistre l'homme en train de se raser à la fenêtre d'en face et la femme en kimono qui se lave les cheveux. Un jour, il faudra développer tout cela, l'imprimer avec soin, le fixer.

A huit heures du soir, les portes des immeubles sont verrouillées. Les enfants sont à table. Les boutiques sont fermées. Le petit hôtel du coin, où l'on peut louer une chambre à l'heure, allume son enseigne électrique au-dessus de la sonnette de nuit. C'est alors qu'on commence à entendre siffler. Les jeunes gens appellent les femmes. Tout en bas, debout dans le froid, ils lancent leurs appels vers les fenêtres éclairées des chambres tièdes où la couverture du lit est déjà rabattue pour la nuit. Ils exigent qu'on les laisse entrer. Leurs coups de sifflet résonnent dans la rue profonde et caverneuse, lascive, intime et triste. A cause de ces sifflements, je n'aime pas m'attarder là le soir. Ils me rappellent que je suis dans une ville étrangère, seul, loin de chez moi. Parfois je décide de ne plus les écouter, je prends un livre, j'essaie de lire. Mais un appel retentit tout à coup, si aigu, si pressant, si désespérément humain qu'il m'oblige à me lever, à regarder entre les lames de la jalousie pour m'assurer — comme si je n'en étais pas sûr d'avance — qu'il ne s'adresse pas à moi.

L'extraordinaire odeur qui règne dans cette chambre quand le poêle est allumé et que les fenêtres sont fermées. Pas si désagréable que ça : un mélange d'encens et de petits pains suris. Le grand poêle de faïence, éclatant de couleurs comme un autel. Le lavabo pareil à un reliquaire gothique. L'armoire, elle aussi, est gothique, avec des fenêtres sculptées de cathédrale : Bismarck, en vitrail, fait pendant au roi de Prusse. Le plus important de mes fauteuils pourrait servir de trône à un évêque. Dans le coin, trois hallebardes médiévales (vestige de quelque théâtre en tournée ?) sont attachées ensemble de manière à former un porte-chapeau. De temps en temps, Fräulein Schroeder dévisse les têtes des hallebardes pour les astiquer. Elles sont lourdes et suffisamment tranchantes pour tuer quelqu'un.

Tout le reste, dans la chambre, est à l'avenant : inutilement solide, anormalement lourd, dangereusement acéré. Ici, à ma table de travail, j'affronte une cohorte d'objets métalliques : une paire de bougeoirs en serpents enlacés, un cendrier où se dresse une tête de crocodile, un coupe-papier, copie d'un poignard florentin, un dauphin de cuivre qui porte au bout de la queue une petite pendule cassée. Que deviennent les objets de ce genre ? Qu'est-ce qui pourrait bien les détruire ? Ils dureront des milliers d'années sans doute ; les musées les conserveront avec piété. A moins qu'on ne les fasse fondre, tout simplement, pour les transformer en munitions. Chaque matin, Fräulein Schroeder prend le soin de les disposer dans un ordre invariable : ils ne bougent pas, rigides représentants des idées qu'elle peut avoir sur le capital et la société, la religion et le sexe.

Toute la journée, elle piétine à travers le grand appartement miteux. Informe mais alerte, elle se dandine d'une pièce à l'autre, en savates, son peignoir à fleurs savamment épinglé pour qu'aucun dessous ne soit visible, agitant son plumeau, épiant, farfouillant, fourrant son petit nez pointu dans les armoires et les valises des locataires. Elle a des yeux noirs, brillants et inquisiteurs, et de jolis cheveux bruns ondulés, dont elle est très fière. Elle doit avoir cinquante-cinq ans environ.

Autrefois, avant la guerre et l'inflation, elle connaissait une certaine aisance, passait l'été au bord de la Baltique et avait une bonne pour faire le ménage. Depuis une trentaine d'années, elle habite ici et prend des locataires. L'idée lui en est venue parce qu'elle aimait la société.

— Mes amis me disaient : « Comment pouvez-vous, Lina ? Comment pouvez-vous souffrir que des étrangers s'installent dans vos chambres et abîment vos meubles, surtout quand vous avez les moyens de rester indépendante ? » Et moi, je leur répondais toujours la même chose. Je disais : « Chez moi, les locataires ne sont pas des locataires, ce sont des amis. » Voyez-vous, Herr Issyvoo, en ce temps-là je pouvais me montrer difficile. J'étais libre de choisir. Je ne prenais que des personnes bien apparentées, bien élevées, des gens vraiment distingués (comme vous-même, Herr Issyvoo). Une fois j'ai eu un Freiherr, et puis un Rittmeister et un Professeur. Ils me faisaient souvent des cadeaux : une bouteille de cognac, une boîte de chocolats, ou des fleurs. Et quand l'un d'eux s'en allait en vacances, il m'envoyait toujours des cartes postales, de Londres quelquefois, ou de Paris, ou de Baden-Baden. Ah ! si j'en ai reçu, de jolies cartes postales !...

Aujourd'hui, Fräulein Schroeder n'a même pas de chambre à elle. Elle est obligée de coucher dans le salon, derrière un paravent, sur un petit canapé aux ressorts démolis. Comme dans beaucoup d'anciens appartements berlinois, notre salon forme le milieu entre les pièces de devant et celles de derrière. Pour se rendre dans la salle de bains, les locataires de devant doivent traverser le salon, de sorte que Fräulein Schroeder est souvent dérangée la nuit.

— Mais cela ne me gêne pas, je me rendors tout de suite !

Elle a son ménage à faire, ce qui lui prend presque toute la journée.

— Si quelqu'un m'avait dit, il y a vingt ans, de frotter mes propres parquets, il aurait reçu une bonne gifle ! Mais on s'y habitue. On finit par s'habituer à tout. Ah ! il y eut un temps où je me serais coupé la main droite plutôt que de vider ce pot de chambre... Et maintenant — poursuit Fräulein Schroeder joignant le geste à la parole —, ma foi, cela ne m'ennuie pas plus que si c'était une tasse de thé !

Elle prend plaisir à me signaler les diverses empreintes ou souillures laissées par les hôtes précédents de cette chambre.

— Eh oui, Herr Issyvoo, de chacun il me reste un souvenir... Vous voyez, là, sur le tapis — je l'ai donné à nettoyer je ne sais combien de fois, mais ça ne part pas —, c'est là que Herr Noeske a vomi après son dîner d'anniversaire. Qu'est-ce qu'il avait bien pu manger, je me le demande, pour faire une saleté pareille ? Il était venu à Berlin pour ses études, vous savez. Ses parents habitaient le Brandebourg — une famille de la haute société, je vous le garantis ! De l'argent à ne savoir qu'en faire ! Son Herr Papa était chirurgien et, comme de juste, il voulait que son fils suive ses traces... Quel charmant jeune homme ! Je lui disais : « Herr Noeske, excusez-moi, mais vraiment vous devriez travailler mieux que ça — avec le cerveau que vous avez ! Pensez à votre Herr Papa, à votre Frau Mama ; ce n'est pas gentil de gaspiller leur argent comme vous faites. Vous le jetteriez dans la Sprée que cela vaudrait mieux. On l'entendrait au moins faire *plouf* ! » J'étais comme une mère pour lui. Et chaque fois qu'il s'était fourré dans l'embarras — il était affreusement étourdi —, il venait me trouver tout de suite : « Schroederchen, disait-il, ne me grondez pas. On a joué aux cartes hier soir et j'ai perdu tout l'argent de mon mois. Je n'ose pas l'avouer à mon père... » Et il me regardait avec ces grands yeux qu'il avait, et moi, je savais bien où il voulait en venir, le coquin ! Mais je n'avais pas le cœur de lui refuser. Alors je m'asseyais et j'écrivais une lettre à sa Frau Mama, la priant de lui pardonner, rien que pour cette fois, et de lui envoyer un petit supplément. Et elle le faisait toujours... Naturellement, étant femme, je connaissais la manière de toucher son cœur, quoique je n'aie jamais eu d'enfants moi-même... Qu'est-ce que vous avez à sourire, Herr Issyvoo ? Allons, allons ! Personne n'est à l'abri des erreurs, vous savez !... Et voilà l'endroit où Herr Rittmeister éclaboussait toujours le papier du mur avec son café. Il avait l'habitude de s'asseoir là, sur le divan, avec sa fiancée. « Herr Rittmeister, je lui disais, je vous en prie, prenez donc votre café à table. Permettez-moi de vous faire remarquer que vous aurez ensuite tout votre temps pour le reste... » Mais non, il voulait à toute force se mettre sur le divan. Et alors, évidemment, quand il commençait à s'exciter un peu trop, hop ! les tasses de café... Un si bel homme. Sa Frau Mama et sa sœur venaient nous voir de temps en temps. Elles aimaient bien venir à Berlin. « Fräulein Schroeder, me disaient-elles, vous ne connaissez pas votre bonheur de vivre ici, en plein cœur des choses. Nous ne sommes que des parentes de province qui vous envient ! Allons, racontez-nous les derniers potins de la Cour ! » C'était pour rire, bien entendu. Elles avaient un amour de petite maison pas très loin de Halberstadt, dans le Harz. Elles me l'ont montrée en photo. Un rêve, absolument !... Voyez-vous ces taches d'encre sur le tapis ? C'est là que Herr Professor Koch secouait son stylo. Je lui en avais fait cent fois l'observation. A la fin, j'ai même étalé des feuilles de buvard par terre, autour du fauteuil. Il était d'un distrait !... Un vieux monsieur si exquis ! Et si simple. Je l'aimais tant ! Quand je lui raccommodais une chemise ou une paire de chaussettes, il avait les larmes aux yeux en me remerciant. Et tellement farceur ! Quelquefois, dès qu'il m'entendait venir, il éteignait la lumière et il se cachait derrière la porte ; puis il poussait des rugissements de lion, pour me faire peur. Tout à fait comme un enfant...

Frl. Schroeder peut continuer ainsi, sans se répéter, pendant des heures. Après l'avoir écoutée un certain temps, je me sens glisser dans un curieux état de dépression, une sorte de transe. Le malheur m'envahit peu à peu. Où sont maintenant tous ces locataires ? Où serai-je moi-même, d'ici une dizaine d'années ? Pas ici, certes. Pour arriver à ce jour lointain, combien de mers, combien de frontières me faudra-t-il traverser? Jusqu'où devrai-je aller, à pied, à cheval, en auto, à bicyclette, par avion, bateau, train, ascenseur, escalier mécanique, tramway? Combien d'argent demandera cet énorme voyage? Chemin faisant, combien de nourriture vais-je progressivement, péniblement absorber? User combien de paires de souliers? Fumer combien de milliers de cigarettes? Boire combien de tasses de thé, combien de verres de bière? L'horrible, l'insipide perspective? Tout cela pour mourir à la fin... Une sourde terreur m'empoigne soudain aux entrailles et m'oblige à m'excuser pour courir aux cabinets.

En apprenant que j'avais autrefois commencé des études de médecine, elle me confie son ennui d'avoir une poitrine aussi abondante. Elle souffre de palpitations qui proviennent, pense-t-elle, de ce que son cœur s'en trouve trop comprimé. Elle se demande si elle ne devrait pas se faire opérer. Certains de ses amis le lui conseillent, d'autres non.

— Ah! c'en est un fardeau à transporter partout avec soi! Et pensez donc, Herr Issyvoo, j'étais aussi mince que vous, dans le temps!

— Vous deviez avoir beaucoup de soupirants, Frl. Schroeder?

Oui, elle en avait eu des douzaines. Mais comme Ami, un seul. Un homme marié, séparé de sa femme, laquelle refusait de divorcer.

— Nous avons été ensemble pendant onze ans. Et puis il est mort de pneumonie. Quelquefois, la nuit, quand il fait froid, je me réveille et je me dis que ce serait bon de l'avoir là. On n'arrive pas à se réchauffer complètement quand on couche tout seul.

Il y a quatre autres locataires dans l'appartement. A côté de moi, dans la grande chambre sur la rue, il y a Frl. Kost; en face, sur la cour, il y a Frl. Mayr. De l'autre côté du salon il y a Bobby et après la chambre de Bobby, au-dessus de la salle de bains, en haut de l'échelle, il y a une minuscule mansarde que Frl. Schroeder, pour une raison incompréhensible, appelle " Pavillon Suédois ". Elle loue cela vingt marks par mois à un voyageur de commerce qui est absent toute la journée et une grande partie de la nuit. Je le rencontre parfois, le dimanche matin, dans la cuisine, où il traîne en gilet sous prétexte de chercher des allumettes.

Bobby est barman à la *Troïka,* dans le quartier ouest. J'ignore son vrai nom. Il a adopté celui-là parce que les prénoms anglais sont en vogue en ce moment dans le demi-monde berlinois. C'est un garçon pâle, bien habillé, avec de rares cheveux noirs plaqués et un air soucieux. Au début de l'après-midi, quand il vient de se lever, on le voit se promener dans l'appartement avec un filet sur la tête.

Frl. Schroeder et Bobby sont devenus très intimes. Il la chatouille et lui donne des claques sur le postérieur ; elle le menace de son balai ou de sa poêle à frire. La première fois que je les ai surpris dans ce genre d'ébats, ils se sont montrés assez confus. Depuis, ma présence a cessé de les gêner.

Frl. Kost est une florissante jeune femme blonde, avec de grands yeux bleus stupides. Quand nous nous croisons en robe de chambre sur le chemin de la salle de bains, elle évite pudiquement mon regard. Elle est grasse, mais bien faite.

Un jour j'ai demandé à brûle-pourpoint à Frl. Schroeder quelle était la profession de Frl. Kost.

— Profession ? Ha, ha, ha, elle est bien bonne ! Vous avez trouvé le mot. Oui, oui, elle exerce une jolie profession ? Comme ceci.

Et, avec l'air d'exécuter quelque chose d'extrêmement comique, elle se mit à se dandiner comme un canard à travers la cuisine, tenant d'un geste maniéré son torchon entre le pouce et l'index. Juste à la porte, elle se retourna triomphalement, agita le torchon comme si c'était un mouchoir de soie et m'envoya un baiser facétieux :

— Oui, oui, Herr Issyvoo ! Voilà comment cela se pratique !

— Je ne comprends pas bien, Frl. Schroeder. Vous voulez dire que c'est une danseuse de corde ?

— Hi, hi, hi ! Bien trouvé, Herr Issyvoo ! Très juste !

C'est bien ça ! Elle gagne sa vie sur la corde raide. C'est tout son portrait !

Peu après, un soir, je rencontrai Frl. Kost dans l'escalier avec un Japonais. Frl. Schroeder devait m'expliquer plus tard que c'était un des meilleurs clients de Frl. Kost. Elle avait demandé à celle-ci ce qu'ils pouvaient bien faire tous deux, une fois hors du lit, puisque le Japonais parlait à peine l'allemand.

— Eh bien ! avait répondu Frl. Kost, on fait marcher le phono, vous savez ; on mange des chocolats, et puis on rit énormément. Il aime beaucoup ça, rire !...

Frl. Schroeder aime bien Frl. Kost et n'a certes aucune objection d'ordre moral contre son métier ; mais quand Frl. Kost casse le bec de la théière ou qu'elle oublie de marquer ses appels téléphoniques sur l'ardoise du salon, alors elle se fâche et s'écrie invariablement :

— Que peut-on attendre, après tout, d'une femme de cette espèce, une prostituée de bas étage ! Dites donc, Herr Issyvoo, vous ne savez pas ce qu'elle faisait autrefois ? Elle était domestique ! Puis elle a eu des relations intimes avec son patron et un beau jour, naturellement, elle s'est trouvée dans un certain état... Et une fois ce petit inconvénient disparu, il a bien fallu qu'elle trottine...

Frl. Mayr est une *jodlerin* de music-hall, une des meilleures d'Allemagne, m'assure Frl. Schroeder d'un air admiratif. Ce n'est pas que Frl. Schroeder aime beaucoup Frl. Mayr, c'est que celle-ci la fait trembler, et pour cause : Frl. Mayr possède une mâchoire de bouledogue, des bras énormes, des cheveux rudes, couleur de ficelle. Elle s'exprime en dialecte bavarois avec des intonations particulièrement agressives. Quand elle est là, on la voit installée comme un cheval de bataille devant la table du salon : elle aide Frl. Schroeder à tirer les cartes. Toutes deux sont de ferventes cartomanciennes et ne songeraient pas à commencer leur journée sans consulter les augures. Pour l'instant, leur préoccupation principale est de savoir si Frl. Mayr va trouver un nouvel engagement. La question intéresse Frl. Schroeder tout autant que Frl. Mayr, cette dernière étant en retard pour son loyer.

Par beau temps, au coin de la Motzstrasse, on voit un personnage mal vêtu, aux yeux exorbités, qui se tient devant une petite boutique en toile démontable. De chaque côté sont épinglés des thèmes astrologiques et des lettres autographes attestant la satisfaction de ses clients. Frl. Schroeder va le consulter chaque fois qu'elle a un mark à sacrifier. Il joue même un rôle très important dans son existence. Elle lui réserve un mélange de cajoleries et de menaces : si les bonnes choses qu'il lui promet se réalisent, elle l'embrassera, dit-elle, elle l'invitera à dîner, elle lui achètera une montre en or ; sinon, elle l'étranglera, le giflera, le signalera à la police. Entre autres prophéties, l'astrologue lui a prédit qu'elle gagnerait à la Loterie de Prusse ; jusqu'ici elle n'a pas eu cette chance, mais cela ne l'empêche pas de calculer sans cesse l'emploi futur de son argent. Nous aurons tous des cadeaux, bien entendu. Pour moi, ce sera un chapeau, parce que Frl. Schroeder trouve inconvenant qu'un gentleman de mon éducation aille nu-tête.

Quand elle ne tire pas les cartes, Frl. Mayr prend du thé et décrit à Frl. Schroeder ses triomphes scéniques :

— Alors l'imprésario m'a dit : « Fritzi, c'est le ciel qui t'envoie ! Justement, la commère de ma revue est tombée malade, tu vas partir ce soir pour Copenhague ! » Et c'est qu'il ne voulait pas entendre parler de refus ! « Fritzi, disait-il (il m'appelait toujours comme ça), Fritzi, tu ne vas pas laisser tomber un vieil ami ? » Alors, je suis partie.

Frl. Mayr sirote son thé avec ses souvenirs.

— Un homme charmant ! Et si bien élevé !

Elle sourit.

— Familier... mais sachant toujours se tenir.

Frl. Schroeder hoche la tête avec enthousiasme, elle boit chaque parole, elle la déguste.

— Il y a de ces imprésarios qui doivent être drôlement entreprenants ? ... Un peu plus de saucisse, Frl. Mayr ?

— Merci, Frl. Schroeder, rien qu'un petit bout... Oui, quelques-uns... c'est incroyable ! mais j'ai toujours su me défendre. Même quand je n'étais encore qu'un tout petit brin de fille...

Les muscles des bras découverts et charnus de Frl. Mayr se mettent à onduler d'une façon peu appétissante. Son menton se projette en avant.

— Je suis Bavaroise. Un Bavarois n'oublie jamais les offenses.

Hier soir, en entrant dans le salon, j'ai trouvé Frl. Schroeder et Frl. Mayr à plat ventre, l'oreille collée au tapis. De temps à autre, elles échangeaient des ricanements de joie, ou bien elles se pinçaient réciproquement et s'exclamaient ensemble : *ch-ch-ch !*

— Ecoutez donc, murmura Frl. Schroeder, il est en train de saccager les meubles !

— Qu'est-ce qu'il lui flanque comme tripotée ! s'écria Frl. Mayr, au comble du ravissement.

— Pan ! Vous entendez ça ?

— Ch-ch ! Ch-ch !

— Ch-ch !

Frl. Schroeder était hors d'elle. Lorsque j'en demandai la raison, elle se redressa avec peine, se dandina jusqu'à moi, me prit par la taille et me fit valser : « Herr Issyvoo ! Herr Issyvoo ! Herr Issyvoo ! » à en perdre la respiration.

— Mais qu'est-ce qui se passe ?

— Ch-ch ! commanda Frl. Mayr, toujours à plat ventre. Ch-ch ! les voilà qui recommencent.

L'appartement au-dessous du nôtre est occupé par une certaine Frau Glanterneck. C'est une Juive de Galicie, ce qui suffit déjà à expliquer l'hostilité de Frl. Mayr, car Frl. Mayr, cela va sans dire, est une Nazi enragée. Mais, indépendamment de cela, il paraît que Frau Glanterneck et Frl. Mayr ont eu des mots entre elles dans l'escalier, au sujet du *jodl* de Frl. Mayr. Frau Glanterneck, peut-être du fait qu'elle n'était pas aryenne, déclara qu'elle préférait entendre miauler des chats. Ce qui constituait un outrage à l'égard non seulement de Frl. Mayr, mais même de toutes les Bavaroises, de toutes les femmes allemandes, et Frl. Mayr se faisait un agréable devoir de les venger.

Il y a une quinzaine de jours, le bruit a couru dans le voisinage que Frau Glanterneck, qui a soixante ans sonnés et qui a l'air d'une sorcière, avait mis une annonce dans un journal afin de trouver un mari. Et le comble, c'est qu'un soupirant s'était déjà présenté : un veuf, un boucher de Halle. Il avait vu Frau Glanterneck, mais persistait néanmoins à vouloir l'épouser. Une belle occasion s'offrait à Frl. Mayr. Au moyen d'une enquête, elle finit par découvrir le nom et l'adresse du boucher et lui écrivit une lettre anonyme. Savait-il que Frau Glanterneck avait : *a*) des cafards dans son appartement, *b*) été arrêtée pour fraude et relâchée comme déficiente mentale, *c*) sous-loué sa propre chambre à coucher pour un usage immoral, et *d*) couché ensuite dans le lit sans avoir changé les draps ? Et voici que le boucher était là, afin de mettre Frau Glanterneck en face de la lettre. On pouvait les entendre distinctement tous les deux : le Prussien rugissant dans sa rage et la Juive glapissant à tue-tête. De temps en temps un coup de poing sur du bois, et parfois un bruit de verre qui se brise. La bagarre a duré plus d'une heure.

Ce matin nous apprenons que des voisins se sont plaints à la concierge et que Frau Glanterneck a un œil au beurre noir. Il n'est plus question de mariage.

Les habitants de la rue finissent par me reconnaître. Chez l'épicier on ne se retourne plus en m'entendant demander une livre de beurre avec mon accent anglais. Quand je passe au coin de la rue, la nuit, les trois putains ne murmurent plus d'une voix grasse : « Komm, Süsser ! »

Ces putains ont, toutes les trois, nettement dépassé la cinquantaine. Elles ne cherchent pas à le dissimuler. Elles ne sont pas ostensiblement maquillées. Elles portent de vieux manteaux de fourrure avachis, des jupes plutôt longues, des chapeaux respectables. J'en ai parlé incidemment avec Bobby qui m'a appris que ce type de femme confortable était très recherché. Les hommes d'un certain âge les préfèrent aux jeunes. Il y a même des garçons au-dessous de vingt ans qui se plaisent avec elles. Un gosse, explique Bobby, est intimidé devant une fille de son âge, mais pas devant une femme qui pourrait être sa mère. Comme la plupart des barmen, Bobby est grand spécialiste des questions sexuelles.

L'autre soir, je suis allé le trouver en plein travail. Il était encore assez tôt, neuf heures environ, lorsque j'arrivai à la *Troïka.* Le local était beaucoup plus spacieux, plus imposant que je ne l'avais cru. Un portier chamarré comme un archiduc considéra d'un air soupçonneux ma tête dépourvue de couvre-chef. L'accorte employée du vestiaire voulut absolument s'emparer de mon pardessus, qui me sert à dissimuler le plus gros des taches de mon vieux pantalon de flanelle. Le chasseur, perché sur le comptoir, ne se dérangea point pour ouvrir la porte intérieure. Bobby, heureusement, était à son poste, derrière le bar bleu et argent. Je m'élançai vers lui comme vers un vieil ami. Il m'accueillit le plus aimablement du monde :

— Bonsoir, Mr. Isherwood. Très heureux de vous voir ici !

Je commandai de la bière et m'installai sur le tabouret dans un coin. Adossé au mur, j'avais vue sur toute la salle.

— Ça va, les affaires ? demandai-je.

Le masque de noctambule de Bobby, fatigué et poudré, se recomposa soudain. Il se pencha vers moi par-dessus le bar avec une gravité confidentielle et flatteuse :

— Pas si bien que ça, Mr. Isherwood. Ce genre de clients que nous avons aujourd'hui... c'est incroyable ! Il y a un an, je vous assure, on les aurait fichus à la porte. Ils vous commandent un bock et ils se figurent qu'ils ont le droit de rester là toute la soirée.

Bobby s'en montrait indigné à l'extrême. J'étais un petit peu gêné :

— Qu'est-ce que vous allez prendre ? demandai-je, me sentant en faute et avalant ma bière en vitesse.

Puis j'ajoutai, pour qu'il n'y eût pas de malentendu :

— Pour moi, ce sera un whisky-soda.

Bobby prit la même chose.

La salle était presque vide. Je passai en revue les rares consommateurs, m'efforçant de les examiner avec l'œil désabusé de Bobby. Il y avait trois jeunes femmes assises devant le bar, jolies, bien habillées. Celle qui se tenait le plus près de moi était particulièrement élégante, l'air tout à fait cosmopolite. Mais, pendant un silence relatif, je l'entendis parler au deuxième barman : elle s'exprimait grossièrement en argot berlinois. Elle paraissait fatiguée, excédée, sa bouche s'affaissait. Un jeune homme vint la rejoindre et se mêler à la conversation : un beau garçon large d'épaules en smoking de bonne coupe — on aurait pu le prendre pour quelque préfet de *public school* en vacances. Je l'entendais dire :

— *Nee, nee ! Bei mir nicht*[1] *!*

Et son ricanement s'accompagnait d'un geste de voyou, sec et brutal.

Au fond, dans le coin, le chasseur s'entretenait avec le petit vieux en veste blanche, préposé aux lavabos. Le chasseur dit quelque chose, éclata de rire, puis soudain fut pris d'un énorme bâillement.

Les trois musiciens bavardaient sur leur estrade, visiblement peu soucieux de commencer en l'absence d'un auditoire digne d'eux. A une table, je crus découvrir un client sérieux, un gros homme à moustache. Au bout d'un moment, je rencontrai son regard, il m'adressa un petit salut et je compris que c'était le gérant.

La porte s'ouvrit. Deux hommes et deux femmes apparurent. Les femmes étaient plutôt vieilles, avec de grosses jambes, des cheveux coupés court et de coûteuses toilettes du soir. Les hommes étaient somnolents, pâles, vraisemblablement hollandais. Sans aucun doute, là était l'Argent en personne. En un clin d'œil, la *Troïka* avait changé d'aspect. Le gérant, le chasseur et le préposé aux lavabos se levèrent comme un seul homme. Le préposé aux lavabos disparut. Le gérant, en un chuchotement courroucé, apostropha le chasseur qui s'éclipsa à son tour. Alors le gérant, tout courbettes et sourires, s'avança vers la table des clients et serra la main aux deux hommes. Le chasseur reparut, portant son plateau de cigarettes. Un garçon accourait avec la carte des vins, cependant que les trois hommes de

1. — Jamais, jamais ! Chez moi, jamais !

l'orchestre attaquaient avec brio un morceau de musique. Les femmes du bar s'étaient retournées sur leurs tabourets et souriaient d'un air discrètement engageant. Les gigolos se présentèrent devant elles comme s'ils ne les connaissaient pas, saluèrent cérémonieusement et en termes choisis sollicitèrent la faveur d'une danse. Le petit chasseur, plastronnant, riant sous cape, ondulant du buste comme une fleur sur sa tige, traversa la salle : « *Zigarren! Zigaretten!* » Sa voix était moqueuse, haut perchée comme celle d'un acteur. Et sur le même ton, plus aigu, plus ironique et plus réjoui encore, on pouvait entendre le garçon commander à Bobby : « Heidsick Monopol ! »

Les danseurs exécutaient leurs évolutions compliquées avec une gravité ridiculement obséquieuse, manifestant par chacun de leurs gestes l'importance du rôle qu'ils jouaient. Le saxophoniste, lâchant l'instrument qui resta suspendu à son cou, s'avança vers le bord de l'estrade avec son petit porte-voix :

Sie werden lachen,
Ich lieb'
Meine eigene Frau[1]...

Il chantait avec des clins d'œil confidentiels, la voix pleine d'insinuations, appelant toute la salle à conspirer avec lui et roulant des yeux épileptiques en une pantomime de joie débordante. Bobby, rajeuni de cinq ans, onctueux et suave, maniait la bouteille. Et pendant ce temps les deux flasques gentlemen devisaient entre eux, probablement au sujet de leurs affaires, sans un regard vers cette vie nocturne qu'ils venaient de susciter, tandis que leurs femmes restaient là sans rien dire, oubliées, intriguées, mal à l'aise et mourant d'ennui.

Ma première élève, Frl. Hippi Bernstein, habite, à Grünewald, une maison construite presque entièrement en

1. « Vous allez rire, mais moi, j'aime ma femme... »

verre. Les familles les plus fortunées de Berlin habitent généralement Grünewald. On ne comprend pas très bien pourquoi. Leurs villas, de tous les styles que peut revêtir la laideur cossue, depuis l'excentrique pavillon rococo jusqu'à la boîte cubiste, verre et acier, avec un toit en terrasse, se trouvent entassées dans ce bois de pins lugubre et humide. Les grands jardins sont rares, à cause du prix fabuleux du terrain. On n'a de vue que sur les cours voisines, protégées chacune par un grillage et un chien féroce. La peur des cambrioleurs et de la révolution fait vivre ces malheureux en état de siège, privés de soleil et d'intimité. C'est vraiment un quartier de taudis pour millionnaires.

Quand j'ai sonné à la grille du jardin, un jeune domestique est sorti de la maison, suivi d'un grand chien berger qui grognait.

— Il ne vous mordra pas tant que je suis là, me dit le valet avec un sourire rassurant.

Dans le hall des Bernstein il y a des portes cloutées et une pendule de bateau fixée au mur par des boulons. Il y a aussi des appareils d'éclairage modernes qui imitent des manomètres, des thermomètres ou des tableaux de distribution. Le mobilier cependant ne s'harmonise guère ni avec la maison ni avec les accessoires. On a l'impression d'une centrale électrique que les ingénieurs ont essayé de rendre plus intime au moyen de tables et de fauteuils empruntés à une pension de famille vieillotte et éminemment respectable. Aux sévères parois métalliques sont accrochés des paysages du XIXe siècle vernis à profusion, dans leurs cadres dorés et massifs. Sans doute Herr Bernstein a-t-il, dans un élan téméraire, passé la commande de sa villa à quelque architecte « d'avant-garde » alors en vogue ; puis, horrifié par le résultat, il a dû tâcher de le dissimuler sous des souvenirs de famille.

Frl. Hippi est une jolie fille grassouillette de dix-neuf ans environ, avec des cheveux châtains lustrés, de belles dents et de grands yeux de vache. Elle a un rire nonchalant, enjoué, satisfait et un buste bien modelé. Elle s'exprime très gentiment en un anglais d'écolière avec un léger accent américain, et se montre parfaitement enchantée d'elle-même. Pendant que je lui exposais un vague programme de leçons, elle n'a cessé de m'interrompre par des offres de chocolats, de café, de cigarettes :

— Excusez-moi un instant, il n'y a pas ici quelques fruits ?

Souriante, elle saisit le téléphone intérieur :

— S'il vous plaît, Anna, apportez-nous des oranges.

La femme de chambre ayant apporté les oranges, force me fut, malgré mes protestations, d'accepter un repas en règle, avec assiette, fourchette et couteau. Ceci devait abolir tout simulacre de rapports de professeur à élève. Je me sentais comme un gendarme qu'une accorte cuisinière est en train de régaler dans sa cuisine. Frl. Hippi me regardait manger avec son sourire indolent et affable :

— Dites-moi, s'il vous plaît, pourquoi vous venir en Allemagne ?

Elle n'était pas sans curiosité à mon endroit, mais c'est seulement à la manière d'une vache qui tente vaguement de pousser de la tête les barreaux d'une grille. Elle ne tient pas spécialement à voir la grille s'ouvrir. Je lui ai répondu que je trouvais l'Allemagne très intéressante. J'improvisais avec autorité, sur un ton professoral :

— La situation politique et économique est plus intéressante en Allemagne qu'en aucun autre pays d'Europe.

Puis j'ai ajouté, à titre d'expérience :

— Excepté, bien entendu, en Russie.

Mais Frl. Hippi n'a pas réagi. Elle se contentait de sourire béatement :

— Je crois ce sera ennuyeux pour vous, ici. Vous n'avez pas beaucoup d'amis à Berlin, non ?

— Non, non. Pas beaucoup.

Elle eut l'air de trouver cela agréable et divertissant.

— Vous ne connaissez pas quelques charmantes jeunes filles ?

A ce moment, le téléphone intérieur se mit à bourdonner ; elle prit l'écouteur, mais sans avoir l'air de prêter l'oreille à la voix métallique qui émanait de l'appareil. Moi, j'entendais fort bien Frau Bernstein elle-même parler dans la pièce voisine.

— Si tu as laissé ici ton livre *rouge* ? répéta Frl. Hippi, ironique et me souriant comme si sa plaisanterie devait m'enchanter. Non, je ne le vois pas. Il doit être en bas, dans le bureau. Appelle Papa. Oui, il est en train de travailler.

Du geste, elle m'invitait à reprendre une orange. Je secouais la tête poliment. Nous souriions tous les deux.

— Maman, qu'est-ce qu'il y a pour déjeuner ? Ah ? Vraiment ? Magnifique !

Elle raccrocha le récepteur et reprit son interrogatoire :

— Vous ne connaissez donc pas des jeunes filles charmantes ?

— Pas *de* jeunes filles charmantes, rectifiai-je, éludant la question.

Frl. Hippi se contenta de sourire ; elle attendait une réponse. Il me fallut bien ajouter :

— Si, j'en connais une. (Je pensais à Frl. Kost.)

— Seulement une ? (Elle leva les sourcils avec un étonnement comique.) Et, s'il vous plaît, dites-moi, trouvez-vous les jeunes filles allemandes différentes que les anglaises ?

Je rougis.

— Trouvez-vous que les...

Mais je dus m'arrêter, ne retrouvant plus la forme correcte de la phrase.

Elle persistait, toujours souriante :

— Trouvez-vous les jeunes filles allemandes différentes que les anglaises ?

Je rougis de plus belle, puis déclarai avec aplomb :

— Oui, très différentes ?

— Comment sont-elles différentes ?

Par bonheur, la sonnerie retentit de nouveau. On prévenait, de la cuisine, que le déjeuner serait avancé d'une heure, Herr Bernstein ayant à se rendre en ville dans l'après-midi.

— Je suis désolée, dit Frl. Hippi en se levant, il faut finir pour aujourd'hui. Et nous allons nous voir vendredi ? Alors, au revoir, Mr. Isherwood. Et je vous remercie beaucoup.

Elle plongea la main dans son sac et me tendit une enveloppe que, d'un geste maladroit, je fourrai dans ma poche, pour ne l'ouvrir qu'une fois dépassée la maison des Bernstein. L'enveloppe contenait une pièce de cinq marks. Je la lançai en l'air. Elle m'échappa et je la retrouvai au bout de cinq minutes, enfouie dans le sable, après quoi je courus au pas gymnastique jusqu'à l'arrêt du tramway, chantant, et faisant voltiger les cailloux. Je me sentais étrangement fautif et heureux, comme si je venais de commettre avec succès un menu larcin.

Inutile de faire même semblant d'enseigner quelque chose à Frl. Hippi. Quand un mot lui manque, elle le dit en allemand. Si je la corrige, elle le répète encore en allemand. Bien entendu je ne suis pas fâché de cette paresse, je crains seulement que Frau Bernstein ne découvre la lenteur des progrès de sa fille. C'est peu probable, d'ailleurs : une fois que les gens riches ont résolu de vous accorder leur confiance, on peut en général les berner jusqu'au bout. Le seul problème sérieux pour qui donne des leçons particulières, c'est de pénétrer dans la maison.

Hippi de son côté semble apprécier mes visites. D'après ce qu'elle disait l'autre jour, j'ai cru comprendre qu'elle se vantait devant ses amies de classe d'avoir pour professeur un Anglais authentique. Elle me corrompt au moyen de fruits pour que je ne sois pas trop difficile en matière de syntaxe. Elle, en revanche, me décrit à ses parents comme le meilleur professeur qu'elle ait jamais eu. Et toutes les deux ou trois minutes, nous nous interrompons pour la laisser poursuivre le jeu qui consiste à échanger en famille, par le téléphone intérieur, des messages sans aucune importance.

Hippi n'a pas le moindre souci de l'avenir.

Selon l'usage de Berlin, elle fait constamment des allusions à la situation politique, mais sans s'étendre là-dessus et avec une mélancolie conventionnelle, comme lorsqu'on parle de religion. Cela n'a aucune réalité à ses yeux. Son programme est d'entrer à l'université, de voyager beaucoup, de s'amuser à fond et, accessoirement, bien sûr, de se marier. Déjà elle est entourée d'un certain nombre de jeunes gens. Nous avons à leur sujet de longues conversations. L'un d'eux a une auto magnifique. Un autre possède un avion. Un autre encore s'est battu sept fois en duel. Et il y en a un qui a découvert un truc pour éteindre les réverbères en leur administrant un fort coup de pied à un endroit déterminé. Un soir, après un bal, Hippi et lui ont éteint tous les réverbères du voisinage.

Aujourd'hui, on déjeunait de bonne heure chez les Bernstein ; aussi, au lieu de donner ma “ leçon ”, ai-je été invité à partager le repas. La famille était au complet : Frau Bernstein, volumineuse et placide ; Herr Bernstein, petit, malingre et sournois. Il y avait aussi sa sœur cadette, écolière d'une douzaine d'années, grosse fille qui mangeait tant et plus, indifférente aux taquineries de Hippi qui lui signalait le danger d'éclater. Ils ont tous l'air de s'aimer beaucoup, à leur manière confortable et un peu étouffante. Il se produisit une légère altercation parce que Herr Bernstein s'opposait à ce que sa femme allât faire ses courses en voiture : les Nazis, depuis quelques jours, faisaient pas mal de grabuge en ville.

— Tu n'as qu'à prendre le tramway, disait Herr Bernstein, je ne tiens pas à ce qu'ils esquintent ma belle voiture à coups de pierres.

— Et si c'est à moi qu'ils lancent des pierres ? demandait Frau Bernstein avec bonne humeur.

— Ach, qu'est-ce que ça peut faire ? S'ils te lancent des pierres, je t'achèterai du sparadrap pour ta tête et j'en aurai pour cinq *groschen.* S'ils abîment ma voiture, cela peut me coûter cinq cents marks.

Ayant ainsi liquidé la question, Herr Bernstein porta son attention sur moi.

— Vous ne pouvez pas dire qu'on ne vous traite pas bien ici, hein, jeune homme ? Non seulement on vous offre un bon repas, mais encore on vous paie pour le consommer !

Je lus sur le visage de Hippi que ceci dépassait un peu la mesure, même dans la conception bernsteinienne de l'humour. Je répliquai donc en riant :

— M'offrirez-vous un mark de plus chaque fois que je me resservirai d'un plat ?

Herr Bernstein trouva cela très drôle, mais se donna la peine de me faire comprendre qu'il ne prenait pas ma plaisanterie au sérieux.

Cette dernière semaine, d'affreuses perturbations se sont abattues sur notre maisonnée.

Pour commencer, Frl. Kost est venue avertir Frl. Schroeder qu'on lui avait volé cinquante marks dans sa chambre. Elle en était bouleversée, surtout, disait-elle, parce qu'elle avait mis cet argent de côté pour son loyer et ses communications téléphoniques. Le billet se trouvait dans un tiroir de l'armoire, tout contre la porte de sa chambre.

Frl. Schroeder, assez logiquement, observa que le voleur était peut-être un des clients de Frl. Kost. Frl. Kost répliqua que c'était impossible : depuis trois jours, elle n'avait reçu personne. Elle ajouta que d'ailleurs ses amis étaient au-dessus de tout soupçon. C'étaient des messieurs aisés qui n'avaient nul besoin d'un misérable billet de cinquante marks. Frl. Schroeder se montrait extrêmement ennuyée :

— Elle insinue, je suppose, que c'est quelqu'un des *nôtres* qui a fait cela ! Quel toupet ! Ecoutez, Herr Issyvoo, j'aurais été capable de la hacher en morceaux !

— Oui, Frl. Schroeder. Certainement, vous en auriez été capable.

Ensuite Frl. Schroeder émit l'hypothèse selon laquelle le vol n'aurait pas eu lieu et le tout ne serait qu'une tactique de la part de Frl. Kost pour se dispenser de payer son loyer. Elle y fit allusion devant Frl. Kost qui entra en fureur et déclara que de toute façon elle réunirait en peu de jours l'équivalent de la somme — ce qui maintenant est chose faite. De plus, elle a donné congé de sa chambre pour la fin du mois.

Entre-temps, je me suis aperçu, tout à fait par hasard, que Frl. Kost avait une intrigue avec Bobby. Un soir, en rentrant, j'avais remarqué qu'il n'y avait pas de lumière dans la chambre de Frl. Kost. Cela se voit toujours, parce qu'il y a un carreau dépoli à sa porte pour éclairer le vestibule. Ensuite, comme je lisais dans mon lit, j'ai entendu cette porte s'ouvrir et j'ai reconnu la voix de Bobby, qui riait et chuchotait. Après une série de rires étouffés et de craquements du parquet, Bobby s'en alla sur la pointe des pieds et referma le plus doucement possible la porte de l'appartement derrière lui. Au bout d'un instant, il rentra à grand fracas et se rendit directement au salon, où je l'entendis souhaiter une bonne nuit à Frl. Schroeder.

Si Frl. Schroeder n'est pas entièrement au courant de cette histoire, elle la soupçonne en tout cas, ce qui explique sa fureur contre Frl. Kost, car, il faut bien le dire, elle est affreusement jalouse. Ce qui a donné lieu à des incidents aussi gênants que grotesques. Un matin, ayant besoin de la salle de bains, je trouvai celle-ci déjà occupée par Frl. Kost. Avant que je puisse l'arrêter, Frl. Schroeder se précipita sur la porte, enjoignant à Frl. Kost de sortir sur-le-champ. Et comme Frl. Kost, bien entendu, s'abstenait d'obéir, Frl. Schroeder, malgré mes protestations, se mit à tambouriner des poings sur la porte.

— Sortez de ma salle de bains ! vociférait-elle. Sortez immédiatement ou je vous fais sortir par la police !

Là-dessus, elle eut une crise de larmes. Les pleurs furent suivis de palpitations. Bobby se vit obligé de la transporter, hoquetante et secouée de sanglots, sur le canapé. Tandis que nous formions cercle autour d'elle, impuissants, Frl. Mayr parut sur le pas de la porte avec une figure d'exécuteur des hautes œuvres et dit d'une voix menaçante, à l'adresse de Frl. Kost :

— Estimez-vous heureuse, ma fille, si vous ne l'avez pas assassinée !

Sur quoi elle prit le commandement des opérations, nous ordonna de quitter la pièce et m'envoya chercher un flacon de dragées calmantes chez l'épicier. Quand je revins, elle était assise près du canapé et caressait la main de Frl. Schroeder en murmurant avec l'accent le plus tragique :

– Lina, ma pauvre petite enfant, qu'est-ce qu'ils ont bien pu vous faire ?

Sally Bowles

Un après-midi du début d'octobre, j'étais invité à prendre du café noir chez Fritz Wendel. Fritz faisait toujours des invitations pour son « café noir », en insistant sur le *noir*. Il était très fier de son café, le plus fort de tout Berlin, disait-on.

Fritz avait revêtu le costume qu'il portait habituellement pour recevoir : un très gros chandail blanc de yachtman et un pantalon de flanelle bleu ciel. Il m'accueillit, un sourire onctueux sur ses lèvres charnues :

— 'jour, Chris !

— Bonjour, Fritz. Ça va bien ?

— Parfaitement.

Il se pencha sur la cafetière perfectionnée et ses cheveux noirs se décollèrent de sa tête, pour lui retomber sur les yeux en mèches plates, abondamment parfumées.

— Ça ne marche pas, ce sacré machin ! fit-il.

— Et les affaires ? demandai-je.

— Moches, terriblement, dit Fritz avec un superbe sourire. Ou j'inaugure un nouveau programme le prochain mois, ou autrement je deviens gigolo.

— *Ou bien... ou bien,* rectifiai-je par habitude professionnelle.

— Mon anglais ne vaut rien en ce moment, constata Fritz d'une voix traînante et satisfaite. Sally dit qu'elle pourra peut-être me donner des leçons.

— Sally ? Qui est-ce ?

— Tiens, j'oubliais ! Tu ne connais pas Sally. A quoi pensais-je ? D'ailleurs, elle va venir ici tout à l'heure.

— Elle est gentille ?

Roulant ses yeux noirs pleins de malice, Fritz me tendit une boîte de métal brevetée avec des cigarettes au rhum.

— *For*-midable, chantonna-t-il. D'ailleurs, je crois bien que je commence à en pincer pour elle.

— Mais qui est-ce ? Qu'est-ce qu'elle fait ?

— C'est une jeune fille anglaise, une actrice, elle chante au *Lady Windermere* — et c'est du poivré, je te le garantis !

— Pour une jeune fille anglaise, j'avoue que je ne vois pas très bien ça.

— D'ailleurs elle est un peu française. Sa mère l'était.

Quelques instants après, Sally en personne fit son apparition.

— Est-ce que je suis terriblement en retard, Fritz, mon chéri ?

— A peine une demi-heure, il me semble, psalmodia Fritz, rayonnant d'une joie de propriétaire. Permets-moi de te présenter Mr. Isherwod. Miss Bowles. Mr. Isherwood est généralement connu sous le nom de Chris.

— Pas du tout, répliquai-je, il n'y a guère que Fritz qui m'ait jamais appelé Chris dans mon existence.

Sally riait. Elle portait une robe de soie noire avec une petite cape sur les épaules et une casquette de groom crânement plantée de travers.

— Ça ne te fait rien que je téléphone, mon chou ?

— Bien sûr, vas-y !

Fritz me fit signe de l'œil.

— Viens dans ma chambre, Chris, je veux te montrer quelque chose.

Il était visiblement impatient de connaître mon avis sur Sally, sa dernière trouvaille.

— Pour l'amour de Dieu, ne me laissez pas seule avec cet homme, s'écria-t-elle, il est capable d'abuser de moi par téléphone. Il est formidablement passionné.

Tandis qu'elle composait le numéro, j'observai que ses ongles étaient laqués de vert émeraude — une faute de coloris, car cela attirait l'attention sur ses mains, maculées par les cigarettes et sales comme celles d'une gamine. On aurait pu la prendre pour la sœur de Fritz, tant elle était brune. Son visage mince et allongé était mortellement blanc de poudre. Ses yeux, très grands, auraient gagné à être d'un brun plus foncé pour s'harmoniser avec sa chevelure et avec le crayonnage de ses sourcils.

— Hillo, roucoulait-elle, avançant ses lèvres luisantes, couleur de cerise, comme pour donner un baiser au récepteur. *Ist dass Dù, mein Liebling*[1] *?*

Sa bouche s'entrouvrait en un sourire délicieusement idiot. Fritz et moi la contemplions comme au spectacle.

— *Was wollen wir machen, morgen Abend? Oh! Wie wùnderbar... Nein, nein, ich werde bleiben heute Abend zu Hause. Ja, ja, ich werde wirklich bleiben zu Hause... Auf Wiedersehen, mein Liebling*[2]*...*

Elle raccrocha et se retourna vers nous d'un air triomphant.

— C'est le type avec qui j'ai couché la nuit dernière, annonça-t-elle. Il fait l'amour merveilleusement bien. En affaires, c'est un génie et il est formidablement riche...

Elle vint s'asseoir sur le canapé près de Fritz et avec un soupir s'enfonça dans les coussins :

— Donne-moi du café, veux-tu, chéri ? Je meurs de soif.

Bientôt nous étions en plein dans le sujet cher à Fritz : l'amour, *love,* qu'il prononçait : *larv.*

— En moyenne, nous informait-il, j'ai une grande aventure tous les deux ans.

— Et combien de temps y a-t-il depuis la dernière? demanda Sally.

Fritz lui lança le plus assassin de ses regards :

— Exactement un an et onze mois!

— Merveilleux !

Elle retroussa le nez en faisant entendre un petit rire argentin de théâtre :

— Raco-onte ! Comment était-elle, ta dernière ?

Là-dessus, évidemment, Fritz se lança dans une autobiographie détaillée. Il nous conta par le menu la perte de sa

1. C'est toi, mon chéri ?

2. — Qu'est-ce qu'on va faire demain soir ? Oh, c'est merveilleux... Non, non, ce soir je veux rester chez moi. Si, si, je veux vraiment rester à la maison. Au revoir, mon chéri...

virginité à Paris, ses flirts de vacances à Las Palmas, ses quatre principales aventures à New York, sa déconvenue à Chicago, la conquête qu'il fit à Boston ; puis une passade à Paris, un très bel épisode à Vienne, une consolation à Londres et, pour finir, Berlin.

— Tu sais, mon petit Fritz, dit Sally, grimaçant du nez à mon adresse, moi, je crois que ton malheur, c'est que tu n'es jamais tombé sur la femme qu'il te fallait.

Fritz prit cela très au sérieux. Son regard noir se fit liquide et sentimental.

— C'est possible, dit-il. Je suis peut-être encore en train de chercher la femme de mes rêves...

— Et tu la trouveras un jour, j'en suis absolument sûre !

D'un coup d'œil, Sally m'invitait à m'amuser avec elle aux dépens de Fritz.

— Tu crois ?

Le sourire voluptueux de Fritz rayonnait à l'adresse de Sally. Elle eut recours à moi :

— Et vous, vous ne croyez pas ?

— Je ne peux rien dire, vraiment, répondis-je, car je n'ai jamais pu découvrir quel était l'idéal de Fritz.

Ceci, je ne sais pourquoi, eut le don de faire plaisir à Fritz ; il y vit une sorte de témoignage en sa faveur et opina du bonnet :

— Pourtant Chris me connaît assez bien ! Si Chris ne comprend pas, qui pourrait me comprendre ?

Sally se préparait à partir :

— J'ai rendez-vous avec un type à l'Adlon à cinq heures, expliquait-elle, et il est déjà six heures ! Tant pis. Ça ne fera pas de mal à ce vieux cochon de patienter un peu. Il voudrait m'avoir, mais je lui dis : foutre non, tant qu'il n'a pas payé toutes mes dettes. Qu'est-ce qu'ils ont donc, les hommes, pour être salauds à ce point ?

Elle ouvrit son sac, et retoucha vivement ses lèvres et ses sourcils.

— Oh ! à propos, Fritz chéri, tu serais un ange de me prêter dix marks ! Je n'ai pas un rond pour mon taxi.

— Mais naturellement !

Fritz plongea la main dans sa poche et s'exécuta sans hésiter, en héros. Sally se tourna de mon côté :

— Dites, vous voulez bien venir prendre le thé chez moi un de ces jours ? Donnez-moi votre numéro de téléphone, je vous ferai signe.

Elle doit me croire plein aux as, me dis-je. Allons, ça lui servira de leçon une fois pour toutes. J'inscrivis mon numéro sur son minuscule agenda en cuir. Fritz l'accompagna jusqu'à la sortie.

— Eh bien ? fit-il, revenant d'un bond et refermant la porte avec enthousiasme. Qu'en penses-tu, Chris ? Ne t'avais-je pas prévenu qu'elle était belle ?

— Tu m'avais prévenu, c'est exact.

— J'en suis de plus en plus emballé à chaque rencontre !

Avec un soupir de ravissement, il prit une cigarette.

— Encore du café, Chris ?

— Non, merci beaucoup.

— Tu sais, Chris, je crois bien que tu lui as tapé dans l'œil, toi aussi.

— Quelle blague !

— Mais si, ma parole !

Il paraissait enchanté :

— D'ailleurs, j'ai idée que nous la verrons souvent désormais.

Quand je fus de retour chez Frl. Schroeder, ma tête tournait au point que j'ai dû m'étendre une demi-heure sur mon lit. Le café noir de Fritz était toxique, décidément.

Quelques jours plus tard il m'emmena entendre chanter Sally.

Le *Lady Windermere* (qui n'existe plus, me dit-on) était, tout près de la Taüenzienstrasse, un bar “ irrégulier ”, du genre artiste, auquel le patron essayait visiblement de prêter un cachet “ Montparnasse ”. Les murs étaient couverts de tableaux, de menus, de dessins humoristiques et de photographies de vedettes : « A la seule et unique Lady Windermere », « A Johnny, de tout mon cœur ». Quant à l'Eventail, il s'étalait au-dessus du bar, quatre fois grandeur nature. Au milieu de la salle, un gros piano se dressait sur une estrade.

J'étais curieux de savoir comment Sally allait se comporter. Je ne sais pourquoi je me la figurais d'avance assez nerveuse ; or elle ne l'était pas le moins du monde. Sa voix était étrangement grave et rauque. Elle chantait mal, sans aucune expression, les mains inertes à ses côtés et cependant elle produisait son effet grâce à l'inattendu de son physique et à son air de mépris total pour l'opinion des gens. Les bras ballants, le sourire à-prendre-ou-à-laisser, elle chantait :

Now I know why Mother
Told me to be true,
She meant me for Someone
Exactly like you.

On l'applaudit chaleureusement. Le pianiste, beau garçon aux cheveux blonds ondulés, se leva et lui baisa solennellement la main. Elle chanta deux autres morceaux, en français et en allemand, mais ils furent moins bien accueillis.

A la fin, il y eut encore force baisemains puis un mouvement général vers le bar. Sally était en pays de connaissances, elle distribuait de tout côté des tutoiements et des « mon chéri ». Pour une future demi-mondaine, elle paraissait singulièrement dépourvue de tact ou de sens pratique. Elle perdait son temps à faire des avances à un vieux monsieur, manifestement plus enclin à bavarder avec le barman. Bientôt nous étions tous un peu saouls. Puis Sally nous quitta pour aller à un rendez-vous et le gérant vint s'asseoir à notre table. Fritz et lui se mirent à parler de la Pairie d'Angleterre. Fritz était dans son élément. Comme tant de fois déjà, je me jurai de ne plus jamais remettre les pieds dans un lieu de ce genre.

Puis Sally m'a téléphoné, selon sa promesse, pour m'inviter à goûter.

Elle habitait à l'autre bout du Kurfürstendamm, dans le

dernier quartier lugubre qui monte vers Halensee. La grosse logeuse malpropre avec des bajoues de crapaud me fit entrer dans une pièce sombre et à peine meublée. On y voyait dans un coin un canapé délabré et un chromo fané représentant une bataille au XVIIIe siècle, avec des blessés qui se soulevaient gracieusement sur le coude pour admirer le cheval cabré de Frédéric le Grand.

— Oh ! Bonjour, Chris chéri ! cria Sally, se montrant à la porte. Comme c'est gentil d'être venu ! Je me sentais terriblement seule... J'ai pleuré dans le giron de Frau Karpf !

Elle prenait à témoin la logeuse-crapaud :

— *Nicht wahr, Frau Karpf? Ich habe geweint auf dein Brùst*[1] ?

Frau Karpf secouait sa poitrine avec un rictus de crapaud.

— Tu aimerais mieux du café ou du thé, Chris ? Tu peux choisir, mais je ne te recommande pas beaucoup le thé. Je ne sais pas ce que fabrique Frau Karpf, je crois bien qu'elle recueille toutes les eaux de vaisselle et les fait bouillir avec les feuilles de thé.

— Eh bien, je prendrai du café.

— *Frau Karpf, willst dù sein ein Engel und bring zwei Tassen von Kaffee*[2] ?

L'allemand que parlait Sally n'était pas simplement incorrect : il portait son cachet personnel. Elle prononçait chaque mot d'une façon maniérée, tout à fait " étrangère ". Rien qu'à son expression, on pouvait se rendre compte qu'elle s'exprimait dans une langue qui n'était pas la sienne.

— Chris chéri, tire les rideaux, tu seras un ange.

J'obéis, bien qu'il fît encore grand jour. Entre-temps, Sally avait allumé une lampe sur la table. En me retournant, je la vis se pelotonner délicatement sur le canapé

1. — N'est-ce pas, Frau Karpf ? J'ai vraiment pleuré dans ton giron ?

2. — Frau Karpf, veux-tu être un ange et m'apporter deux tasses de café ?

comme une chatte et chercher à tâtons une cigarette dans son sac. Mais à peine avait-elle pris la pose qu'elle bondit de nouveau sur ses pieds :

— Veux-tu prendre un *Prairie Oyster ?*

Du recoin à chaussures sous le lavabo démoli, elle sortit des verres, des œufs et un flacon de Worcester-sauce.

— Je ne vis que de ça, pour ainsi dire !

D'une main experte, elle cassa les œufs dans les verres, ajouta de la sauce et remua le mélange avec son stylo :

— C'est à peu près tout ce que je peux m'offrir.

Elle se réinstalla, coquettement lovée, sur le canapé. Elle portait toujours sa robe noire, mais cette fois sans la cape. Celle-ci était remplacée par un petit col et des poignets blancs, d'un effet de chasteté théâtrale, genre religieuse dans un grand opéra.

— Pourquoi ris-tu, Chris ?

— Je ne sais pas, répondis-je, sans pouvoir m'arrêter cependant, tant l'aspect de Sally avait à ce moment-là quelque chose d'extraordinairement comique.

Elle était belle, il n'y a pas à dire, avec sa petite tête brune, ses grands yeux, son nez finement busqué — et tellement consciente de tout cela ! Elle était là tout entière, dans son heureuse féminité de tourterelle, surveillant son port de tête et l'arrangement de ses mains.

— Chris, petit cochon, tu vas me dire pourquoi tu ris !

— Je n'en sais absolument rien, je te promets.

Elle se mit à rire à son tour :

— Tu es fou, tu sais !

— Il y a longtemps que tu habites ici ? demandai-je, parcourant du regard la grande pièce inhospitalière.

— Depuis mon arrivée à Berlin. Attends... cela doit faire environ deux mois.

Je voulus savoir ce qui avait bien pu la décider à venir en Allemagne. Etait-elle venue seule ? Non, avec une amie. Une actrice. Plus âgée qu'elle. Cette fille connaissait déjà Berlin. Elle avait dit à Sally qu'elles trouveraient certainement du travail à l'Ufa. Alors Sally était partie avec elle après avoir emprunté dix livres à un vieux monsieur très gentil.

Elle n'avait rien fait savoir à ses parents jusqu'à ce qu'elle fût arrivée en Allemagne.

— J'aurais voulu que tu connaisses Diana. En voilà une qui savait dénicher la galette ! Elle accrochait des hommes partout où elle passait, même sans parler leur langue. Elle me faisait mourir de rire. Je l'adorais.

Mais au bout de trois semaines, aucune situation ne s'étant présentée à Berlin, Diana s'était fait emmener à Paris par un banquier.

— En te laissant toute seule ? J'avoue que je trouve ça assez vilain de sa part.

— Oh ! je ne sais pas... Chacun doit penser à soi. J'en aurais fait autant à sa place, il me semble.

— Je parie que non !

— Enfin, il ne m'est rien arrivé. Je peux toujours me tirer d'affaire toute seule.

— Quel âge as-tu, Sally ?

— Dix-neuf ans.

— Seigneur ! je t'en donnais plutôt vingt-cinq !

— Je sais bien. Tout le monde croit ça.

Frau Karpf arriva, traînant les pieds et portant deux tasses de café sur un plateau en métal terni.

— *Oh ! Frau Karpf, Liebling, wie wunderbar von Dich*[1] *!*

— Mais qu'est-ce qui te fait rester dans cette maison ? demandai-je après le départ de la logeuse. Tu pourrais trouver bien mieux comme chambre, j'en suis sûr.

— Mais oui, je sais bien.

— Alors, qu'est-ce que tu attends ?

— Ah ! je n'en sais rien. C'est de la paresse peut-être.

— Combien paies-tu ici ?

— Quatre-vingts marks par mois.

— Petit déjeuner compris ?

— Non, je ne crois pas.

— Comment, tu ne crois pas ? m'écriai-je d'un ton sévère. Tu dois bien le savoir !

Sally secoua la tête avec humilité :

— C'est idiot de ma part, je sais bien. Mais tu com-

1. — Oh ! Frau Karpf, ma chérie, comme tu es gentille !

prends, je paie la bonne femme quand j'ai de quoi. Alors on ne peut pas faire le compte exactement.

— Mais, au nom du ciel, Sally... Je ne paie que cinquante marks par mois, avec le petit déjeuner, pour une chambre bien plus belle que celle-ci.

Sally opina de la tête, mais poursuivit d'un petit air fautif :

— Et puis il y a autre chose. Tu comprends, Christopher chéri, je me demande ce que deviendrait Frau Karpf s'il fallait que je la quitte. Elle ne trouverait pas d'autre locataire, j'en suis sûre. Personne ne supporterait sa figure ni son odeur, ni tout ça. Il se trouve qu'elle est en retard de trois mois pour son loyer. On la mettrait sur le pavé séance tenante, si on s'apercevait qu'elle n'a pas de locataires. Et si cela arrivait, elle dit qu'elle se suiciderait.

— Tout de même, je ne vois pas pourquoi tu te sacrifierais pour elle.

— Je ne me sacrifie pas du tout. Je ne me déplais pas ici, tu sais. Nous nous entendons bien, Frau Karpf et moi. Elle représente à peu près ce que je serai dans une trentaine d'années. Une logeuse qui se respecte m'enverrait promener certainement au bout de huit jours.

— Pas la mienne.

Sally souriait dans le vague, le nez retroussé.

— Comment trouves-tu ce café, Chris chéri ?

— Je le préfère à celui de Fritz, répondis-je évasivement.

Elle se mit à rire.

— N'est-ce pas qu'il est épatant, Fritz ? Je l'adore. J'adore l'entendre dire : *I give a damn.*

— *Hell, I give a damn.*

J'essayais d'imiter Fritz et nous riions tous les deux. Sally alluma une nouvelle cigarette. Elle fumait sans arrêt. Je remarquai combien ses mains paraissaient vieilles à la lumière électrique. Elles étaient maigres, avec des veines et des tendons apparents, des mains de vieille femme. Les ongles vert émeraude y avaient l'air déplacés, posés là par hasard, comme de vilains petits scarabées durs et brillants.

— C'est très curieux, fit-elle, rêveuse. Nous n'avons jamais couché ensemble, Fritz et moi, tu sais ?

Puis elle demanda avec intérêt :

— Tu croyais que oui ?

— Peut-être.

— Eh bien, non. Pas une seule fois...

Elle bâilla.

— Et maintenant je ne crois pas que cela puisse se faire.

Nous restâmes quelques minutes à fumer en silence. Puis elle commença à me parler de sa famille. Elle était fille d'un industriel du Lancashire. Sa mère était née Bowles, héritière d'un domaine, et avait, en se mariant, ajouté son nom à celui de Mr. Jackson.

— Papa est terriblement snob, quoi qu'il en dise. Mon vrai nom est Jackson-Bowles, mais je ne peux évidemment pas jouer sous ce nom-là. On me prendrait pour une folle.

— Fritz ne m'a-t-il pas dit que ta mère était française ?

— Mais non, bien sûr que non !

Sally avait l'air vraiment ennuyée.

— Fritz est idiot. Il invente toujours des histoires.

Sally avait une sœur, prénommée Betty.

— C'est un ange, absolument ! Je l'adore. Elle a dix-sept ans, mais elle est formidablement innocente. Maman l'élève selon tous les principes traditionnels. Betty serait capable de mourir sur place si elle savait quelle sale grue je suis. Elle n'a pas la moindre idée des hommes.

— Comment se fait-il que toi, tu n'aies pas les principes traditionnels ?

— Je n'en sais rien. Je dois tenir du côté de papa, je suppose. Il te plairait énormément, papa. Il se fout de tout le monde. C'est un homme d'affaires inouï. Et tous les mois à peu près il est complètement noir, et il sème la terreur parmi les relations chic de maman. C'est lui qui m'a permis d'aller à Londres pour mes études théâtrales.

— Tu as dû quitter l'école très jeune ?

— Oui, je l'avais en horreur. Je me suis fait expulser.

— Comment ça ?

— J'ai dit à la directrice que j'allais avoir un enfant.

— Quelle blague ! Tu n'as pas fait une chose pareille ?

— Si, parfaitement ! Cela a été une histoire à tout casser. On m'a fait examiner par un médecin, on a convoqué mes parents. Quand on a vu qu'il n'y avait rien, tout le monde a été affreusement déçu. La directrice a déclaré qu'on ne pouvait garder une élève capable d'inventer quelque chose d'aussi dégoûtant et de corrompre ses camarades. C'était ce que je voulais. Ensuite j'ai assommé papa jusqu'à ce qu'il me laisse aller à Londres.

Sally s'était installée avec d'autres jeunes filles dans une pension d'étudiantes. Là, malgré la surveillance, elle s'était arrangée pour passer une partie de ses nuits dans les chambres des jeunes gens.

— Le premier type qui m'a eue était loin de se douter que j'étais vierge, il a fallu que je le lui dise ensuite. Il était épatant. Je l'adorais. Il jouait les comiques d'une façon géniale. Il sera formidablement célèbre un de ces jours, j'en suis sûr.

Au bout de quelque temps, elle faisait de la figuration au cinéma, puis on lui donna un petit rôle à jouer en tournée. Après quoi elle a rencontré Diana.

— Et combien de temps resteras-tu à Berlin ? demandai-je.

— Dieu seul le sait. Je n'en ai plus que pour huit jours au *Lady Windermere.* J'avais trouvé cela grâce à un type que j'ai rencontré à l'Eden Bar. Mais il est parti pour Vienne maintenant. Il faudrait que je téléphone de nouveau à l'Ufa. Et puis il y a un horrible vieux Juif qui me fait sortir quelquefois. Il me promet toujours un contrat, mais c'est tout simplement pour coucher avec moi, le vieux salaud. Je trouve que les hommes sont dégoûtants dans ce pays. Pas un seul qui ait de l'argent et ils se figurent tous qu'ils vous auront avec une boîte de chocolats !

— Mais comment diable vas-tu faire si tu n'as plus de travail ?

— Oh ! tu sais, je touche une petite pension de ma famille. Cela ne durera pas, d'ailleurs. Maman m'a déjà menacée d'arrêter les envois si je ne retourne pas bientôt en Angleterre. Ils croient naturellement que je suis ici avec une amie. Si maman savait que je suis toute seule, elle en serait foudroyée. Enfin, j'arriverai bien à me suffire à moi-même. J'ai horreur de vivre à leurs crochets. Les affaires de papa sont dans un triste état, avec cette baisse...

— Dis donc, Sally, si jamais tu te trouves dans l'embarras pour de bon, je tiens à ce que tu me fasses signe.

Sally se mit à rire :

— C'est formidablement gentil de ta part, Chris. Mais je n'ai pas l'habitude de taper mes amis.

— Fritz n'est donc pas de tes amis ? m'écriai-je malgré moi.

Mais Sally ne s'en formalisa point.

— Oh, si ! J'aime énormément Fritz, bien sûr. Mais il est cousu d'or. Quand les gens sont pleins aux as, on se sent tout autrement avec eux, je ne sais pas pourquoi.

— Et comment sais-tu que je ne suis pas plein aux as, moi aussi ?

— Toi ? (Sally éclata de rire.) Voyons, j'ai compris du premier coup d'œil que tu n'avais pas le rond !

Le jour où Sally vint prendre le thé chez moi, l'excitation de Frl. Schroeder ne connut plus de bornes. Elle revêtit sa plus belle robe pour la circonstance et s'ondula les cheveux. Au coup de sonnette, elle ouvrit ma porte toute grande et annonça triomphalement à haute et intelligible voix, avec un clin d'œil entendu :

— Herr Issyvoo, il y a une dame qui vous demande !

Je fis solennellement les présentations. Frl. Schroeder débordait de politesse. Elle ne manquait pas d'appeler Sally : *gnädiges Fräulein.* Sally, sa casquette de groom sur l'oreille, fit entendre son rire argentin et prit une pose élégante sur le canapé. Frl. Schroeder s'attardait à la contempler avec une admiration et un ébahissement manifestes. De toute évidence, elle n'avait jamais vu pareil spectacle. Elle apporta le thé avec, à la place des rondelles de pâtisserie anémiques et peu engageantes, un plat de tartelettes disposées en étoile. Je remarquai aussi deux minuscules serviettes en papier dont les bords perforés imitaient la dentelle. (Plus tard, comme je la complimentais de ces prévenances, elle m'expliqua qu'elle sortait toujours les serviettes quand Herr Rittmeister recevait sa fiancée. « Oh ! oui, Herr Issyvoo, je m'y connais, allez ! Je sais ce qui fait plaisir à une dame ! »)

— Ça ne te fait rien que je m'étende sur ton canapé, mon chéri ? demanda Sally dès que nous fûmes seuls.

— Non, bien sûr.

Elle enleva sa casquette, remonta ses petits pieds chaussés de velours, ouvrit son sac et commença à se poudrer.

— Je suis horriblement fatiguée. Je n'ai pas dormi de la nuit. J'ai un nouvel amant qui est formidable.

Je me mis en devoir de servir le thé. Sally me lança un regard en coulisse :

— Je te scandalise quand je dis ces choses-là, Christopher chéri ?

— Pas du tout.

— Mais ça te déplaît ?

— Cela ne me regarde pas.

Je lui tendis le verre de thé.

— Oh ! je t'en supplie, ne sois pas si anglais ! Forcément cela te regarde, ce que tu penses.

— Bon, puisque tu tiens à le savoir, je trouve cela assommant.

Elle parut ennuyée, plus que je ne l'avais escompté. Changeant de ton, elle dit avec froideur :

— Je pensais que tu comprendrais.

Puis avec un soupir :

— Mais j'oubliais, tu es un homme.

— Excuse-moi, Sally. Que veux-tu que j'y fasse, si je suis un homme ? Mais ne te fâche pas, voyons ! Je voulais dire seulement qu'au fond tu racontes ces choses-là par nervosité. De tempérament, je crois que tu es plutôt timide avec les étrangers ; alors tu as trouvé ce truc, de leur arracher de force l'éloge ou le blâme. Je connais ça, j'en ai fait quelquefois l'expérience moi-même. Seulement j'aimerais mieux que tu n'essaies pas sur moi, parce que ça ne prend pas et ça ne fait que me gêner. En admettant que tu couches avec tout ce qu'il y a d'hommes à Berlin, et que chaque fois tu viennes m'en faire part, tu n'arriveras tout de même pas à me persuader que tu es la Dame aux

Camélias — parce que, vois-tu, en mon âme et conscience, tu ne l'es pas !

— Non. Je ne le suis pas, cela se peut...

Sally avait pris un ton négligemment impersonnel. L'entretien commençait à l'amuser. J'avais réussi à la flatter, de je ne sais quelle façon inédite.

— Alors, qu'est-ce que je suis au juste, mon petit Christopher ?

— Tu es la fille de Mr. et Mrs. Jackson-Bowles.

Sally buvait son thé à petites gorgées.

— Oui... je vois ce que tu veux dire... tu as peut-être raison... Alors tu crois que je devrais renoncer à avoir des amants ?

— Certes non. Tant que tu es sûre d'y trouver du plaisir.

Après un instant de silence, Sally prononça d'un air grave :

— Bien entendu, je ne me suis jamais laissé distraire de mon travail par l'amour. Le travail avant tout... Mais je ne pense pas qu'une femme puisse devenir une grande actrice sans avoir eu beaucoup d'aventures...

Elle s'interrompit brusquement :

— Pourquoi ris-tu, Chris ?

— Je ne ris pas.

— Tu ne fais que rire de moi. Tu me prends pour une crétine finie ?

— Non, Sally. Je ne te prends pas du tout pour une crétine. J'ai ri, c'est exact. Les gens que j'aime bien me donnent souvent envie de rire, je ne sais pourquoi.

— Alors tu m'aimes bien, Christopher chéri ?

— Naturellement, je t'aime bien, Sally. Qu'est-ce que tu croyais donc ?

— Mais tu n'es pas amoureux de moi, dis ?

— Non. Je ne suis pas amoureux de toi.

— Que je suis contente ! Depuis que je t'ai vu, j'ai toujours eu envie que tu m'aimes bien. Mais je suis contente que tu ne sois pas amoureux de moi, parce que moi — je ne sais comment cela se fait —, je ne pourrais jamais être amoureuse de toi. Alors, si tu l'étais de moi, tout serait gâché.

— Une vraie chance, quoi !

— Oui, c'est une chance…

Après une hésitation :

— Il faut que je t'avoue quelque chose, mon petit Chris… Je me demande si tu comprendras.

— Je ne suis qu'un homme, rappelle-toi, Sally !

Elle se mit à rire.

— C'est un tout petit détail ridicule. Mais tout de même, si tu découvrais cela sans que je te le dise, j'en serais désolée… Tu sais bien, l'autre jour, tu m'as dit que Fritz t'avait parlé de ma mère qui était française ?

— Oui, je me rappelle.

— Et moi je t'ai dit que c'était une invention de sa part ? Eh bien, ce n'est pas vrai. C'est moi qui lui avais raconté cela, tu comprends ?

— Mais pour quoi faire, je te le demande un peu ?

Cette fois nous riions tous les deux.

— Dieu seul le sait, dit Sally. Pour l'impressionner, je pense.

— Mais qu'y a-t-il d'impressionnant à avoir une mère française ?

— C'est une folie comme il m'en passe quelquefois par la tête, Chris. Il faut être indulgent avec moi.

— Entendu, Sally, je serai indulgent.

— Et tu me jures sur l'honneur que tu ne diras rien à Fritz ?

— Je le jure.

— Si tu faisais ça, cochon, s'écria Sally, riant et saisissant le coupe-papier-poignard sur ma table, je te couperais la gorge !

Après cette visite je demandai à Frl. Schroeder ce qu'elle pensait de Sally. Elle était en extase :

— Une vraie image, Herr Issyvoo ! Et si élégante ! Des mains et des pieds d'une beauté !… On voit tout de suite qu'elle appartient à la haute société !… Vous savez, Herr Issyvoo, jamais je n'aurais cru que vous pouviez avoir une amie comme celle-là ! Vous avez l'air si tranquille…

— Vous voyez, Frl. Schroeder, il n'est pire eau…

Elle éclata de son petit rire strident, se balançant sur ses courtes jambes :

— Très juste, Herr Issyvoo ! Très juste !

A la Saint-Sylvestre, Sally vint s'installer chez Frl. Schroeder. Cela s'était arrangé à l'improviste. Ses soupçons s'étant trouvés renforcés par mes avertissements réitérés, Sally avait pris Frau Karpf en flagrant délit d'escroquerie particulièrement maladroite. Aussi, d'un cœur désormais endurci, lui avait-elle donné congé... Sally devait occuper l'ancienne chambre de Frl. Kost. Frl. Schroeder était aux anges.

Le dîner du *Sylvester-Abend* avait réuni tout le monde : Frl. Schroeder, Frl. Mayr, Sally, Bobby avec un de ses collègues de la *Troïka* et moi-même. Ce fut très réussi. Bobby, rentré en grâce, flirtait outrageusement avec Frl. Schroeder. Frl. Mayr et Sally, comme deux artistes d'égale grandeur, s'entretenaient des chances qu'offrait le music-hall en Angleterre. Sally se distingua par quelques mensonges sensationnels — qu'elle semblait prendre elle-même pour des réalités — sur ses prétendus succès au *Palladium* et au *Coliseum* de Londres. Frl. Mayr renchérit en racontant comment les étudiants, dans leur enthousiasme, avaient traîné sa voiture par les rues de Munich. Après cela, il ne fallut pas longtemps à Sally pour décider Frl. Mayr à chanter *Der Sennerin Abschied von der Alm,* ce qui, après le punch et le très modeste cognac, s'accordait avec mon état d'esprit au point de me faire verser quelques larmes. On reprenait en chœur le refrain et l'assourdissant *Juch-he !* de la fin. Ensuite ce fut Sally qui chanta : *I've got those Little Boy Blues* avec tant d'expression que le co-barman de Bobby, prenant la chose pour son compte, saisit Sally par la taille. Bobby dut intervenir et lui rappeler sévèrement qu'il était temps pour eux de se rendre à leur poste.

Sally et moi les suivîmes à la *Troïka* où nous tombâmes sur Fritz. Il avait avec lui Klaus Linke, le jeune pianiste qui accompagnait Sally quand elle chantait au *Lady Windermere.* Au bout de quelque temps, Fritz et moi partîmes à l'aventure. Il avait l'air découragé, sans m'en expliquer la raison. Des filles faisaient des tableaux vivants classiques derrière du tulle. Puis ce fut un grand dancing avec des téléphones sur les tables. Conversations d'usage : « Excusez-moi, madame, je devine à votre voix que vous êtes une ravissante petite blonde avec de longs cils noirs, tout à fait mon type ! Comment je le sais ? Ah-ha, c'est mon secret ! Oui, c'est bien ça : je suis grand, brun, large d'épaules, prestance militaire et un microscopique soupçon de moustache... Vous ne me croyez pas ? Venez vous en convaincre ! »

Les danseurs se tenaient par les hanches, hurlaient face à face et ruisselaient de sueur. Les musiciens en costume bavarois poussaient des clameurs, buvaient et transpiraient la bière. Tout cela dégageait une odeur de zoo. Ensuite, je crois me rappeler que j'ai erré seul, pendant des heures et des heures, à travers une jungle de banderoles en papier. Il y en avait plein mon lit, le lendemain matin.

J'étais déjà levé et habillé quand Sally reparut. Elle entra tout droit dans ma chambre, très lasse, semblait-il, et très contente d'elle-même.

— Bonjour, chéri ! quelle heure est-il ?

— Presque l'heure de déjeuner.

— Pas possible ! Quelle chance ! Je meurs de faim. Je n'ai rien pris ce matin sauf une tasse de café...

Elle s'arrêta, attendant que je la questionne.

— D'où viens-tu ? demandai-je.

— Mais, mon chéri...

Elle ouvrait de grands yeux avec un étonnement affecté :

— Je croyais que tu savais !

— Je n'en ai pas la moindre idée.

— Tu plaisantes !

— Non, vraiment, Sally.

— Oh ! Christopher, mon chéri, comment peux-tu mentir à ce point ? Allons, ça se voyait bien que tu avais tout combiné d'avance ! La façon dont tu as liquidé Fritz, il avait l'air si furieux ! Nous avons failli mourir de rire, Klaus et moi !

Mais elle ne se sentait pas tout à fait à l'aise. Pour la première fois, je la vis rougir.

— Tu as une cigarette, Chris ?

Je lui en donnai une et l'allumai. Sally exhala un long nuage de fumée et s'approcha lentement de la fenêtre.

— Je suis formidablement amoureuse de lui.

Elle se retourna, les sourcils légèrement contractés, se dirigea vers le canapé et s'y pelotonna avec soin, disposant comme il faut ses mains et ses pieds.

— Je le crois, du moins, ajouta-t-elle.

J'observai un instant de respectueux silence avant de demander :

— Et Klaus, il est amoureux de toi ?

— Il m'adore, absolument.

Le sérieux de Sally était impressionnant. Elle continua de fumer pendant quelques minutes.

— Il dit qu'il m'a aimée dès notre première rencontre au *Lady Windermere*. Mais il n'a rien osé dire pendant que nous travaillions ensemble. Il craignait de me troubler dans mon chant… Il dit qu'avant de me connaître il ignorait la merveille que c'est, un corps de femme. Il n'a eu que trois femmes tout au plus dans sa vie.

J'allumai une cigarette.

— Bien sûr, Chris, je ne pense pas que tu comprennes tout à fait… C'est extrêmement difficile à expliquer…

— Je le crois volontiers.

— Je dois le revoir à quatre heures, déclara-t-elle avec une nuance de défi.

— Dans ce cas, tu ferais bien de dormir un peu. Je vais demander à Frl. Schroeder de te faire des œufs brouillés. Ou bien je t'en ferai moi-même, si elle est par trop saoule. Va te coucher. Tu mangeras dans ton lit.

— Merci, Chris chéri, tu es un ange.

Elle bâilla :

— Qu'est-ce que je ferais si je ne t'avais pas !

A partir de ce moment, Sally et Klaus se rencontrèrent tous les jours, généralement sous notre toit ; une fois même Klaus y passa toute la nuit. Frl. Schroeder ne m'en parlait guère, mais je la voyais passablement scandalisée. Ce n'est pas qu'elle eût quelque chose contre Klaus : elle le trouvait très séduisant ; mais elle condisérait Sally comme ma propriété et mon attitude passive la choquait. Pourtant je suis sûr que si j'avais ignoré l'affaire, si Sally avait été en train de me tromper réellement, Frl. Schroeder se serait fait un plaisir de prendre part au complot.

Il y avait de la gêne, cependant, entre Klaus et moi. Nous croisant dans l'escalier, nous échangions un salut glacial, en ennemis.

Vers le milieu de janvier, Klaus partit subitement pour l'Angleterre. Par le plus grand des hasards, il avait reçu l'offre d'un travail intéressant, la synchronisation musicale de films. Pendant sa visite d'adieux, une atmosphère positivement chirurgicale régnait dans l'appartement, comme si Sally fût en train de subir une opération grave. Frl. Schroeder et Frl. Mayr tiraient les cartes au salon. Les prédictions, me confia plus tard Frl. Schroeder, étaient aussi bonnes que possible. Le huit de trèfle était sorti trois fois dans des conjonctions favorables.

Sally passa toute la journée du lendemain lovée sur le canapé de sa chambre avec un crayon et du papier sur les genoux. Elle écrivait des poèmes qu'elle refusait de me montrer. Elle fumait une cigarette après l'autre, se confectionnait des *Prairie Oysters,* mais consentait à peine à goûter aux omelettes de Frl. Schroeder.

— Veux-tu que je t'apporte quelque chose, Sally ?

— Non, merci, Chris chéri. Je ne tiens vraiment pas à manger. Je me sens merveilleusement éthérée, comme une espèce de sainte extraordinaire, ou quelque chose de ce genre. Tu n'as pas idée comme c'est magnifique... Un chocolat, chéri ? Klaus m'en a offert trois boîtes. Si j'en prends un de plus, cela me fera vomir.

— Merci.

— Je ne pense pas que je vais l'épouser. Cela briserait

nos carrières. Vois-tu, Christopher, il m'adore si formidablement que ce ne serait pas bon pour lui de m'avoir toujours là.

— Vous pouvez vous marier une fois que vous serez célèbres tous les deux.

Sally examina la question.

— Non... ce serait tout gâcher. Nous chercherions toujours à retrouver nos personnalités d'autrefois — comprends-tu ce que je veux dire ? Et nous ne serions plus les mêmes... Il était si merveilleusement primitif, un vrai faune ! Près de lui je me sentais comme une nymphe merveilleuse, ou quelque chose comme ça, à cent lieues de partout, au milieu de la forêt...

La première lettre de Klaus finit par arriver. Nous l'attendions tous avec impatience et Frl. Schroeder vint me réveiller à une heure particulièrement matinale pour m'annoncer qu'elle était là. Peut-être craignait-elle de ne jamais trouver l'occasion de la lire elle-même et comptait-elle sur moi pour lui en révéler le contenu ? Dans ce cas, ses craintes étaient dénuées de fondement : Sally ne se contenta pas de montrer la lettre à Frl. Schroeder, à Frl. Mayr, à Bobby et à moi, elle en lut encore à haute voix quelques morceaux choisis en présence de la concierge, venue pour toucher le terme.

La lettre me laissa d'emblée un drôle de goût dans la bouche. Le ton général en était égoïste et légèrement protecteur. Klaus ne se plaisait pas à Londres. Il se sentait seul. La nourriture ne lui convenait pas. Au studio, on ne lui montrait que peu de considération. Il regrettait l'absence de Sally qui aurait pu lui être utile de diverses façons. Enfin, puisqu'il y était, il tâcherait de mettre à profit son séjour en Angleterre. Il travaillerait ferme et gagnerait de l'argent. Sally devait travailler ferme, elle aussi. Cela la soutiendrait et l'empêcherait de se morfondre. Suivaient des formules de tendresse, un peu trop au courant de la plume. On se disait en les lisant : ce n'est pas la première fois qu'il écrit des choses de ce genre.

Sally néanmoins se montrait ravie. Sous l'effet des exhortations de Klaus, elle téléphona à plusieurs entreprises cinématographiques, à une agence théâtrale et à une demi-douzaine de ses relations « d'affaires ». Le résultat pratique fut nul, il est vrai, mais elle y gagna un optimisme qui devait persister vingt-quatre heures durant : ses rêves eux-mêmes, me déclara-t-elle, étaient pleins d'engagements signés et de chèques de quatre chiffres.

— C'est une sensation inouïe, Chris. Je suis sûre que maintenant me voilà lancée, en route pour devenir la plus formidable actrice du monde !

Environ une semaine plus tard, je trouvai Sally dans sa chambre, une lettre à la main. Je reconnus aussitôt l'écriture de Klaus.

— Bonjour, Chris chéri.

— Bonjour, Sally.

— Tu as bien dormi ?

Son intonation superficiellement enjouée manquait de naturel.

— Très bien, merci. Et toi ?

— Pas mal... Quel sale temps, hein ?

— Oui.

Je m'approchai de la fenêtre pour voir. Il faisait un sale temps en effet.

Sally reprit en souriant, sur un ton de bavardage :

— Tu sais ce qu'il vient de faire, ce cochon-là ?

— Quel cochon ?

J'étais décidé à ne pas me laisser démonter.

— Allons, Chris, pour l'amour du ciel, ne sois pas si bête !

— Excusez-moi, j'ai des réflexes un peu lents, ce matin.

— Ne me force pas à te donner des explications, mon chéri. Tiens, lis cela ! (Sally me tendit la lettre.) Il en a un aplomb ! Lis tout haut. Je veux me rendre compte de l'effet que cela fait.

La lettre débutait par : « *Mein liebes, armes Kind* ». Klaus traitait Sally de pauvre enfant chérie parce que, écrivait-il, ce qu'il avait à lui dire lui causerait une peine affreuse. Cependant il était obligé de le dire : il devait lui faire part de la décision qu'il avait prise. Il ne fallait pas croire que ce lui fût chose facile ; c'était au contraire très difficile, très pénible. Mais il était sûr d'avoir raison : Sally et lui devaient se séparer.

« Je me rends compte aujourd'hui, écrivait Klaus, que je me suis comporté en égoïste. Je ne pensais qu'à mon propre plaisir. Maintenant je comprends que j'ai dû exercer une mauvaise influence sur toi. Ma chère petite, tu m'adorais beaucoup trop. Si nous restions ensemble, tu perdrais bientôt toute volonté, toute personnalité. »

Puis il conseillait à Sally de se consacrer entièrement à son travail : « Le travail, c'est la seule chose qui compte, comme je viens de le découvrir moi-même. »

Il se préoccupait beaucoup du fait que Sally pouvait être par trop bouleversée : « Sois brave, Sally, ma pauvre enfant bien-aimée. »

Et à la fin de la lettre, on découvrait le pot aux roses :

« Il y a quelques jours, j'étais invité à une réception chez Lady Klein, une des grandes figures de l'aristocratie anglaise. J'y ai rencontré une jeune fille anglaise fort belle et intelligente, Miss Gore-Eckersley. Elle est parente d'un lord anglais dont je n'ai pas saisi le nom — tu sauras probablement qui je veux dire. Je l'ai revue deux fois et nous avons eu des conversations passionnantes sur toute sorte de sujets. Je crois que je n'ai jamais rencontré une jeune fille qui comprenne aussi bien ma mentalité... »

— Première nouvelle ! interrompit Sally avec un rire bref et amer. J'étais loin de me douter qu'il avait une mentalité.

A ce moment Frl. Schroeder, subodorant un mystère, fit irruption pour demander si Sally désirait un bain. Je les laissai exploiter ensemble la situation.

Un peu plus tard ce jour-là, Sally marchait de long en large dans sa chambre et fumait avec rage en disant :

— Je ne peux pas lui en vouloir, à ce crétin, je suis ennuyée pour lui, d'une façon presque maternelle. Mais que va devenir son travail à lui, s'il se jette comme ça dans les bras de ces femmes, je me le demande ?

Elle fit une nouvelle fois le tour de la pièce :

— Je me dis que s'il avait eu une aventure sérieuse avec une autre, et s'il me l'avait avouée au bout d'un certain temps, j'aurais été plus frappée. Mais cette fille ! Allons donc ! Je ne crois même pas qu'elle soit sa maîtresse.

— Bien sûr que non, confirmai-je. Dis donc, si on se faisait un *Prairie Oyster ?*

— Tu es merveilleux, Chris ! Tu as toujours de si bonnes idées. Ah ! si seulement je pouvais être amoureuse de toi ! Klaus ne vaut pas ton petit doigt !

— J'en suis convaincu.

— Il en a un sacré toupet, s'écria Sally en gobant la Worcester sauce et en léchant sa lèvre supérieure. Il prétend que je l'adorais !... Et ce qu'il y a de plus triste, c'est que c'est vrai.

Dans la soirée, je la trouvai chez elle avec une plume et du papier :

— Je viens de lui écrire quelque chose comme un million de lettres, je les ai toutes déchirées.

— Ça ne sert à rien, Sally. Allons au cinéma.

— Tu as joliment raison, mon chéri.

Elle s'essuya les yeux avec le coin de son mouchoir minuscule.

— Ce n'est pas la peine de s'en faire, n'est-ce pas ?

— Absolument pas la peine.

— Et maintenant on verra si je ne deviens pas une grande actrice, rien que pour lui montrer !

— C'est ça, tu y es !

Nous allâmes dans un petit cinéma de la Bülowstrasse. Il y avait dans le film une jeune femme qui sacrifiait sa carrière théâtrale au profit d'un Grand Amour avec Foyer et Enfants. Cela nous a fait tellement rire que nous avons dû quitter la salle avant la fin.

— Cela va beaucoup mieux, dit Sally, une fois dehors.

— Cela me fait plaisir.

— Peut-être que je ne l'aimais pas tant que ça, au fond... Qu'en penses-tu ?

— Je ne suis pas à même de juger.

— Il m'est souvent arrivé de me croire amoureuse d'un

type quand je ne l'étais pas du tout. Seulement cette fois (la voix de Sally s'emplit de regrets), je me sentais tout à fait sûre... Et maintenant c'est comme si tout s'embrouillait...

— C'est peut-être le choc, avançai-je.

L'idée parut enchanter Sally :

— Eh bien, tu sais, je crois vraiment que c'est ça !... Tu sais, Chris, tu as une compréhension merveilleuse des femmes, plus qu'aucun type que j'aie jamais connu. Je suis persuadée que tu écriras un jour un roman formidable qui se vendra à des millions d'exemplaires.

— Merci de ta confiance, Sally.

— Et toi, tu as confiance en moi, Chris ?

— Naturellement.

— Non, mais c'est vrai ?

— Attends... Je suis convaincu que tu auras un succès monstre dans quelque chose — mais je ne vois pas au juste dans quoi... Je veux dire qu'il y a des tas de choses que tu pourrais réussir si tu essayais, tu ne crois pas ?

— Peut-être bien. (Sally devint songeuse.) Du moins il y a des moments où j'en ai l'impression... et à d'autres moments je ne me sens bonne à rien... Tu vois, je ne suis même pas capable de retenir un homme l'espace d'un mois.

— Oh ! Sally, nous n'allons pas recommencer !

— Tu as raison, Chris, laissons cela tranquille. Si on allait boire quelque chose ?

Pendant les semaines qui suivirent, nous passâmes la plus grande partie de nos journées ensemble. Roulée en boule sur le canapé de la grande chambre obscure, Sally fumait, prenait des *Prairie Oysters* et parlait sans fin de l'avenir. Quand il faisait beau et que je n'avais pas de leçons à donner, nous allions jusqu'au Wittenbergplatz et, assis sur un banc, nous faisions la critique des gens qui passaient. Sally attirait tous les regards avec son béret jaune serin et son manteau de fourrure, râpé comme la dépouille d'un vieux chien galeux.

— Je me demande, répétait-elle volontiers, ce qu'on

dirait si on savait que, tout gueux que nous sommes, l'un de nous deviendra un jour le romancier le plus formidable et l'autre la plus grande actrice du monde !

— On serait sans doute très étonné.

— Nous nous en souviendrons, j'en suis sûre, quand nous roulerons dans notre Mercedes et nous nous dirons : on n'était pas si mal que ça, après tout !

— Ce ne serait pas si mal que ça d'avoir déjà la Mercedes en question.

Nos conversations évoluaient constamment autour de la fortune, de la gloire, des contrats de Sally, des chiffres records qu'atteindraient les éditions de mes futurs romans.

— Je trouve que c'est merveilleux, d'être romancier. On est toujours dans la lune, on n'a aucun sens pratique, on n'entend rien aux affaires, les gens se figurent qu'ils peuvent vous rouler comme ils veulent — et puis on s'assied et on écrit un livre sur eux qui montre bien toute leur saloperie et c'est un succès formidable qui vous rapporte des masses d'argent.

— Ce qu'il y a d'ennuyeux dans mon cas, c'est que je ne suis peut-être pas assez dans la lune...

— ... Si seulement je décrochais un amant qui soit vraiment riche ! Attends... Il ne me faudrait pas plus de trois mille par mois, plus un appartement, plus une voiture convenable. En ce moment je suis prête à tout, pourvu que je fasse fortune. Quand on est riche, on peut se montrer difficile pour ses engagements, on ne saute pas sur la première affaire qui se présente... Bien entendu, je serais parfaitement fidèle au type qui m'entretiendrait...

Sally disait ces choses-là avec beaucoup de gravité, s'efforçant visiblement d'arriver à y croire. Elle était d'une humeur bizarre, inquiète, agitée, se mettant en colère sans aucun motif, parlant toujours de chercher du travail, sans rien faire pour cela. Sa famille, heureusement, ne lui avait pas encore coupé les vivres et nos dépenses étaient minimes, puisque Sally ne tenait plus à sortir le soir et ne fréquentait personne. Fritz vint un jour prendre le thé. Je les laissai ensuite pour aller écrire une lettre. Quand je revins, Fritz avait disparu et Sally était en larmes :

— Ce qu'il peut m'assommer, ce garçon ! sanglotait-elle. Je l'ai en horreur ! Je voudrais le tuer !

Mais au bout de quelques instants elle avait retrouvé tout son calme. Je procédai à la confection de l'inévitable *Prairie Oyster*. Sally, pelotonnée sur le canapé, fumait d'un air pensif.

Tout à coup elle se dit :

— Je me demande si je vais avoir un enfant.

— Grand Dieu ! (C'est tout juste si je ne lâchai pas le verre.) Tu crois vraiment ?

— Je ne sais pas. Avec moi on ne peut pas savoir : je suis si mal réglée... j'ai parfois des malaises. C'est peut-être quelque chose que j'ai mangé.

— Mais tu devrais voir un médecin !

— Oui, je pense.

Elle bâilla nonchalamment :

— Ça ne presse pas.

— Mais, si ça presse ! Tu vas aller voir un médecin dès demain.

— Dis donc, Chris, pour qui me prends-tu, nom de Dieu, avec tes airs de commandement ? J'aurais bien mieux fait de ne pas t'en parler.

Elle était de nouveau sur le point de fondre en larmes. Je m'empressai de la calmer :

— Allons, allons ! Tu feras comme tu voudras. Cela ne me regarde pas.

— Pardon, mon chéri ! Je ne voulais pas te vexer. Je verrai comment cela ira demain matin. Peut-être que j'irai tout de même voir le médecin.

Mais elle n'en fit rien, inutile de le dire. D'ailleurs, le lendemain, elle avait l'air ragaillardie :

— Veux-tu qu'on sorte ce soir, Chris ? Je commence à en avoir marre de cette chambre. Allons chercher un peu de vie quelque part !

— Excellente idée, Sally. Où veux-tu qu'on aille ?

— Allons à la *Troïka* retrouver ce vieux crétin de Bobby. Il nous offrira peut-être un verre, on ne sait jamais !

Bobby ne nous offrit point de verre, mais l'idée de Sally s'avéra excellente malgré tout, car c'est sur les tabourets du bar de la *Troïka* que nous entrâmes en conversation avec Clive.

A partir de ce moment, nous devions passer presque tout le temps avec lui. Seul ou en compagnie, je ne l'ai jamais vu qu'en état d'ivresse. Il nous assura qu'il absorbait une demi-bouteille de whisky avant son petit déjeuner et rien ne m'interdit de le croire. Parfois il commençait à nous expliquer pourquoi il buvait tant : c'est qu'il était très malheureux. Mais pourquoi il était si malheureux, je n'ai jamais pu le savoir, car chaque fois Sally nous interrompait pour proposer qu'on aille faire un tour, ou qu'on change de boîte, ou qu'on passe les cigarettes, ou qu'on reprenne un whisky. Elle en faisait une consommation à peu près égale à Clive. Elle n'avait jamais l'air complètement ivre, mais ses yeux prenaient un aspect affreux, comme si on les avait fait bouillir. La couche de maquillage sur sa figure s'épaississait de jour en jour.

Clive était un homme très grand, avec un port massif de Romain et une tendance à l'embonpoint. Il se dégageait de sa personne ce quelque chose de vague qui est toujours attrayant chez les Américains — doublement attrayant quand cela s'accompagne d'une grosse fortune. Il était indécis, nostalgique, flottant entre un désir nébuleux de se distraire et l'ignorance des moyens d'y parvenir. Il ne paraissait jamais bien convaincu qu'il était effectivement en train de s'amuser, que notre façon de nous divertir était ce qu'il y avait de mieux dans le genre. A tout instant, il fallait le rassurer. Etait-ce bien l'article authentique ? Etait-ce là le maximum garanti de l'Amusement ? Sûr et certain ? Alors oui, en effet, c'était superbe ! C'était magnifique ! Ha, ha, ha ! Son gros rire de collégien éclatait, rebondissait, s'exagérait, puis s'arrêtait brusquement sur une note d'interrogation perplexe. Il ne pouvait faire un pas sans notre aide. Et pourtant, même quand il nous appelait au secours, je croyais parfois surprendre chez lui de furtives petites lueurs de sarcasme. Quelle était exactement son opinion sur nous ?

Tous les matins, Clive nous envoyait la voiture de louage qui nous amenait à son hôtel. Le chauffeur arrivait chaque fois avec un bouquet somptueux de chez le plus grand fleuriste d'Unter den Linden. Un jour, retenu par une leçon, j'étais convenu avec Sally que je la rejoindrais chez Clive. En arrivant à l'hôtel, j'appris qu'ils étaient partis tous les deux pour Dresde en avion. Un billet de Clive me présentait ses excuses et m'invitait à déjeuner tout seul à son restaurant. Je n'en fis rien, de peur d'affronter un certain coup d'œil du maître d'hôtel. A leur retour, Clive me remit un cadeau : un paquet de six chemises de soie. Sally me chuchota à l'oreille :

— Il voulait t'acheter un porte-cigarettes en or, mais je lui ai conseillé plutôt les chemises. Les tiennes sont dans un état… Et puis, n'exagérons rien pour l'instant. Il ne faut pas qu'il pense que nous courons après son argent.

J'acceptai avec reconnaissance. Pouvais-je faire autrement ? Clive avait achevé de nous corrompre. Il devait commanditer le lancement de Sally dans la carrière théâtrale. Il y faisait fréquemment allusion avec beaucoup de gentillesse, comme à une chose toute naturelle, à régler sans histoires, entre amis. Mais à peine abordait-il ce sujet que son attention s'en trouvait distraite : ses pensées étaient d'une instabilité enfantine. Cela mettait la patience de Sally à rude épreuve. Elle me glissait parfois à l'oreille :

— Laisse-nous seuls un instant, mon chéri. Nous avons à parler affaires, Clive et moi.

Mais elle avait beau déployer tout son tact pour l'amener à une conclusion, elle n'y arrivait pas. Au bout d'une demi-heure, je retrouvais Clive qui souriait en sirotant son whisky et Sally qui souriait de son côté pour dissimuler un excès d'irritation.

Chaque fois que nous étions seuls, Sally me répétait avec solennité :

— Je l'adore.

Elle s'appliquait intensément à s'en persuader. Cela prenait la valeur d'un credo dans la bouche d'un néophyte : « Sally adore Clive. » Le culte voué à un millionnaire est une entreprise des plus solennelles. Aussi le visage de Sally reproduisait-il avec une fréquence accrue les expressions des religieuses de théâtre. D'ailleurs, lorsque Clive, avec sa séduisante nonchalance, remettait un billet de vingt marks au mendiant le plus ostensiblement professionnel, c'était un véritable regard de vénération qui s'échangeait entre Sally et moi. Un tel gaspillage nous frappait comme un acte inspiré, comme une sorte de miracle.

Un jour vint où Clive se montra d'une lucidité peu coutumière. Il se mit à faire des projets. Bientôt nous allions quitter Berlin définitivement, tous les trois. L'Orient-Express nous transporterait à Athènes. De là nous prendrions l'avion pour l'Egypte. D'Egypte à Marseille. De Marseille, par bateau, en Amérique du Sud. Ensuite Tahiti, Singapour, le Japon. Clive prononçait ces mots négligemment comme autant de noms de stations sur la ligne de Wannsee : il était allé partout. Son positivisme désabusé conférait peu à peu une réalité à ce que ces propos pouvaient avoir d'absurde. Il était bien capable de faire cela, après tout. Je commençais à le prendre au sérieux. D'un seul geste, sa fortune pouvait modifier tout le cours de nos existences.

Qu'adviendrait-il de nous ? Une fois lancés, nous ne reviendrions plus en arrière. Nous ne pourrions plus nous séparer de lui. Sally, naturellement, deviendrait sa femme. Moi, ma situation serait mal définie : une sorte de secrétaire particulier sans obligations. Vision fugitive, je m'apparus à moi-même, dix ans plus tard, en pantalon de flanelle et souliers noir et blanc, alourdi de la mâchoire et un peu éteint, me versant à boire dans le hall d'un hôtel, en Californie.

— Venez jeter un coup d'œil sur cet enterrement, dit Clive.

— Quel enterrement, chéri ? demanda Sally d'un air résigné.

Ce genre d'interruption était nouveau pour nous.

— Alors, quoi ? vous n'avez donc rien vu ? C'est un enterrement très chic, il y a bien une heure que cela dure.

Nous sortîmes tous les trois sur le balcon de Clive. En

effet, la rue était pleine de monde. C'étaient les obsèques de Hermann Müller.

Employés solides et ternes, fonctionnaires, secrétaires de syndicats, tout un défilé grisâtre de sociaux-démocrates prussiens s'avançait avec ses drapeaux vers le Brandenburger Tor, dont les arches se profilaient au loin, laissant flotter doucement à la brise vespérale de longues banderoles de deuil.

— Dites donc, qu'est-ce qu'il était, le mec? demanda Clive, se penchant du haut du balcon. Une grosse légume, j'imagine?

— Dieu sait, répondit Sally en bâillant. Regarde, Clive chéri, quel beau coucher de soleil!

Elle avait parfaitement raison. Nous n'avions rien à voir avec ces Allemands qui défilaient dans la rue, ni avec le mort dans son cercueil, ni avec les slogans des drapeaux. Encore quelques jours, me disais-je, et nous aurons rompu toutes nos attaches avec quatre-vingt-dix-neuf pour cent de la population du globe, hommes et femmes qui gagnent leur vie, qui assurent leur existence, qui s'inquiètent de l'avenir de leurs enfants. C'était un sentiment analogue peut-être à celui des gens du Moyen Age, quand ils se figuraient avoir vendu leur âme au Diable. Impression étrange, exaltante, agréable en somme; mais il s'y mêlait chez moi une vague anxiété. Allons, me disais-je : cette fois ça y est. Je suis perdu.

Le lendemain matin, comme d'habitude, nous arrivâmes à l'hôtel. Il me sembla que le portier nous dévisageait de façon bizarre.

— Qui demandez-vous, Madame?

La question était si inattendue que nous éclatâmes de rire.

— Chambre 365, naturellement, répondit Sally. A quoi pensez-vous? Vous ne nous reconnaissez pas, depuis le temps.

— Je crains que vous ne puissiez pas monter, Madame. Le Monsieur du 365 est parti ce matin de bonne heure.

— Parti ? Vous voulez dire qu'il est sorti pour la journée ? C'est curieux. Quand rentre-t-il ?

— Il n'a pas parlé de revenir, Madame. Il partait pour Budapest.

Tandis que nous restions là, bouche bée, un garçon accourut avec une lettre. Nous lûmes :

> *Chers Sally et Chris, j'en ai marre de cette foutue ville, alors je m'en vais. J'espère qu'on se reverra un jour.*
>
> *Clive.*
>
> *(Ceci pour le cas où j'aurais oublié quelque chose.)*

L'enveloppe contenait trois billets de cent marks. Avec les fleurs fanées, les quatre paires de chaussures de Sally, ses deux chapeaux (achetés à Dresde), et mes six chemises, cela formait le total des bénéfices que nous laissait le passage de Clive. Sur le coup, Sally entra en fureur. Puis nous partîmes d'un éclat de rire :

— Eh bien, Chris, comme chercheurs d'or, je crois que nous ne sommes pas à la hauteur, non ?

Une grande partie de la journée se passa à nous demander si le départ de Clive était un coup prémédité. Je tendais à croire que non. Je l'imaginais très bien quittant successivement chaque ville et chaque groupe de nouveaux amis à peu près de la même façon. En cela, il avait toute ma sympathie.

La question se posa de savoir à quoi l'on emploierait l'argent. Sally décida de consacrer deux cent cinquante marks à remonter sa garde-robe. Les cinquante marks qui restaient, nous allions les liquider dans la soirée.

Mais la liquidation des cinquante marks ne nous apporta pas le plaisir attendu. Sally, mal en point, ne put faire honneur au menu sensationnel que nous avions choisi. Nous manquions d'entrain l'un et l'autre.

— Tu sais, Chris, je commence à croire que les hommes continueront toujours à me laisser tomber. Plus j'y pense, plus j'en trouve qui m'ont lâchée. C'est affreux, vraiment.

— Je ne te lâcherai jamais, Sally.

— Tu crois, mon chéri ?... Mais sérieusement, je pense

que je suis une espèce de Femme Idéale — tu vois ce que je veux dire ? Je suis de ces femmes qui peuvent enlever les maris des autres, mais aucun homme ne reste longtemps avec moi, justement parce que je représente la femme que tout homme prétend désirer, jusqu'à ce qu'il l'ait eue, après quoi il déclare qu'au fond ce n'était pas ça.

— Cela vaut tout de même mieux que d'être un vilain petit canard au cœur d'or, non ?

— Je mériterais d'être battue pour la façon dont j'ai agi avec Clive. Je n'aurais jamais dû l'embêter à propos d'argent comme je l'ai fait. Il a fini par croire que j'étais une vulgaire petite grue comme toutes les autres. Et moi qui l'adorais pour de bon — dans une certaine mesure... Si je l'avais épousé, j'en aurais fait un homme. Je l'aurais empêché de boire.

— Tu lui montrais un si bon exemple !

Et tous deux nous nous mîmes à rire.

— Il aurait bien pu me laisser un gentil petit chèque, ce cochon-là !

— Ne t'en fais pas, chérie. Il y en a d'autres dans son pays.

— Je m'en fiche, dit Sally, j'en ai plein le dos de faire la putain. Les hommes qui ont de l'argent me dégoûtent.

Le lendemain, Sally se sentait très mal. Nous mettions cela sur le compte de ses beuveries. Elle passa la matinée au lit, et en se levant elle eut une syncope. Je voulais appeler le médecin d'urgence, mais elle s'y opposa. A l'heure du goûter, après un nouvel évanouissement, elle avait si mauvaise mine que nous envoyâmes chercher d'office le docteur. Pendant sa visite, qui fut longue, Frl. Schroeder et moi sommes restés au salon, attendant son diagnostic. Mais à notre grand étonnement il partit en toute hâte sans même venir nous saluer.

Je me précipitai chez Sally. Elle était assise dans son lit avec un sourire figé :

— Eh bien, Christopher chéri, c'est un drôle de poisson d'avril !

— Qu'est-ce qu'il y a ?

Elle essaya de rire :

— Il dit que je vais avoir un enfant.

— Oh, mon Dieu !

— Ne t'effraie pas, chéri, je m'y attendais un peu, tu sais bien.

— C'est de Klaus, je suppose ?

— Oui.

— Et que penses-tu faire ?

— Ne pas le garder, bien sûr.

Sally tendit le bras pour prendre une cigarette. Je fixais un regard stupide sur mes chaussures.

— Est-ce que le docteur...

— Non, il ne veut pas. Je lui ai posé la question. Ça l'a beaucoup scandalisé. Je lui ai dit : « Mon bon monsieur, que voulez-vous qu'il devienne, ce petit malheureux, s'il vient au monde ? Ai-je l'air de quelqu'un qui ferait une bonne mère ? »

— Et qu'a-t-il répondu ?

— Il a paru trouver cela tout à fait secondaire. La seule chose qui lui importe, c'est son renom professionnel.

— Il s'agit donc de trouver quelqu'un qui n'ait pas de renom professionnel, voilà tout.

— Il me semble, dit Sally, que nous ferions bien de demander à Frl. Schroeder.

Frl. Schroeder fut donc consultée. Elle se montra à la hauteur de la situation : alarmée, mais d'une extrême présence d'esprit. Oui, elle connaissait quelqu'un. L'amie d'une amie d'une de ses amies avait eu des ennuis. Son médecin était expert en la matière, vraiment très habile. Le seul point noir, c'est que ce serait peut-être très coûteux.

— Grâce au ciel, s'écria Sally, nous n'avons pas dépensé tout l'argent de ce cochon de Clive !

— Je trouve que Klaus devrait bien...

— Ecoute-moi, Chris, une fois pour toutes : si je t'y prends à écrire à Klaus au sujet de cette affaire, je ne te pardonnerai jamais et je ne t'adresserai plus la parole !

— C'est bon, c'est bon, je n'en ferai rien. C'était une simple suggestion.

Le médecin ne me plut guère. Il ne faisait que caresser et pincer le bras de Sally, lui tripoter la main. En tout cas, il paraissait tout indiqué pour sa besogne. Sally devait se rendre à sa clinique privée aussitôt qu'il y aurait de la place. Tout se passait d'une façon parfaitement officielle, au grand jour. En quelques phrases bien tournées, le sémillant petit docteur dissipa tout soupçon de sinistre illégalité : il expliqua que l'état général de Sally ne lui permettait pas de courir les risques de la maternité, en foi de quoi un certificat lui serait délivré. Le certificat, cela allait sans dire, coûterait très cher, de même que le séjour à la clinique et l'opération elle-même. Le docteur réclamait deux cent cinquante marks de la main à la main, avant d'entreprendre quoi que ce fût. Nous finîmes par le faire descendre à deux cents. Les cinquante marks qui restaient, m'expliqua Sally plus tard, serviraient à l'achat de quelques chemises de nuit.

C'était enfin le printemps. Les cafés installaient des planchers en bois sur le trottoir, les glaciers ouvraient leurs boutiques sur des roues couleurs d'arc-en-ciel. Nous partîmes pour la clinique en taxi découvert. Par ce beau temps, Sally était d'une humeur que je ne lui avais pas vue depuis des semaines. Cependant Frl. Schroeder, tout en faisant des efforts héroïques pour sourire, était prête à pleurer.

— Le docteur n'est pas juif, au moins ? me demanda Frl. Mayr avec sévérité. Prenez garde de la mettre en contact avec un de ces sales Juifs qui se faufilent toujours dans ce genre de trafic, les salauds !

Sally eut une jolie chambre, propre et gaie, avec un balcon. J'y retournai dans la soirée. Ainsi, au lit, sans maquillage, rajeunie de plusieurs années, elle avait l'air d'une petite fille.

— Bonjour, chéri ! Tu vois, ils ne m'ont pas encore achevée. Ce n'est pas faute d'avoir fait ce qu'il fallait... Quel drôle d'endroit, tu ne trouves pas ? Je voudrais que ce cochon de Klaus puisse me voir... Voilà où cela vous mène, de n'avoir pas compris sa « mentalité »...

Un peu fiévreuse, elle riait constamment. Une infirmière se montra comme pour chercher quelque chose et disparut aussitôt.

— Elle mourait d'envie de te voir, expliqua Sally. Tu comprends, je lui ai dit que c'était toi le père. Cela ne te fait rien, n'est-ce pas, mon chéri ?

— Rien du tout. Cela me flatte.

— C'est tellement plus simple. Si les gens ne voient personne, ils trouvent cela bizarre. Et moi je n'aime pas qu'on s'apitoie sur moi comme sur une pauvre victime, abandonnée par son amant. Cela n'aurait rien de spécialement flatteur pour moi, n'est-ce pas ? Alors je lui ai raconté que nous étions terriblement épris l'un de l'autre, mais affreusement fauchés, et que nous n'avions pas les moyens de nous marier, mais que nous rêvions du jour où nous aurions la fortune et la gloire et une dizaine d'enfants, rien que pour compenser celui-ci. L'infirmière a été très émue, la pauvre. Elle en a même pleuré. Ce soir, quand elle sera de garde, elle me montrera des photos de son ami à elle. C'est gentil, n'est-ce pas ?

Le lendemain je me rendis à la clinique en compagnie de Frl. Schroeder. Nous trouvâmes Sally couchée à plat, les couvertures remontées jusqu'au menton.

— Oh ! bonjour, vous deux ! Asseyez-vous donc. Quelle heure est-il ?

Elle se retourna avec effort dans son lit et se frotta les yeux :

— Mais d'où viennent ces fleurs ?

— C'est nous qui les avons apportées.

— Comme c'est gentil à vous !

Elle avait un sourire absent.

— Je suis stupide aujourd'hui, je m'excuse... C'est ce satané chloroforme. J'en ai plein la tête.

Nous partîmes au bout de quelques minutes. Frl. Schroeder était bouleversée :

— Vous me croirez si vous voulez, Herr Issyvoo, je ne prendrais pas la chose plus à cœur s'il s'agissait de ma propre fille. Ah ! plutôt que de la voir souffrir à ce point, la pauvre petite, j'aimerais mieux être couchée là à sa place, je vous assure.

Le jour suivant, Sally se sentait beaucoup mieux. J'allai la voir avec toute la bande : Frl. Schroeder, Frl. Mayr, Bobby et Fritz. Ce dernier ignorait naturellement ce qui se passait au juste. On lui avait dit que Sally venait d'être opérée d'une petite tumeur interne. Et comme cela arrive toujours aux gens mal renseignés, il faisait, sans arrière-pensée mais avec beaucoup d'à-propos, des allusions aux cigognes, aux groseilliers, aux voitures d'enfants et aux nouveau-nés en général. Il relata même un des derniers potins, au sujet d'une Berlinoise distinguée qui venait de subir une opération clandestine. Sally et moi évitions de nous regarder.

Le lendemain soir, je fis ma dernière visite à la clinique. Sally devait sortir dans la matinée. Elle était seule et nous nous installâmes sur le balcon. Elle paraissait suffisamment remise pour faire quelques pas dans la chambre.

— J'ai prévenu l'infirmière que je ne recevrais personne, excepté toi. (Elle bâilla d'un air languissant.) Les gens me fatiguent à un point !...

— Tu préfères que je m'en aille ?

— Oh, non ! dit Sally sans grand enthousiasme. Si tu t'en vas, une infirmière quelconque arrivera avec ses bavardages, et si je ne me montre pas assez éveillée pour son goût, on m'obligera à rester plusieurs jours encore dans cette sale boîte ; mais cela, pour rien au monde !

Son regard rêveur se perdait par-delà la rue silencieuse.

— Tu sais, Chris, au fond, j'aurais bien voulu le garder, ce gosse... Cela aurait été merveilleux. Ces deux derniers jours, je commençais presque à sentir ce que c'est que d'être mère. Figure-toi qu'hier soir je suis restée longtemps seule, avec ce coussin dans mes bras, comme si c'était mon enfant. Et j'avais l'impression merveilleuse d'être séparée du monde entier. Je me représentais comment le bébé grandirait et comment je travaillerais pour lui, et comment le soir, après l'avoir bordé dans son lit, j'irais faire l'amour avec des vieux dégoûtants pour pouvoir l'habiller et le nourrir... Tu as beau rigoler, Chris, c'est à cela que je pensais !

— Qu'est-ce qui t'empêche de te marier et d'avoir un enfant ?

— Je n'en sais rien... Les hommes ne m'inspirent plus confiance. J'en ai assez, voilà tout. Et même toi, Christopher, si tu descendais dans la rue et que tu te fasses écraser par un taxi... je serais navrée, évidemment, mais au fond, je m'en foutrais.

— Merci bien, Sally.

Nous nous mîmes à rire.

— Mais non, ce n'est pas ce que je voulais dire, mon chéri : il ne s'agissait pas de toi personnellement. Il ne faut pas m'en vouloir quand je suis comme ça. Cela me donne toutes sortes d'idées bizarres. On se sent terriblement primitif quand on va avoir un enfant, un peu comme une bête sauvage qui défend ses petits ou quelque chose de ce genre. Seulement voilà : je n'ai pas de petit à défendre... Je crois bien que c'est ça qui me rend de si mauvaise humeur avec tout le monde en ce moment...

C'est en partie à cause de cette conversation que je décidai brusquement ce soir-là d'interrompre toutes mes leçons, de quitter Berlin au plus vite, de m'installer quelque part sur la Baltique et de m'atteler au travail. Depuis Noël, je n'avais, pour ainsi dire, pas écrit une ligne.

Sally me parut accueillir ce projet avec un certain soulagement. Nous avions tous deux besoin d'une diversion. La possibilité pour elle de venir me rejoindre fut vaguement envisagée, mais je savais d'avance que cela ne se ferait pas. Ses intentions n'avaient rien de précis. Elle se proposait d'aller peut-être plus tard à Paris, ou bien dans les Alpes, ou sur la Côte d'Azur — à condition de se procurer de l'argent.

— Mais il est probable que je resterai ici tout simplement. J'y serais tout à fait heureuse. Je sens comme une espèce d'accoutumance à cet endroit.

Je revins à Berlin vers le milieu de juillet. Pendant tout ce temps, je n'avais rien reçu de Sally, à part une demi-douzaine de cartes postales au cours du premier mois de mon absence. J'appris sans beaucoup d'étonnement qu'elle n'avait pas gardé sa chambre dans notre maison.

— Au fond, je comprends bien qu'elle soit partie. Je n'avais pas le moyen de lui offrir tout le confort auquel elle pouvait prétendre — surtout qu'il n'y a pas d'eau courante dans les chambres.

La pauvre Frl. Schroeder avait les larmes aux yeux.

— N'empêche que cela a été une déception terrible pour moi... Frl. Bowles a été très chic, je n'ai pas à m'en plaindre. Elle a tenu à payer sa chambre jusqu'à la fin de juillet. J'y avais droit, évidemment, puisqu'elle ne m'a prévenue que le 21, mais je n'en avais pas parlé... C'était une personne si charmante...

— Avez-vous son adresse ?

— Oh ! oui, et son numéro de téléphone. Vous allez lui téléphoner, bien sûr. Elle sera ravie de vous revoir... Les autres messieurs ne faisaient que passer, mais vous, vous étiez son véritable ami, Herr Issyvoo. J'ai toujours espéré, voyez-vous, que vous alliez vous marier tous les deux, vous auriez fait un couple idéal. Vous avez toujours eu une si bonne influence sur elle, si calmante, et elle, elle vous distrayait quand vous étiez trop plongé dans vos livres et vos études... Ah ! vous pouvez rire, Herr Issyvoo, mais on ne sait jamais ! Ce n'est peut-être que partie remise !

Le lendemain, Frl. Schroeder vint me réveiller, tout excitée :

— Vous ne savez pas, Herr Issyvoo : la *Darmstädter ùnd National* est fermée ! Il y aurait des milliers de gens ruinés que cela ne m'étonnerait pas ! Le laitier prétend que d'ici quinze jours il y aura la guerre civile ! Qu'est-ce que vous dites de ça ?

Aussitôt habillé, je descendis dans la rue. Il y avait un rassemblement, en effet, devant la succursale de la banque, au coin du Nollendorfplatz — hommes avec des sacoches de cuir, femmes avec des sacs à provisions, toutes semblables à Frl. Schroeder. Les rideaux de fer étaient abaissés sur les fenêtres de la banque. La plupart des gens fixaient d'un air hébété la porte verrouillée, au milieu de laquelle on voyait une petite affiche, superbement imprimée en caractères gothiques, comme une page de littérature ancienne. L'affiche annonçait que le *Reichspraesident* garantissait les dépôts. Tout cela était en règle. Mais la banque ne rouvrait pas.

Un petit garçon, à travers la foule, s'amusait avec un cerceau. Le cerceau alla se jeter dans les jambes d'une femme. Celle-ci éclata aussitôt :

— *Dù, sei bloss nicht so frech*[1] *!* Qu'est-ce que tu fais là, espèce de petit voyou ?

Une autre bondit à la rescousse contre le gosse effrayé :

— Va-t'en ! Ce n'est pas ta place, ici !

Une troisième demanda avec une fureur sarcastique :

— Peut-être bien que tu avais ton argent à la banque, toi aussi ?

Le garçon prit la fuite devant cette rage contenue, explosive.

L'après-midi était chaud. Les premiers journaux du soir publiaient le détail des nouveaux décrets — laconiques, rédigés en style gouvernemental. Un titre alarmiste s'étalait crânement en manchette, barré de rouge sang : « Tout s'écroule ! » Un journaliste nazi rappelait à ses lecteurs que le lendemain, 14 juillet, était un jour de réjouissances nationales pour les Français et que, certes, la France avait cette année de quoi se réjouir spécialement devant la prochaine débâcle de l'Allemagne. J'entrai dans un magasin de confections et achetai pour douze marks cinquante un pantalon de flanelle tout fait — geste de confiance de la part de l'Angleterre.

Puis je pris le métro pour me rendre chez Sally.

Elle habitait un immeuble d'appartements de trois pièces, intitulé Colonie d'Artistes, non loin du Breitenbachplatz.

A mon coup de sonnette, elle vint m'ouvrir elle-même.

— Tiens ! Chris, espèce de cochon !

— Bonjour, ma petite Sally !

1. — Ne sois pas si insolent !

— Tu vas bien ?... Attention, chéri, tu vas froisser ma robe, je dois sortir dans un instant.

Je ne l'avais jamais vue tout en blanc. Cela lui allait bien, mais elle avait maigri et vieilli de figure. Elle avait une nouvelle coupe de cheveux et une ondulation magnifique.

— Tu es rudement chic, dis-je.

— C'est vrai ?

Elle arborait son sourire satisfait, rêveur, concentré sur elle-même. Je la suivis dans le salon dont un des murs était entièrement vitré. Il y avait quelques meubles de bois peint, couleur cerise, et un divan très bas avec des coussins criards, ornés de franges. Un chien miniature, d'un blanc mousseux, sauta sur ses pattes en jappant. Sally le prit dans ses bras et fit le simulacre de l'embrasser, l'effleurant presque des lèvres.

— *Freddi, mein Liebling, dù bist soo süss*[1] *!*

— C'est à toi ? demandai-je, tout en constatant les progrès de sa prononciation allemande.

— Non. Il est à Gerda, avec qui je partage l'appartement.

— Il y a longtemps que tu la connais ?

— Une quinzaine de jours.

— Comment est-elle ?

— Pas mal. Avare comme le diable. C'est moi qui supporte presque tous les frais.

— C'est gentil, ici.

— Tu trouves ? Oui, ça peut aller. C'est mieux, en tout cas, que ce taudis de la Nollendorfstrasse.

— Qu'est-ce qui t'a fait partir ? Tu as eu des histoires avec Frl. Schroeder ?

— Non, pas précisément. Mais j'en ai eu assez de ses bavardages. Elle me cassait la tête. Elle est trop empoisonnante, vraiment !

— Elle t'aime beaucoup.

Sally haussa les épaules avec un léger mouvement d'impatience. Je remarquai que ses yeux m'évitaient tout le

1. — Freddi, mon chéri, tu es trop mignon !

temps. Il y eut un long silence. Intrigué et un peu gêné, je me demandais déjà au bout de combien de temps je pourrais décemment m'esquiver.

On entendit la sonnerie du téléphone. Sally bâilla, attirant l'appareil sur ses genoux.

— Allô ! qui est-ce ? Oui, c'est moi-même... Non... Non... Pas du tout, je vous assure... Que je devine ? (Son nez se plissait.) C'est Erwin ? Non ? Paul ? Non ? Attendez que je réfléchisse...

— Maintenant, mon chéri, il faut que je file ! s'écria-t-elle quand enfin la conversation se termina. Je suis déjà en retard de deux heures au moins !

— Un nouveau soupirant ?

Mon petit rire demeura sans effet. Elle alluma une cigarette d'un air légèrement écœuré et déclara, catégorique :

— J'ai un rendez-vous d'affaires.

— Quand nous reverrons-nous ?

— Il faut que je voie, chéri. J'ai tant à faire en ce moment... Demain je passe la journée à la campagne ; après-demain aussi, peut-être. Je te ferai signe... Il se peut que je parte prochainement pour Francfort.

— Tu es engagée là-bas ?

— Non. Pas précisément. (D'un ton sec, elle écartait ce sujet.) J'ai décidé de ne rien chercher du côté du cinéma avant l'automne en tout cas. Je vais prendre un repos complet.

— Tu t'es fait un tas de nouvelles relations, il me semble ?

Elle reprit son air vague, consciencieusement superficiel :

— Oui, je crois bien. Par réaction, sans doute, après tous ces mois chez Frl. Schroeder où je ne voyais pas une âme.

Je ne pus retenir un ricanement hostile :

— Allons ! J'espère pour toi qu'aucun de tes nouveaux amis n'avait déposé son argent à la *Darmstädter und National* !

Elle réagit aussitôt :

— Pourquoi ! Qu'y a-t-il ?

— Tu ne sais rien ? Pas possible !

— Mais non, je ne lis pas les journaux et je ne suis pas sortie de la journée.

Je lui donnai des nouvelles de la crise. Elle en parut très effrayée et s'écria dans son exaspération :

— Pourquoi diable ne m'as-tu pas dit cela plus tôt ? C'est peut-être quelque chose de grave.

— Excuse-moi, Sally. J'étais sûr que tu étais au courant, surtout depuis que tu sembles fréquenter le milieu des finances.

Elle ne fit pas attention à ce coup d'épingle ; profondément absorbée, elle fronçait les sourcils.

— Si c'était quelque chose de réellement grave, Léo m'aurait téléphoné..., murmura-t-elle enfin.

Cette idée parut la réconforter sérieusement.

Nous fîmes route ensemble jusqu'au coin de la rue, où elle arrêta un taxi.

— C'est très embêtant d'habiter si loin de tout, dit Sally, bientôt j'aurai sans doute une voiture.

Au moment de nous séparer, elle ajouta encore :

— A propos, et dans l'île de Ruegen, comment cela s'est-il passé ?

— J'ai pris beaucoup de bains.

— Eh bien, au revoir, chéri. A un de ces jours.

— Au revoir, Sally, amuse-toi bien.

Au bout d'une semaine environ, je reçus un coup de téléphone de Sally.

— Pourrais-tu venir chez moi tout de suite, Chris ? C'est très important. J'ai un service à te demander.

Cette fois encore, je la trouvai seule dans l'appartement.

— Veux-tu gagner de l'argent, mon chéri ?

— Bien sûr.

— Cela tombe bien ! Ecoute, voilà ce que c'est...

Vêtue d'un peignoir rose pelucheux, elle paraissait un peu essoufflée.

— Il y a un type que je connais qui lance un magazine. Quelque chose de formidablement intellectuel et artistique, avec des tas de merveilleuses photographies modernes — des encriers et des têtes de femmes à l'envers, tu connais le genre... Et le clou, c'est que dans chaque numéro on parlera d'un pays différent ; il y aura des articles sur les mœurs, les coutumes et tout ça... En premier lieu, ce sera l'Angleterre, et on me demande de faire un article sur la Jeune Fille anglaise... Moi, naturellement, je n'ai aucune idée de ce qu'on pourrait dire. Alors, voilà ce que j'ai trouvé : tu écrirais l'article sous mon nom et tu toucherais l'argent. Pour moi, il s'agit seulement de ne pas désobliger le type qui lance l'édition, parce qu'il peut m'être extrêmement utile un jour, d'une autre manière...

— Ça va. Je vais essayer.

— Magnifique !

— Pour quand le veux-tu ?

— Vois-tu, chéri, c'est là le problème : il me le faut tout de suite, autrement cela ne servirait à rien ; c'est promis depuis quatre jours déjà et il faut absolument que je le remette ce soir même. Cela n'a pas besoin d'être très long. Cinq cents mots à peu près.

— Entendu, je ferai de mon mieux.

— C'est parfait ! Installe-toi où tu voudras. Voici du papier. Tu as ton stylo ? Et, tiens, voilà un dictionnaire, pour vérifier l'orthographe. Je m'en vais vite prendre mon bain.

Quand, trois quarts d'heure plus tard, Sally reparut tout habillée, j'avais terminé et, franchement, j'étais assez content de moi.

Elle se mit à lire avec attention, tandis qu'un pli se formait peu à peu entre ses sourcils artistement dessinés. Ayant fini, elle déposa le manuscrit et soupira.

— Je suis navrée, Chris. Cela ne va pas du tout.

— Cela ne va pas ?

Je restai franchement interloqué.

— Enfin, c'est peut-être très bien du point de vue littéraire et tout ça...

— Alors, qu'est-ce qui cloche ?

— Cela manque tout à fait de mordant, dit Sally d'un ton péremptoire, ce n'est pas du tout ce qu'il veut, le type.

Je haussai les épaules :

— Désolé, Sally. J'ai fait ce que j'ai pu. Mais le journalisme n'est pas ma partie, tu sais bien.

Il y eut un silence plein d'hostilité. Mon amour-propre venait d'être piqué au vif.

— Mon Dieu, mais je sais qui va me faire ça ! Je n'ai qu'à lui demander, s'écria Sally, bondissant de son siège. Comment n'y ai-je pas songé plus tôt ?

Elle saisit le téléphone et composa le numéro :

— Allô, Kurt, mon chéri...

En trois minutes, l'affaire fut réglée. Elle remit le récepteur en place et annonça triomphalement :

— C'est superbe, il me fait cela séance tenante.

Puis, après une pause significative, elle ajouta :

— C'était Kurt Rosenthal.

— Qui est-ce ?

Sally accueillit ma question avec ennui. Elle fit semblant d'être extrêmement étonnée :

— Tu ne sais pas qui c'est ? Je croyais que tu t'intéressais au cinéma. C'est de loin le meilleur scénariste parmi les jeunes. Il gagne un argent fou. Il ne fait cela, naturellement, que pour m'être agréable. Il dit qu'il va dicter la chose à sa dactylo tout en se rasant et il la fera porter directement chez l'éditeur... Il est formidable !

— Tu es sûre que cette fois cela conviendra à l'éditeur ?

— Il ne manquerait plus que ça ! Kurt est tout simplement un génie. Il sait faire n'importe quoi. Pour l'instant, quand il a une minute, il travaille à un roman, mais il peut tout juste le dicter pendant son petit déjeuner. Il est terriblement occupé. L'autre jour il m'a montré les tout premiers chapitres. Sans exagération, je crois que c'est de beaucoup le meilleur roman que j'aie jamais lu.

— Pas possible ?

— Voilà le genre d'écrivain que j'admire, poursuivait Sally, évitant avec soin mon regard. Il est terriblement ambitieux et il n'arrête pas de travailler, et il écrit tout ce qu'on veut : des scénarios, des romans, des pièces de théâtre, des poèmes, des réclames... Et il n'en est pas plus fier pour ça. Pas comme ces jeunes gens qui, sous prétexte qu'ils ont publié un bouquin, font de grands discours sur l'Art et se prennent pour les plus grands écrivains du monde... Ils me dégoûtent...

Si agacé que je fusse, je ne pus m'empêcher de rire :

— Depuis quand me condamnes-tu avec cette véhémence, Sally ?

— Je ne te condamne pas... (Elle n'osait me regarder en face.) Pas exactement...

— Je te dégoûte, voilà tout ?

— Je ne sais pas ce que c'est... Il me semble que tu as quelque chose de changé...

— Mais quoi ?

— C'est difficile à expliquer... Tu as l'air de ne plus avoir la moindre énergie, le moindre désir d'aboutir à quelque chose. Tu es tellement dilettante. Je trouve ça ennuyeux.

— Je regrette, répliquai-je sur un ton qui voulait être badin, mais qui sonnait faux.

Sally, le front soucieux, considérait ses petits souliers noirs.

— N'oublie pas que je suis une femme, Christopher. Les femmes aiment les hommes forts, résolus, qui poursuivent jusqu'au bout leur carrière. La femme veut bien se montrer maternelle pour protéger le côté faible de l'homme, mais l'homme doit avoir aussi un côté fort qu'elle puisse respecter... Si jamais tu aimes une femme, je ne te conseille pas de lui laisser voir que tu n'as pas d'ambition. Autrement, elle finira par te mépriser.

— Oui, je comprends. Et c'est d'après ce principe que tu choisis tes amis — tes *nouveaux* amis ?

Cela la fit bondir :

— Libre à toi de faire fi de mes amis, sous prétexte qu'ils réussissent en affaires. S'ils ont de l'argent, c'est qu'ils ont fait ce qu'il fallait... Tu te figures que tu leur es supérieur ?

— Oui, Sally, puisque tu me poses la question. S'ils sont tous tels que je les imagine, je trouve que je leur suis supérieur.

— C'est tout toi, Christopher ! Ça, c'est typique ! Voilà bien ce qui me déplaît chez toi : tu es un prétentieux et un paresseux. Avant de dire ces choses-là, tu devrais te montrer capable de les prouver.

— Comment prouve-t-on qu'on est supérieur à un autre ? Du reste, ce n'est pas cela que j'ai dit. J'ai dit que je me trouvais supérieur à ces gens-là — simple question de goût.

Sally ne répondit rien. Elle alluma une cigarette, l'air maussade.

— Tu prétends que j'ai quelque chose de changé, continuai-je. A vrai dire je me suis fait la même réflexion à ton sujet.

Elle ne parut pas étonnée.

— Tiens ?... Tu as peut-être raison. Je ne sais pas... Ou bien peut-être n'avons-nous pas changé, ni l'un ni l'autre. Peut-être nous voyons-nous simplement tels que nous sommes. Il y a entre nous des différences énormes, tu sais, à toute sorte de point de vue.

— Oui, je l'ai déjà remarqué.

Sally méditait en fumant, les yeux fixés sur ses souliers :

— J'ai l'impression que nous ne nous convenons plus tout à fait.

— C'est bien possible...

Je souriais, car l'allusion de Sally était transparente :

— En tout cas, ce n'est pas une raison pour nous disputer.

— Bien sûr que non, mon chéri.

Après un silence, je me disposai à partir. Mal à l'aise l'un et l'autre, nous faisions assaut de politesses :

— Vraiment, tu ne veux pas prendre une tasse de café ?

— Non, je te remercie beaucoup.

— Du thé, alors ? Il est excellent. C'est un cadeau.

— Non, merci infiniment, Sally. Je suis obligé de me sauver.

— C'est vrai ? (On sentait un soulagement dans sa voix.) Surtout n'oublie pas de me téléphoner bientôt, n'est-ce pas ?

— Entendu. Sans faute.

Ce fut seulement lorsque je m'éloignai déjà d'un pas rapide dans la rue que mon indignation et ma honte m'apparurent dans toute leur plénitude. La sale petite rosse, me disais-je. Je m'en étais toujours douté, du reste — depuis le premier jour. Non, ce n'était pas vrai, je ne m'en étais jamais rendu compte. Je me figurais même — pourquoi ne pas l'avouer ? — qu'elle avait de la tendresse pour moi. Eh bien, je me trompais, voilà tout. Mais pouvais-je lui en vouloir de cela ? Pourtant, je lui en voulais, j'étais furieux contre elle. Rien ne m'aurait fait plus de plaisir, à ce moment-là, que de la voir fouetter comme il faut.

J'étais même si ridiculement bouleversé que je commençais à me demander si je n'avais pas été, tout ce temps, amoureux moi-même de Sally.

Mais non, il ne s'agissait pas d'amour — c'était pire. C'était une blessure d'amour-propre de l'espèce la plus commune, la plus enfantine. Cela ne me faisait fichtre rien, ce qu'elle pouvait bien penser de mon article — un peu tout de même, mais pas plus. Ma vanité littéraire était au-dessus de tout ce qu'elle pouvait bien penser ; mais s'attaquer à ma personne ! Cet horrible flair sexuel qu'ont les femmes pour savoir dégonfler un homme ! J'avais beau me dire que Sally avait le vocabulaire et la mentalité d'une enfant de douze ans, qu'elle était tout simplement comique et absurde — je n'en gardais pas moins l'impression d'avoir été réduit à l'état de camelote. D'ailleurs n'étais-je pas en effet un petit peu camelote (quoique pas pour les motifs ridicules qu'elle énumérait) avec mes discours “ artistes ” à mes élèves du beau sexe, avec mon nouveau socialisme de salon ? Mais oui, mais oui. Seulement elle n'en savait rien. J'avais tout ce qu'il fallait pour lui faire impression. C'était là le plus humiliant de l'affaire. J'avais mal orchestré notre entrevue d'un bout à l'autre. Je rougissais, je bégayais, au lieu de me montrer original, persuasif, supérieur, paternel, adulte. J'avais essayé de me mesurer avec son affreux petit Kurt sur son propre terrain — exactement comme Sally le souhaitait et comme elle s'y attendait ! Après tant de mois, je venais de commettre l'unique erreur fatale : j'avais laissé voir que je n'étais pas seulement un incapable, mais encore un jaloux. Oui, vulgairement jaloux. J'aurais voulu m'administrer une correction. Rien que d'y penser, la honte me démangeait de la tête aux pieds.

Allons, le mal était fait. Il ne restait plus qu'une chose : oublier tout cela. D'ailleurs, il n'était plus question pour moi de revoir Sally.

C'est, je pense, une dizaine de jours plus tard que je reçus un matin la visite d'un jeune homme de petite taille, au visage pâle et aux cheveux noirs, s'exprimant couramment en américain avec un léger accent étranger. Son nom, me dit-il, était George P. Sandars. Il avait vu mon annonce au sujet des leçons d'anglais dans la *B. Z. am Mittag*.

— Quand voudriez-vous commencer ? lui demandai-je.

Mais le jeune homme se hâta de secouer la tête. Non, non, il ne s'agissait pas de leçons, pas du tout. Un peu déçu, j'attendis poliment qu'il m'expliquât le but de sa visite. Mais il ne semblait pas pressé d'en arriver là. Au contraire, il accepta une cigarette, s'assit et se lança dans une conversation sur les Etats-Unis. Etais-je allé à Chicago ? Jamais ? Alors j'avais peut-être entendu parler de James L. Schraube ? Non ? Le jeune homme exhala un petit soupir, apparemment résolu à s'armer de patience envers moi et envers le monde en général. Il était manifeste qu'il avait déjà abordé plus d'une fois ce sujet avec d'autres. James L. Schraube, précisa-t-il, jouissait d'une vaste réputation à Chicago : il était propriétaire de tout un groupe de restaurants et de plusieurs cinémas. Il possédait deux grands domaines à la campagne, un yacht sur le lac Michigan et au bas mot quatre automobiles.

Je commençais déjà à tambouriner des doigts sur la table. Une expression de tristesse passa sur le visage du jeune homme. Il s'excusa d'abuser de mon temps précieux ; s'il avait mentionné Mr. Schraube, dit-il, c'est qu'il pensait que cela pourrait m'intéresser (son intonation était poliment désapprobatrice) — et aussi parce que, si j'avais connu Mr. Schraube, celui-ci m'aurait certainement garanti l'honorabilité de son ami Sandars. Enfin... Tant pis... Pouvais-je en tout cas lui prêter deux cents marks ? Il en avait besoin pour lancer une affaire. C'était une occasion unique et elle allait lui échapper s'il ne trouvait pas la somme avant le lendemain matin. Il me la rendrait dans les trois jours. Si je lui donnais l'argent tout de suite, il m'apporterait ce soir même des documents certifiant l'authenticité de l'entreprise.

Non ? Ah, bon... Il ne paraissait pas surpris outre mesure. Il se leva aussitôt comme un homme d'affaires qui vient de gaspiller vingt bonnes minutes auprès d'un client hypothétique : ce n'était pas lui qui y perdait, insinua-t-il avec courtoisie, c'était moi. A la porte, il s'arrêta un instant : avais-je par hasard, parmi mes relations, des actrices de cinéma ? Il était accessoirement représentant d'une crème de beauté, souveraine contre le dessèchement de la peau dû à à la lumière des projecteurs. Toutes les vedettes de Hollywood s'en servaient déjà, mais le produit était encore inconnu en Europe. S'il trouvait cinq ou six artistes pouvant contribuer à le lancer, elles auraient droit à des échantillons gratuits, puis à une réduction de 50 % sur le prix d'achat.

Après un moment d'hésitation, je lui donnai l'adresse de Sally ; je me demande pourquoi : en partie, sans doute, pour me débarrasser du jeune homme qui faisait mine de se rasseoir et de reprendre la conversation ; en partie, peut-être, par malveillance. Elle verrait ce que c'est que de supporter ce bavardage pendant une heure ou deux, elle qui aimait les hommes à ambitions. Cela lui rapporterait peut-être un pot de crème, si toutefois celle-ci existait réellement. Et s'il l'entreprenait au sujet des deux cents marks — cela n'aurait pas grande importance, après tout. Il était incapable d'en imposer même à un enfant en bas âge.

— Seulement, ne dites sous aucun prétexte, lui recommandai-je, que vous venez de ma part.

Il s'empressa de me rassurer, avec un léger sourire. Sans doute s'expliquait-il ma demande à sa façon, car il n'eut pas du tout l'air de la trouver étrange. En descendant l'escalier, il souleva poliment son chapeau. Le lendemain, je ne gardais plus aucun souvenir de sa visite.

Quelques jours plus tard, comme j'étais en train de donner une leçon, on m'appela au téléphone : Sally en personne était au bout du fil. Je me montrai assez grincheux.

— Ah ! c'est toi, Christopher chéri ?

— Oui, c'est moi.

— Dis donc, pourrais-tu venir me voir tout de suite ?

— Non.

— Oh !...

Mon refus avait porté manifestement un coup à Sally. Au bout d'un instant, elle reprit sur un ton d'humilité insolite :

— Tu dois être terriblement occupé ?

— En effet.

— Alors... Cela te dérangerait beaucoup que j'aille jusque chez toi ?

— Pour quoi faire ?

— Mon chéri... (Elle semblait être positivement aux cent coups.) Je ne peux vraiment pas t'expliquer cela par téléphone. C'est quelque chose de très grave.

— Ah ! oui, je vois ce que c'est ! (Je m'efforçais de rendre mon accent aussi venimeux que possible.) Encore un article pour magazine, je suppose ?

Mais je n'avais pas achevé ma phrase que nous éclations de rire tous deux.

— Chris, tu n'es qu'une brute ! tintinnabula la voix de Sally le long du fil ; puis elle changea brusquement. Non, mon chéri, cette fois, c'est tout ce qu'il y a de plus sérieux, je t'assure !

Après un silence, elle ajouta, solennelle :

— Et il n'y a que toi qui puisses me sortir de là !

— Bon, ça va. Viens dans une heure.

J'étais déjà plus qu'à moitié attendri.

— Eh bien voilà, mon chéri, je vais commencer par le commencement, tu permets ?... Hier matin, un type m'appelle au téléphone et me demande s'il peut venir me voir — pour une affaire importante, dit-il. Comme il savait mon nom, et tout ça, je lui ai dit : « Mais oui, bien sûr, venez tout de suite... » Alors il est venu. Il m'a dit qu'il s'appelait Rakowski, Paul Rakowski, et qu'il était représentant de la Metro-Goldwyn-Mayer en Europe et qu'il venait me faire une proposition. Il m'a raconté qu'on cherchait une artiste anglaise parlant allemand pour un film qu'on va tourner sur la Riviera italienne. Il avait l'air tout à fait de bonne foi, il m'a nommé le directeur, et l'opérateur, et le metteur en scène, et l'auteur du scénario. Moi naturellement, je n'avais jamais entendu parler de ces gens-là, mais cela n'avait rien d'étonnant, au contraire, cela ne m'inspirait que plus de confiance : un autre aurait plutôt cité des noms qu'on voit dans les journaux... Enfin, il a déclaré après m'avoir vue que j'étais exactement la femme du rôle et qu'en principe je pouvais compter dessus si les essais étaient satisfaisants... Alors, tu penses, j'étais absolument ravie et j'ai demandé quand on ferait les essais et il a dit : pas avant quelques jours, parce qu'il devait régler la chose avec les gens de l'Ufa... Alors, on a commencé à parler de Hollywood et il m'a raconté toute sorte d'histoires... Evidemment, il pouvait avoir lu tout ça dans les magazines, mais je suis presque sûre que non. Et puis il m'a raconté comment on fait les effets sonores et les truquages — c'était passionnant comme tout, et il n'y avait pas de doute qu'il eût fréquenté un tas de studios... En tout cas, quand on a fini de parler de Hollywood, il a commencé à me raconter des choses sur l'Amérique en général, et sur les gens qu'il connaissait et sur les gangsters et sur New York. Il m'a dit qu'il venait d'arriver de là-bas et que ses bagages étaient encore à la douane à Hambourg. D'ailleurs je trouvais justement assez bizarre de le voir si mal habillé, mais après ces explications cela m'a paru tout à fait naturel... Et maintenant, Chris, il faut que tu me promettes de ne pas rire de la suite de l'histoire, sinon je ne pourrai rien te raconter... Alors le voilà qui se met à me faire la cour d'une façon incroyable. D'abord, cela m'a mise plutôt en colère, cette idée de mêler le plaisir aux affaires sérieuses. Mais à la longue, je m'y suis laissé prendre : il était tout à fait séduisant, un peu à la manière russe... Et finalement il m'a invitée à dîner, ça fait que nous sommes allés chez Horchers et nous avons fait un repas — un des plus mirifiques de toute ma vie — (c'est toujours ça !). Seulement quand on a apporté l'addition, il a dit : « A propos, chérie, pourrais-tu me prêter trois cents marks jusqu'à demain ? Je n'ai que des dollars sur moi, il faut que je passe à la banque pour les changer. » Alors je les lui ai donnés, naturellement. Et par malheur, j'avais tout plein d'argent sur moi ce soir-là... Ensuite il a dit : « Tiens, prenons du champagne pour célébrer ton engagement ! » Je voulais bien, et je devais être déjà plutôt noire, car lorsqu'il m'a demandé de passer la nuit avec lui, j'ai dit oui. Nous sommes allés dans un de ces petits hôtels de l'Augsburgerstrasse, je ne me rappelle plus le nom... un taudis infect... Enfin, je ne sais plus au juste ce qui s'est passé ce soir-là. C'est seulement vers le matin que j'ai commencé à retrouver mes esprits, pendant qu'il dormait. Et je me suis demandé si tout cela était bien normal, au fond... Jusque-là je n'avais pas vu ses dessous, et j'en ai été plutôt estomaquée ! On s'attend à ce qu'un cinéaste connu porte de la soie sur la peau, n'est-ce pas ? Eh bien, lui, il avait je ne sais quel tissu extraordinaire, on aurait dit du poil de chameau — comme une défroque de saint Jean-Baptiste. Et puis son épingle de cravate, elle venait tout droit de chez Woolworth. Ce n'est pas tellement que ses affaires étaient usées, mais on voyait bien que cela n'avait jamais rien valu, même à l'état de neuf... Je me préparais justement à me faufiler hors du lit et à donner un coup d'œil à ses poches quand il s'est réveillé, et c'était trop tard. Alors on a demandé le petit déjeuner... Je ne sais pas s'il se figurait que j'étais trop emballée pour m'apercevoir de quoi que ce soit, ou bien s'il n'avait plus la force de jouer la comédie, en tout cas ce n'était plus le même homme, il avait l'air d'un vulgaire petit voyou. Il mangeait la confiture avec son couteau, et il en répandait naturellement sur les draps, et il gobait ses œufs avec un de ces bruits de tonnerre ! Je ne pouvais pas m'empêcher de rire, et il n'était pas content... Ensuite il a dit : « Je veux de la bière ! » Bon, je dis, très bien, tu n'as qu'à téléphoner pour qu'on t'en monte. A vrai dire, je n'étais pas très rassurée. Il commençait à prendre de ces airs sauvages, on aurait dit un homme des cavernes ; je croyais qu'il devenait fou. J'essayais de l'apaiser de mon mieux... En tout cas, mon idée parut lui plaire, il commença à téléphoner — toute une conversation, pendant laquelle il s'est mis en rage, prétendant qu'on refusait de servir de la bière dans les chambres. J'ai compris depuis qu'il devait appuyer sur le crochet tout le temps et faire semblant de discuter, mais c'était fait à la perfection ; et d'autre part, j'étais trop effrayée pour me rendre compte. Je m'attendais à ce qu'il m'assassine si on ne lui apportait pas sa bière. Mais il finit par se résigner en disant qu'il allait s'habiller et descendre chercher cela lui-même. Je dis : bon, très bien... Et alors, j'ai attendu je ne sais combien de temps, et il ne revenait toujours pas. A la fin j'ai sonné et j'ai demandé à la femme de chambre si elle l'avait vu sortir. Elle a répondu : « Oh oui, ce monsieur a payé la note et il est parti, il y a au moins une heure... Il a recommandé qu'on ne vous dérange pas. » J'étais si stupéfaite que j'ai dit seulement : « Ah ! très bien, merci... » Et, chose curieuse, j'étais tellement persuadée qu'il était sinoque que je ne le voyais pas du tout comme un escroc. C'était peut-être ce qu'il voulait... En tout cas il n'était pas si fou que cela, puisqu'en ouvrant mon sac, je me suis aperçue qu'il avait mis la main sur tout l'argent qui me restait, y compris la monnaie des trois cents marks que je lui avais prêtés la veille. Moi, ce qui m'ennuie le plus là-dedans, c'est qu'il croit, j'en suis sûre, que je n'aurai pas le courage d'aller trouver la police. Eh bien, je lui ferai voir qu'il se trompe...

— Dis donc, Sally, de quoi avait-il exactement l'air, ce jeune homme ?

— Il était à peu près de ta taille. Pâle. Brun. On voyait que ce n'était pas un Américain de naissance. Il avait un accent étranger...

— Tu ne te rappelles pas s'il a nommé un certain Schraube qui habite Chicago ?

— Attends... Mais oui, bien sûr ! Il en a même beaucoup parlé... Mais, Chris, comment diable sais-tu ?...

— Eh bien, voilà... Ecoute, Sally, il faut que je te

confesse quelque chose d'absolument affreux... Je me demande si tu me pardonneras jamais...

Dès l'après-midi, nous étions à l'Alexanderplatz — démarche pénible, au-delà même de mes prévisions. Pour moi, en tout cas, car Sally, en admettant qu'elle éprouvât la moindre gêne, n'en montra aucun signe — pas le plus petit mouvement de paupières. Elle exposa l'incident dans tous ses détails aux deux policiers à lunettes avec la même assurance désinvolte et directe que s'il s'agissait d'un petit chien perdu ou d'une ombrelle oubliée dans l'autobus. Les deux officiers — pères de famille, sans aucun doute — parurent d'abord quelque peu scandalisés. Ils enfonçaient plus profondément que de raison leurs plumes dans l'encre violette, arrondissaient nerveusement leurs coudes, d'un geste inhibé, avant de se mettre à écrire, et s'exprimaient sur un ton bref et sec.

— En ce qui concerne l'hôtel, dit le plus âgé avec sévérité, vous deviez bien savoir, avant de vous y rendre, que c'était une maison d'un genre particulier ?

— Et alors ? Nous ne pouvions tout de même pas aller au Bristol, n'est-ce pas ? dit Sally avec douceur et bon sens. On ne nous aurait pas acceptés, sans bagages !

— Ah, vous n'aviez donc pas de bagages ?

Le plus jeune des deux hommes bondit triomphalement sur ce détail comme sur un fait de la plus haute importance. Son écriture policière, calligraphiée en violet, commença à se dérouler posément sur la page réglée de papier écolier. Tout à son idée, il ne fit pas la moindre attention à la réplique de Sally :

— Je n'ai pas l'habitude de me préparer une valise chaque fois qu'un homme m'invite à dîner !

Mais le plus âgé ne manqua pas de saisir la balle au bond :

— Ainsi, c'est seulement, quand vous étiez déjà au restaurant que ce jeune homme vous a demandé de... hum... de l'accompagner à l'hôtel ?

— Seulement quand nous avions fini de dîner.

— Ma chère demoiselle, commença le plus âgé en se calant sur son siège, très paternellement ironique, puis-je vous demander si vous avez pour habitude d'accepter ce genre d'invitation de la part du premier venu ?

Sally eut un sourire suave — l'innocence et la candeur personnifiées :

— Mais non, Herr Kommissar, ce n'était pas le premier venu. C'était mon fiancé.

Les deux hommes se redressèrent en sursaut. Le plus jeune fit même un pâté au milieu de sa page blanche — le seul pâté, probablement que l'on puisse découvrir dans les archives immaculées du *Polizeipräsidium*.

— Vous n'allez pas me raconter, Frl. Bowles (malgré toute sa sévérité, une lueur s'allumait déjà dans l'œil du plus âgé), vous n'allez pas me raconter que vous vous êtes fiancée après avoir passé une seule après-midi avec cet homme ?

— Mais si.

— N'y a-t-il pas là quelque chose de… disons d'insolite ?

— Peut-être bien, admit Sally avec beaucoup de sérieux, mais, vous savez, aujourd'hui une jeune fille ne peut pas faire attendre un homme trop longtemps. Si elle refuse du premier coup, il ira en chercher une autre. Tout cela, à cause de cet excédent de femmes.

Là-dessus, le plus âgé des officiers explosa sans vergogne. Repoussant son fauteuil en arrière, il rit jusqu'à en devenir cramoisi et il lui fallut près d'une minute pour retrouver la parole. Le plus jeune observait une attitude beaucoup plus digne : il sortit un ample mouchoir et fit semblant de se moucher. Mais ce geste dégénéra chez lui en une sorte d'éternuement, lequel se transforma en un grand éclat de rire, si bien qu'à son tour il dut abandonner tout effort pour prendre Sally au sérieux. La dernière partie de l'entrevue se déroula avec une frivolité d'opérette, ponctuée de quelques pesantes galanteries. Le plus âgé se montra même tout à fait entreprenant et je crois bien que tous les deux déploraient ma présence : ils auraient préféré avoir Sally tout à eux.

Avant de se séparer, ils lui tapotèrent la main :

— Allons, ne vous en faites pas, Frl. Bowles, nous vous le retrouverons, quitte à mettre tout Berlin sens dessus dessous !

— Eh bien ! m'écriai-je avec admiration dès que nous nous fûmes éloignés suffisamment. Ma parole ! tu t'y entends, à les faire marcher !

Sally avait un sourire rêveur ; elle était très satisfaite d'elle-même :

— Qu'est-ce que tu veux dire par là, mon chéri ?

— Tu le sais aussi bien que moi : cette façon de leur donner le fou rire en racontant que c'était ton fiancé ! Une idée de génie !

— Mais tu sais, Chris, il se trouve que c'était la pure vérité.

— La pure vérité ?

— Mais oui, mon chéri.

Pour la première fois, Sally était réellement décontenancée. Elle se mit à parler très vite :

— Je n'ai vraiment pas pu te le dire ce matin... Après tout ce qui était arrivé, cela aurait eu l'air trop idiot... Au restaurant, il m'a demandée en mariage, et je lui ai dit oui... Tu comprends, je me disais que, dans le milieu du cinéma, il était habitué aux décisions rapides de ce genre. Du reste, à Hollywood, c'est une chose courante... Et puisqu'il était Américain, je pensais que nous pourrions divorcer facilement au besoin... Et pour ma carrière, cela aurait été très bien, n'est-ce pas ?... C'est-à-dire s'il avait été ce qu'il disait... Nous devions nous marier aujourd'hui si possible... Cela semble drôle d'y penser, maintenant...

— Mais, Sally !...

J'étais cloué sur place, bouche bée. Je ne pus me retenir de rire :

— Ma parole... tu es l'être le plus inouï que j'aie jamais vu !

Sally, elle, riait un peu en dessous, comme une enfant pas sage qui a réussi sans le vouloir à provoquer l'hilarité des grandes personnes :

— Je t'avais toujours dit que j'étais un peu folle ! Tu finiras bien par le croire, maintenant !

Il se passa plus d'une semaine sans que la police pût nous donner des nouvelles. Puis, un matin, je reçus la visite de deux détectives. Un jeune homme répondant au signalement que nous avions donné avait été filé et était étroitement surveillé. Les policiers connaissaient son adresse, mais désiraient qu'il fût identifié par moi avant de l'arrêter. Pouvais-je me rendre sur-le-champ avec eux dans un bar-restaurant de la Kleiststrasse ? Il s'y trouvait presque tous les jours vers cette heure-ci. Je n'aurais qu'à le signaler parmi les consommateurs, après quoi je serais libre de partir aussitôt sans la moindre complication désagréable.

La perspective ne m'enchantait guère, mais il n'y avait plus moyen de reculer. Le bistrot était plein quand nous arrivâmes : c'était l'heure du déjeuner. Je ne fus pas long à découvrir le jeune homme : il se tenait devant le comptoir, près du distributeur de thé, une tasse à la main. Vu ainsi, tout seul et ne se méfiant de rien, avec ses vêtements râpés, il avait l'air assez misérable et paraissait beaucoup plus jeune, un vrai gosse. J'étais sur le point de déclarer : « Il n'est pas là. » Mais à quoi cela aurait-il servi ? De toute façon, il allait être coffré.

— C'est bien lui, dis-je aux détectives, tout là-bas.

Ils hochèrent la tête. Je tournai les talons et me précipitai dans la rue, pas fier de moi et me promettant bien de ne plus jamais collaborer avec la police.

Sally vint quelques jours plus tard me conter la fin de l'histoire :

— Il a bien fallu que je le voie, naturellement... Je me faisais l'effet d'une brute ; il avait l'air si lamentable. Il n'a dit qu'une chose : « Je croyais que nous étions amis. » Je lui aurais bien laissé l'argent, mais il l'avait déjà tout dépensé... J'ai su par les policiers qu'il avait vraiment été aux Etats-Unis, mais il n'est pas Américain, il est Polonais... On ne le jugera pas, c'est déjà ça. Le médecin l'a examiné, et on l'enverra dans un asile. J'espère qu'il sera convenablement traité là-bas...

— Il était donc cinglé, après tout ?

— Je suppose. Une sorte de folie douce... (Sally sourit.) Pas très flatteur pour moi, hein ? Ah ! et puis, tu ne sais pas l'âge qu'il a, Chris ? Tu ne devineras jamais !

— Dans les vingt ans, je pense.

— Seize !

— Quelle blague !

— Non, sérieusement... L'affaire aurait dû passer devant le Tribunal d'Enfants !

Nous riions tous les deux.

— Tu sais, Sally, dis-je, ce qui me plaît vraiment chez toi, c'est que tu sois tellement facile à rouler. Les gens qui ne se laissent jamais rouler sont si assommants.

— Alors tu m'aimes toujours bien, Chris chéri ?

— Oui, Sally, je t'aime bien toujours.

— J'avais peur de te voir fâché, à cause de l'autre fois.

— Je l'ai été. Enormément.

— Mais tu ne l'es plus ?

— Non... Je ne crois pas.

— Ce n'est pas la peine que j'essaie de faire des excuses, ou d'expliquer... Ça me prend de temps en temps... Tu comprends bien, dis, Chris ?

— Oui, fis-je, il me semble que je comprends.

Je ne l'ai jamais revue depuis. Au bout d'une quinzaine de jours, juste au moment où je me disais que je devrais bien lui téléphoner, je reçus une carte postale datée de Paris : « Arrivée ici hier soir. T'écrirai mieux demain. Montagne d'affections. » Aucune lettre ne suivit. Un mois plus tard, une carte m'arriva de Rome, sans indication d'adresse : « Ecrirai dans un jour ou deux. » Cela se passait il y a six ans.

Maintenant c'est moi qui lui écris.

Quand tu liras ceci, Sally, si jamais cela parvient jusqu'à toi, accepte-le, je t'en prie, comme un hommage — le plus sincère dont je sois capable — à ta personne et à notre amitié.

Et envoie-moi encore une carte postale.

Ile de Ruegen

Eté 1931

Je m'éveille de bonne heure et m'installe en pyjama sur la véranda. Le bois projette des ombres allongées sur les champs. Les oiseaux lancent leurs brusques appels avec la violence inquiétante d'un réveille-matin déréglé. Les bouleaux se courbent vers le sol sablonneux de la route creusée d'ornières. Une barre de nuages légers s'éloigne de la ligne des arbres le long du lac. Un homme avec une bicylette regarde son cheval qui broute sur un carré d'herbe, au bord du chemin ; il cherche à dégager le sabot du cheval, pris dans la corde de l'attache. Il pousse le cheval des deux mains, mais le cheval ne bouge pas. Maintenant c'est une vieille femme qui passe, enveloppée d'un châle, et un petit garçon. Le garçon porte un costume foncé de marin ; il est très pâle et son cou est entouré de bandages. Les voilà qui s'en retournent. Un homme à bicyclette crie quelque chose à l'homme au cheval. Sa voix résonne, très nette et pourtant inintelligible, dans le silence matinal. Un coq chante. Grincement de la bicyclette qui passe. Rosée sur la table et les chaises blanches sous la tonnelle du jardin ; rosée qui s'égoutte du gros lilas. Encore un coq qui chante, bien plus fort et plus près que le premier. Il me semble que je distingue aussi le bruit de la mer, ou bien un son de cloches, très loin.

Le village se dissimule dans les bois, à l'écart, sur la gauche en montant. Il consiste presque entièrement en pensions de famille, échantillons de divers styles de l'architecture de plage : pseudo-mauresque, vieux bavarois, Taj Mahal, maison de poupée rococo aux balcons treillissés de blanc. Derrière les bois, il y a la mer. On peut y accéder sans traverser le village, par un sentier en zigzag qui débouche brusquement sur le bord d'une falaise de sable, au-dessus de la plage — et voici couchée presque à vos pieds, tiède et peu profonde, la Baltique. Cette extrémité de la baie est absolument déserte ; la partie officielle des bains de mer se trouve de l'autre côté de la pointe. Les dômes en oignons blancs du *Strand Restaurant* à Baabe tremblotent dans le lointain, à un kilomètre de là, derrière des ondes de chaleur mouvante.

Dans les bois il y a des lapins, des vipères et des cerfs. Hier matin, j'ai vu une biche qu'un lévrier poursuivait à travers champs et sous les arbres. Elle ne se laissa pas attraper, bien que le chien parût de beaucoup le plus leste : il avançait par bonds allongés et gracieux tandis que la biche sautait avec des mouvements raides et saccadés, comme un piano ensorcelé.

A part moi, il y a deux autres hôtes dans cette maison : l'un, Peter Wilkinson, est un Anglais, à peu près de mon âge ; l'autre, Otto Nowak, est un jeune Allemand, du milieu ouvrier de Berlin. Il a seize ou dix-sept ans.

Peter (je l'appelle déjà par son prénom : le premier soir, nous étant passablement saoulés ensemble, nous n'avons pas tardé à nous lier), Peter est maigre, il est brun, il est nerveux. Il porte des lunettes d'écaille. Dans ses moments d'agitation, il enfonce les mains entre ses genoux et les serre avec force. De grosses veines se gonflent sur ses tempes. Il tremble des pieds à la tête en réprimant un rire spasmodique jusqu'à ce qu'Otto, agacé, s'écrie : « *Mensch, reg'dich bloss nicht so auf*[1] *!* »

Otto a une figure de pêche mûre, des cheveux blonds et épais plantés très bas sur le front, de petits yeux pétillants, remplis de malice, et un large sourire désarmant, beaucoup trop candide pour être sincère. Dès qu'il sourit, deux grandes fossettes se creusent dans la peau de pêche de ses joues. En ce moment il me fait des avances, me flattant, riant de mes plaisanteries, ne perdant pas une occasion de me lancer un coup d'œil futé et complice. Il doit me

1. « Ne te mets pas tant en colère ! »

considérer comme un allié éventuel dans ses démêlés avec Peter.

Ce matin, nous venions de nous baigner tous les trois. Peter et Otto construisaient un grand fort de sable. J'étais étendu et regardais Peter travailler avec fureur, jouissant de la lumière intense, creusant à grands coups avec une pelle d'enfant, comme un forçat sous l'œil d'un garde-chiourme armé. De toute la longue matinée accablante, il ne s'était pas reposé un instant. Otto et lui n'avaient fait que nager, creuser, lutter, courir ou jouer au ballon, escaladant les dunes. Peter est maigre mais résistant. Dans ses compétitions avec Otto, il ne tient bon, semble-t-il, que par un immense, un frénétique effort de volonté. C'est la volonté de Peter qui se mesure avec le corps d'Otto. Otto n'est qu'un corps, Peter n'est qu'une tête. Otto se meut avec fluidité, sans effort. Ses gestes ont la grâce sauvage, inconsciente, d'un animal élégant et cruel. Peter, lui, se contraint à bouger, fustigeant son corps disgracieux et raide avec le fouet d'une volonté sans merci.

Otto est outrageusement vaniteux. Peter lui a acheté un appareil de gymnastique et il fait ses exercices avec solennité, à n'importe quelle heure du jour. Après le déjeuner, en allant chercher Peter dans leur chambre, j'ai trouvé Otto tout seul, aux prises avec son extenseur, tel un Laocoon, devant la glace.

— Regarde, Christoph, haleta-t-il, j'y arrive ! Les cinq tendeurs à la fois !

Le fait est que, pour un garçon de son âge, Otto a des épaules et une poitrine superbes, mais cela n'empêche pas son corps d'être quelque peu ridicule. Les beaux contours adultes du torse se rétrécissent trop brusquement vers d'absurdes petites fesses et vers les fuseaux enfantins des jambes. Et ces ébats avec son extenseur le rendent de jour en jour plus lourd du haut.

Ce soir, après une insolation, Otto a dû aller se coucher de bonne heure avec la migraine. Peter et moi nous sommes montés seuls jusqu'au village.

Au café bavarois où l'orchestre mène un train d'enfer, Peter a hurlé dans mon oreille l'histoire de sa vie.

Il est le plus jeune des quatre enfants de sa famille. Ses deux sœurs sont mariées. L'une habite la campagne et s'adonne à la chasse. L'autre préside ce que les journaux appellent « des réceptions très courues dans la haute société ». Le frère aîné, savant et explorateur, a fait des expéditions au Congo, dans les Nouvelles-Hébrides et à la Grande Barrière de Corail. Il joue aux héros, parle sur un ton sexagénaire et n'a jamais, à ce que croit Peter, pratiqué l'acte sexuel. La seule personne de la famille à qui Peter adresse encore la parole, c'est sa sœur la chasseresse, mais il ne la voit pas souvent, car il déteste son beau-frère.

Peter était un enfant délicat. Il n'a jamais fréquenté l'école élémentaire, mais à l'âge de treize ans son père l'a fait entrer au collège. Ceci donna lieu, entre les parents, à une querelle qui dura jusqu'à ce que Peter, avec l'encouragement maternel, manifestât des troubles cardiaques et dût rentrer chez lui, à la fin du deuxième trimestre. Ainsi délivré, il prit sa mère en grippe parce qu'elle l'avait, par ses gâteries, entraîné à simuler. Elle comprit qu'il ne lui pardonnerait jamais, et comme il était le seul de ses enfants qu'elle aimât, elle en fit une maladie et ne tarda pas à mourir.

Il était trop tard pour renvoyer Peter au collège, aussi Mr. Wilkinson engagea-t-il un précepteur. C'était un jeune homme très Haute Eglise et qui aspirait à se faire prêtre. Il prenait des bains froids en hiver, il avait les cheveux crépus et une mâchoire de Grec. Mr. Wilkinson ne le trouva pas à son goût ; le frère aîné fit à son sujet des remarques ironiques, de sorte que Peter se rangea avec passion du côté du précepteur. Ils firent ensemble des excursions à pied dans la région des Lacs et discutèrent sur le sens du Sacrement parmi d'austères paysages de landes. Ce genre d'entretiens les amena fatalement à un embrouillamini sentimental qui un beau soir se trouva démêlé d'un seul coup, au cours d'une violente querelle dans une grange. Le lendemain, le précepteur était parti, laissant une lettre de dix pages. Peter songea à se suicider. Plus tard, il apprit que le précepteur, ayant laissé poussé sa moustache, s'était embarqué pour l'Australie. Peter eut donc un nouveau précepteur et, finalement, partit pour Oxford.

Dans son horreur des affaires paternelles et de la science de son frère, il voua un culte à la musique et aux lettres. Pendant la première année, il se plut énormément à Oxford. Il allait à des thés et se lançait dans la conversation. Il constatait avec une agréable surprise que les gens avaient l'air de l'écouter. Ce n'est qu'au bout d'un certain temps qu'il commença à remarquer de leur part une espèce de gêne. « Je ne sais pourquoi, dit Peter, je tapais toujours sur la fausse note. »

Pendant ce temps, chez lui, dans la grande maison de Mayfair, avec ses quatre salles de bains, son garage pour trois voitures, ses repas toujours trop abondants, la famille Wilkinson s'en allait en lambeaux comme une chose pourrie. Mr. Wilkinson avec ses reins malades, son whisky, son art de « manier les hommes » était coléreux, brouillon, enclin au pathétique. Quand ses enfants se trouvaient sur son passage, il montrait les dents et grognait comme un vieux chien hargneux. Aux repas, personne ne rompait le silence. On évitait de se regarder et chacun se hâtait ensuite de monter, pour écrire à ses amis intimes des lettres débordantes de haine et de sarcasmes. Peter seul n'avait personne à qui écrire. Il s'enfermait dans sa chambre médiocre et cossue et il lisait, lisait.

Puis ce fut la même chose à Oxford.

Peter ne fréquentait plus les thés. Il travaillait toute la journée et, juste au moment des examens, il eut une crise de surmenage. Le médecin préconisait un changement complet d'atmosphère et d'occupations. Le père laissa Peter jouer au fermier dans le Devonshire, mais, au bout de six mois, il remit sur le tapis la question des affaires. Mr. Wilkinson n'avait réussi à amener aucun de ses enfants à manifester, ne fût-ce que par politesse, le moindre intérêt envers la source de leurs revenus. Ils étaient tous inabordables, chacun dans son monde particulier. Une des filles était sur le point de contracter un mariage dans la pairie, l'autre chassait fréquemment avec le prince de Galles. Le fils aîné présentait des rapports à la Société Royale de Géographie. Peter seul n'avait pas de quoi justifier son existence. Les autres enfants se montraient égoïstes, mais savaient ce qu'ils voulaient. Peter se montrait tout aussi égoïste, mais ne savait rien.

Il advint toutefois qu'au moment critique un oncle maternel de Peter mourut. Cet oncle vivait au Canada. Il avait vu Peter une seule fois, dans son enfance, et s'était pris de fantaisie pour lui. Aussi lui laissait-il toute sa fortune, pas très grande, mais qui pouvait lui assurer une existence confortable.

Peter se rendit à Paris et entreprit des études musicales. Son professeur déclara qu'il ne serait jamais qu'un amateur de second ordre, mais il n'en travailla qu'avec plus de zèle : c'était simplement pour éviter de réfléchir. Il s'ensuivit une nouvelle crise de surmenage, moins grave que la première. A cette époque, il était persuadé qu'il allait devenir fou. Il alla à Londres et n'y trouva que son père. Le premier soir, ils se disputèrent comme des enragés, après quoi ils n'échangèrent plus une parole. Au bout de huit jours de silence et d'énormes repas, Peter eut un accès bénin de folie homicide. Tout au long du déjeuner, son regard resta rivé à un bouton que son père avait au cou. Soudain le côté gauche de sa figure se mit à trembler. Le tic persista au point qu'il dut se couvrir la joue avec la main. Il était convaincu que son père remarquait la chose et s'abstenait exprès d'en parler, pour lui imposer délibérément un supplice. A la fin, il n'y tint plus. Il bondit et se sauva de la pièce, de la maison, dans le jardin, où il se jeta à plat ventre sur la pelouse humide. Et il resta là, trop terrorisé pour bouger. Au bout d'un quart d'heure, le tic s'arrêta.

Ce soir-là, Peter alla se promener dans Regent Street et ramassa une prostituée. Elle l'emmena dans sa chambre et ils bavardèrent pendant des heures. Il lui raconta l'existence qu'il menait chez lui, lui remit dix livres et s'en alla sans même l'avoir embrassée. Le lendemain matin, une éruption mystérieuse apparut sur sa cuisse gauche. Le médecin eut l'air de s'en expliquer mal l'origine, mais prescrivit une pommade. L'éruption s'atténua, mais elle n'a disparu entièrement que le mois dernier. Peu de temps après l'épisode de Regent Street, Peter eut également des troubles de l'œil gauche.

Depuis quelque temps déjà, il méditait de consulter un psychanalyste. Son choix se fixa finalement sur un Freudien orthodoxe qui avait une voix somnolente et maussade, et de très grands pieds. Peter le prit aussitôt en aversion et le lui déclara. Le Freudien nota cela sur un bout de papier, mais n'en parut pas vexé. Peter découvrit à la longue qu'il se désintéressait absolument de tout, sauf de l'art chinois. Les visites avaient lieu trois fois par semaine et chacune revenait à deux guinées.

Six mois plus tard, Peter abandonnait le Freudien et s'adressait à une psychanalyste finlandaise aux cheveux blancs et à la conversation animée. Il lui parlait sans difficulté et lui exposa de son mieux tout ce qu'il avait fait, ou dit, ou rêvé dans son existence. Parfois, dans un moment de découragement, il lui racontait des choses inventées de toutes pièces ou des anecdotes puisées dans les ouvrages documentaires. Ensuite, il avouait ses mensonges ; alors on discutait sur les motifs qui l'avaient poussé à les faire et l'on convenait que c'était très intéressant. Certaines nuits fastes, Peter faisait des rêves, ce qui fournissait un sujet de conversation pour plusieurs semaines. L'analyse dura deux ans et ne fut jamais achevée.

Cette année, Peter en eut assez de la dame finlandaise. On lui signala quelqu'un de bien à Berlin. Pourquoi pas, après tout ? Ce serait toujours un changement. Et aussi une économie : le Berlinois ne prenait que quinze marks par séance.

— Et tu continues à aller chez lui ? demandai-je.

Peter sourit :

— Non... je n'en ai pas les moyens, tu comprends.

Le mois dernier, un ou deux jours après son arrivée, Peter était allé se baigner à Wannsee. L'eau était encore froide et il n'y avait pas beaucoup de monde. Il remarqua un garçon qui faisait des culbutes, tout seul, sur le sable. Ce garçon vint ensuite lui demander une allumette. Ils se mirent à bavarder. C'était Otto Nowak.

— Otto a été horrifié quand je lui ai parlé de l'analyste : « Comment, s'écria-t-il, vous payez cet homme quinze marks par jour, rien que pour avoir le droit de lui parler ? Donnez-moi dix marks, et je vous parlerai toute la journée, moi, et puis toute la nuit encore ! »

Peter, les joues en feu et se tordant les mains, était secoué de la tête aux pieds par son rire.

Chose curieuse, l'offre faite par Otto de remplacer l'analyste n'était pas absolument ridicule. Comme beaucoup de natures très instinctives, il possède un véritable pouvoir de guérisseur — quand il lui plaît de s'en servir. Dans ces moments-là, le traitement qu'il fait suivre à Peter est d'une efficacité infaillible. Peter est assis, par exemple, devant sa table, ramassé sur lui-même, sa bouche aux commissures tombantes marquée par les frayeurs de l'enfance — illustration parfaite de son éducation luxueuse et biscornue. Otto entre, il sourit, il creuse ses fossettes, renverse une chaise, tape Peter dans le dos, se frotte les mains et s'écrie bêtement : « *Ja, ja, so ist die Sache*[1] *!* » En un instant, Peter est transformé. Il se détend, prend une attitude naturelle, ses lèvres se relâchent, ses yeux perdent leur expression aux abois. Aussi longtemps que dure l'effet magique, c'est un homme comme les autres.

Peter me dit qu'avant de rencontrer Otto il avait si peur de la contagion qu'il se lavait les mains avec un désinfectant chaque fois qu'il avait touché un chat. Aujourd'hui il lui arrive de boire dans le même verre qu'Otto, de se servir de son éponge, de manger sur la même assiette.

Les dancings sont ouverts au *Kurhaus* et au café sur le lac. Nous avons vu les annonces du premier bal il y a deux jours, en nous promenant le soir dans la grande rue du village. J'avais remarqué qu'Otto jetait un regard nostalgique sur l'affiche et que Peter l'observait. Ni l'un ni l'autre cependant n'ont rien dit.

1. « Oui, oui, c'est comme ça ! »

Hier il faisait froid et humide. Otto proposa de louer une barque et d'aller pêcher sur le lac. Ce projet plut à Peter qui accepta aussitôt. Mais à force d'attendre une touche trois quarts d'heure durant sous la bruine, il finit par s'énerver. En revenant vers la rive, Otto nous éclaboussait avec les rames, d'abord par maladresse, ensuite simplement pour ennuyer Peter. Celui-ci se fâcha tout rouge, puis se mit à invectiver Otto qui boudait.

Après le souper, Otto annonça qu'il allait danser au *Kurhaus*. Peter accueillit cela sans mot dire, dans un silence de mauvais augure ; les coins de sa bouche s'abaissaient progressivement. Otto, soit qu'il ne remarquât point sa désapprobation, soit qu'il n'en fît aucun cas, considéra la chose comme entendue.

Après son départ, nous étions assis en haut, dans ma chambre froide, écoutant la pluie tambouriner sur les vitres.

— Je pensais bien que cela ne durerait pas, fit Peter d'un air sombre. Ce n'est que le commencement. Tu vas voir.

— C'est idiot, Peter ! Le commencement de quoi ? Il est tout à fait naturel qu'Otto ait envie de danser de temps en temps. Il ne faut pas l'accaparer à ce point.

— Oh ! je sais, je sais. Je déraisonne, comme toujours... N'empêche que ça commence bien...

Je fus assez surpris de constater que j'avais raison : Otto revint du *Kurhaus* avant dix heures. Il avait été déçu : peu de monde et un orchestre médiocre.

— Je n'irai plus, ajouta-t-il avec un sourire langoureux à mon adresse. Dorénavant, je resterai là, avec toi et Christoph. On s'amuse bien mieux à nous trois, pas vrai ?

Hier matin, alors que nous étions couchés dans notre fort sur la plage, un petit homme blond aux yeux bleus fureteurs et à la courte moustache vint nous inviter à jouer au ballon. Otto, toujours enthousiaste à l'excès quant aux nouvelles connaissances, accepta aussitôt, de sorte que Peter et moi, pour ne pas nous montrer impolis, fûmes obligés de suivre son exemple.

Le petit homme, s'étant présenté comme chirurgien d'un hôpital de Berlin, prit d'emblée le commandement et nous assigna nos places pour le jeu. Très strict sur cette question, il me rappelait à l'ordre dès que je faisais mine de me rapprocher tant soit peu du but. Puis il s'avéra que Peter ne lançait pas le ballon comme il fallait, et le petit docteur interrompit le jeu pour se livrer à une démonstration. Peter, d'abord amusé, finit par trouver cela ennuyeux et riposta brutalement, mais le docteur avait la peau dure.

— Vous êtes tellement raide, expliquait-il. C'est une erreur. Il faut être complètement détendu — comme ceci, vous comprenez ? Essayez encore une fois. Je vais garder ma main sur votre omoplate pour voir si vous êtes bien détendu... Non. Vous recommencez !

Il paraissait enchanté, comme si les maladresses de Peter confirmaient la supériorité de ses propres méthodes d'entraînement. Son regard rencontra celui d'Otto. Otto sourit d'un air entendu.

Cette rencontre mit Peter de mauvaise humeur pour le reste de la journée. Par manière de taquinerie, Otto faisait semblant d'apprécier beaucoup le docteur :

— Ça, c'est un genre de type que j'aimerais avoir comme ami, disait-il avec un sourire supérieur. Un vrai sportif ! Tu devrais bien te décider à faire du sport, Peter ! Rien que pour avoir son allure !

Dans d'autres dispositions, Peter eût sans doute accueilli cette remarque avec un sourire. Mais cette fois elle le rendit furieux :

— Qu'est-ce que tu attends pour fiche le camp avec ton docteur, puisque tu l'aimes tant ?

Otto ricanait, taquin :

— Il ne me l'a pas demandé — pas encore !

Dans la soirée, il s'en alla au dancing et ne rentra que très tard.

Il y a maintenant pas mal d'estivants au village. La plage des bains, près de la jetée, prend un aspect de camp médiéval avec son déploiement de bannières. Chaque famille possède son énorme fauteuil-cabine en osier, et sur chaque fauteuil flotte un petit drapeau. Il y a les drapeaux des villes allemandes : Hambourg, Hanovre, Dresde, Rostock et Berlin, et aussi les couleurs nationales, républicaines, nazies. Chaque fauteuil s'entoure d'un petit rempart de sable, sur lequel les occupants ont incrusté des inscriptions en pommes de sapin : *Waldesruh. Familie Walter. Stahlhelm. Heil Hitler!* Beaucoup de ces forts s'ornent du svastika nazi. J'ai aperçu l'autre jour un enfant de cinq ans environ qui, tout seul et nu comme un ver, marchait au pas de parade, un drapeau à croix gammée sur l'épaule et chantant *Deutschland über Alles.*

Le petit docteur s'épanouit de satisfaction dans cette atmosphère. Presque tous les matins il se présente, comme en ambassade, devant notre fort.

— Vous devriez vraiment venir vous installer sur l'autre plage, dit-il, c'est beaucoup plus amusant. Je vous ferai faire la connaissance de charmantes jeunes filles. Il y a ici une jeunesse magnifique ! En ma qualité de médecin, je suis particulièrement à même de l'apprécier. L'autre jour, j'étais allé à Hiddensee : rien que des Juifs ! On est heureux de rentrer ici et de revoir des physionomies purement nordiques !

— Allons à l'autre plage, insistait Otto. Ici, on s'embête. On ne voit pas un chat.

— Vas-y si tu veux, répliquait Peter avec une ironie exaspérée ; je crains d'y paraître plutôt déplacé : ma grand-mère était quelque peu espagnole.

Mais le petit docteur ne veut pas nous lâcher. On dirait qu'il est fasciné par notre résistance et notre désapprobation plus ou moins ouvertement exprimée. Otto ne cesse de nous trahir devant lui. Un jour, tandis que le docteur chantait les louanges d'Hitler, il a déclaré :

— Vous perdez votre temps avec Christopher, Herr Doktor. Il est communiste !

Cela parut positivement combler d'aise le docteur. Ses yeux bleus fouinards luisaient de triomphe. Il me posa affectueusement la main sur l'épaule.

— Mais vous *ne pouvez pas* être communiste ! C'est impossible.

— Et pourquoi ? demandai-je avec froideur, en reculant car son contact m'est odieux.

— Parce que le communisme, cela n'existe pas. Ce n'est qu'une hallucination. Une maladie mentale. Les gens s'imaginent qu'ils sont communistes. En réalité ils ne le sont pas.

— Que sont-ils alors ?

Mais il n'écoutait pas. Il me fixait avec son sourire triomphant de fouinard.

— Il y a cinq ans, je pensais comme vous. Mais mon travail clinique m'a convaincu que le communisme n'est qu'une hallucination. Ce qu'il faut aux hommes, c'est la discipline, le contrôle de soi. Je vous parle en médecin. Je le sais par ma propre expérience.

Ce matin, nous étions tous chez moi, prêts à aller nous baigner. Il y avait de l'électricité dans l'air, Peter et Otto poursuivant une sourde querelle, commencée dans leur chambre dès le petit déjeuner. Je feuilletais un livre sans trop m'occuper d'eux. Tout à coup Peter administra à Otto une gifle sur chaque joue. Aussitôt, agrippés l'un à l'autre, ils se mirent à sautiller à travers la pièce et à renverser les chaises. Je les observais en me garant de mon mieux. C'était comique mais en même temps déplaisant, car la rage rendait leur physionomie étrange et laide. Otto ne tarda pas à faire tomber Peter et se mit en devoir de lui tordre le bras.

— Tu en as assez comme ça ? ricanait-il sans arrêt.

Il était véritablement hideux, défiguré par la méchanceté. Le sachant heureux de ma présence, qui était une humiliation de plus pour Peter, je me mis à rire comme si tout cela n'était qu'une farce, et je sortis. Prenant le chemin de Baabe à travers bois, j'allai me baigner sur une plage voisine : j'avais besoin de ne plus les voir, ni l'un ni l'autre, pendant quelques heures.

Si Otto tient à humilier Peter, celui-ci éprouve à son égard le même désir, sous une forme différente. Il veut obtenir de lui une certaine soumission à sa volonté, soumission à laquelle Otto se refuse instinctivement. Par nature, par santé physique, Otto est égoïste comme un animal. Entre les deux sièges d'une chambre, il prendra sans hésiter le plus confortable et il ne lui viendra pas à l'esprit d'envisager le confort de Peter. Chez Peter, l'égoïsme est beaucoup moins honnête, plus civilisé, plus pervers. Quand on sait le prendre, on obtient de lui n'importe quel sacrifice, jusqu'au plus absurde et au plus inutile. Mais quand Otto s'empare de la meilleure chaise comme en vertu d'un droit, Peter s'imagine aussitôt qu'il y a là une provocation à laquelle il est tenu de riposter. La situation, étant donné leurs deux tempéraments, me paraît sans issue. Peter est forcé de poursuivre le combat jusqu'à ce qu'il obtienne la soumission d'Otto. S'il s'arrête un jour, c'est que, tout simplement, Otto aura cessé d'exister pour lui.

Ce qu'il y a de vraiment destructeur dans leur amitié, c'est l'ennui qui en est inséparable. Il est parfaitement naturel qu'Otto ennuie très souvent Peter : ils n'ont pour ainsi dire aucun intérêt commun. Mais Peter, pour des raisons sentimentales, ne l'avouera jamais. Si Otto, que rien ne pousse à déguiser ses impressions, s'écrie : « Ce qu'on s'embête ici ! », je vois aussitôt Peter sourciller d'un air malheureux. Pourtant, en réalité, Otto s'ennuie beaucoup moins que Peter : il s'amuse sincèrement avec celui-ci et ne demande pas mieux que de passer la plupart du temps en sa compagnie. Souvent, au bout d'une heure de bavardage insipide et ininterrompu de la part d'Otto, Peter souhaite visiblement qu'il se taise et s'en aille. Mais avouer ce désir équivaudrait, à ses yeux, à une défaite absolue ; aussi ne peut-il que rire, se frotter les mains et implorer en silence mon concours pour faire croire à Otto qu'il le trouve irrésistiblement drôle et spirituel.

En revenant du bain, à travers bois, je vis s'avancer à ma rencontre le petit docteur blond et fouinard. Il était trop tard pour rebrousser chemin. Je le saluai avec un maximum de politesse et de froideur. Il était en short et en sweater, et m'expliqua qu'il venait de faire du *Waldlauf*.

— Mais je crois que je vais m'en retourner maintenant, ajouta-t-il. Voulez-vous que nous fassions une petite course à nous deux ?

— Je ne peux pas malheureusement, me hâtai-je de répondre, je me suis un peu tordu la cheville hier.

J'eus envie de me couper la langue avec mes dents, quand je vis son regard s'illuminer de triomphe.

— Tiens, vous vous êtes luxé la cheville ? Montrez-moi cela, voulez-vous ?

Tout recroquevillé de dégoût, je dus me soumettre à la pression de ses doigts.

— Mais ce n'est rien, croyez-moi ! Aucun sujet d'inquiétude.

Chemin faisant, il se mit à me poser des questions sur Peter et Otto, tordant le cou pour me regarder d'en bas chaque fois qu'il lançait sa petite attaque, brusque et pénétrante. Il était dévoré de curiosité.

— Mes travaux cliniques m'ont appris l'inutilité des tentatives pour secourir les garçons de ce genre. Votre ami est très généreux et plein de bonnes intentions, mais il commet une grave erreur. Ces garçons-là finissent toujours par rechuter. Du point de vue scientifique, il me paraît extrêmement intéressant.

Comme s'il allait énoncer quelque chose de monumental, le docteur s'arrêta soudain au milieu du sentier, attendit un instant pour concentrer mon attention et annonça avec un sourire :

— Il a une tête de criminel.

— Et vous êtes d'avis qu'il faut laisser les gens à tête de criminel devenir des criminels ?

— Certes non. Je préconise la discipline. Il faut envoyer ces jeunes gens dans des camps de travail.

— Et une fois que vous les y aurez envoyés, qu'en ferez-vous ? Vous dites que de toute façon on ne peut pas les transformer. Je suppose donc que vous les garderez derrière les verrous jusqu'à la fin de leurs jours ?

Il se mit à rire de bon cœur comme s'il s'agissait d'une

plaisanterie dont il appréciait la saveur, bien qu'elle fût dirigée contre lui-même. Il posa sur mon bras une main caressante :

— Vous êtes un idéaliste ! N'allez pas croire que je ne comprends pas votre point de vue. Mais il n'est pas scientifique, absolument pas. Vous et votre ami, vous ne comprenez pas les garçons du genre d'Otto. Moi, je les comprends. J'en vois un ou deux par semaine dans ma clinique, je les opère des végétations, des mastoïdites, des amygdales. Ainsi, vous voyez, je les connais à fond !

— Il serait sans doute plus exact de dire que vous connaissez leur gorge et leurs oreilles.

Peut-être n'avais-je pas réussi, en allemand, à souligner le sens de cette dernière remarque ; toujours est-il que le docteur n'y prêta pas la moindre attention. Il répéta :

— Je connais parfaitement cette espèce de garçons. C'est une espèce corrompue, dégénérée. On n'en fera jamais rien. Ils ont presque toujours les amygdales en mauvais état.

Malgré les perpétuelles altercations qui ont lieu entre Peter et Otto, je ne saurais dire que la vie avec eux me soit positivement pénible. Je suis très absorbé pour l'instant par mon nouveau roman. Pour y réfléchir, je fais de longues promenades solitaires. Je constate même que je cherche de plus en plus des prétextes pour les laisser seuls, ce qui est égoïste, car en restant avec eux je parviens souvent à étouffer leurs débuts de querelles, grâce à une diversion ou une plaisanterie.

Je sais que Peter m'en veut de l'abandonner. Il m'a dit l'autre jour, avec rancœur :

— Tu deviens un véritable ascète, à force de te retirer dans la contemplation.

Une autre fois, Peter et Otto passaient devant le café près de la jetée où j'étais assis, écoutant la musique.

— Voilà donc ta cachette ! s'écria Peter.

Je compris qu'à ce moment-là, il me détestait cordialement.

Un soir, nous étions en train de nous promener tous les

trois dans la rue principale, remplie d'estivants. Avec son ricanement le plus hargneux, Otto dit à Peter :

— Qu'est-ce que tu as, à regarder toujours du même côté que moi ?

C'était une observation d'une curieuse finesse ; en effet, chaque fois qu'Otto tournait la tête pour dévisager une femme, l'œil de Peter suivait automatiquement son regard, avec une jalousie instinctive. Nous passâmes devant la vitrine où chaque jour étaient exposés de nouveaux groupes, pris par les photographes sur la plage. Otto s'arrêta pour examiner avec beaucoup d'attention une des dernières photographies, comme s'il y trouvait quelque chose de spécialement attachant. Je vis les lèvres de Peter se contracter. Il cherchait à se dominer, mais ne parvenait pas à vaincre sa propre curiosité de jaloux ; il s'arrêta lui aussi. Le portrait était celui d'un vieillard à longue barbe qui agitait un drapeau berlinois. Otto, satisfait du succès de son piège, riait avec une joie maligne.

Invariablement, après le souper, Otto s'en va danser au *Kurhaus* ou au café près du lac. Il ne prend plus la peine de demander la permission à Peter, mais s'attribue le droit de disposer de ses soirées. En général, Peter et moi sortons de notre côté, dans le village. Nous allons nous accouder au parapet de la jetée et restons longtemps sans parler, chacun absorbé dans ses propres pensées, regardant les lumières du *Kurhaus* se refléter, joyaux de pacotille, dans l'eau noire. Parfois nous entrons au Café Bavarois, et petit à petit, Peter s'enivre ; sa bouche sévère de puritain se contracte un peu de dégoût chaque fois qu'il en approche son verre. Je me tais. Peter, je le sais, attend impatiemment que je lui parle d'Otto pour avoir le plaisir de se détendre en se mettant en colère. Je m'abstiens, et nous continuons à boire, tout en parlant à bâtons rompus de livres, de musique, de théâtre. Ensuite, sur le chemin du retour, le pas de Peter se fait de plus en plus précipité jusqu'à ce que, arrivé à la maison, il me quitte pour monter en courant dans sa chambre. Souvent nous ne rentrons qu'à minuit et demi ou une heure moins le quart, mais il est rare qu'Otto soit déjà là.

Du côté de la gare, il y a une colonie de vacances pour les enfants des quartiers pauvres de Hambourg. Otto a fait la connaissance d'une des institutrices et ils vont danser ensemble presque tous les soirs. De temps en temps cette jeune personne défile devant notre maison avec une bande d'enfants. Les enfants jettent des regards à nos fenêtres et si Otto se trouve à l'une d'elles, ils se livrent à des plaisanteries précoces. Ils poussent du coude leur jeune maîtresse et lui tirent le bras pour l'obliger à regarder aussi.

Dans ces cas-là, la jeune fille sourit à la dérobée et lance un unique regard à Otto par-dessous ses cils, tandis que Peter, qui épie derrière les rideaux, murmure, les dents serrées :

— Putain !... putain !... putain !...

Cette poursuite le tracasse plus que le flirt lui-même. Nous tombons fatalement sur ces enfants à chacune de nos promenades dans les bois. En marchant, ils chantent des chants patriotiques avec des voix aiguës d'oiseaux. Nous les entendons venir et n'avons que le temps de changer de direction. Cela fait penser, dit Peter, au capitaine Hook[1] avec le crocodile.

Peter a fait une scène, et Otto a signifié à son amie de ne plus passer avec sa troupe devant la maison. Mais les voilà maintenant qui viennent prendre leur bain sur notre plage, à proximité du fort. La première fois que c'est arrivé, Otto a passé son temps à regarder de leur côté. Peter s'en apercevait, naturellement, et demeurait plongé dans un sombre silence.

— Qu'est-ce qui te prend ce matin, Peter, demanda Otto, pourquoi me fais-tu la tête ?

— Je te fais la tête, *à toi ?*

Peter éclata d'un rire féroce. Otto se leva d'un bond :

— Ah ! très bien ! Je vois que tu n'as plus besoin de moi.

1. Le capitaine Crochet, personnage de *Peter Pan*.

Et, sautant par-dessus le rempart de notre fort, il courut le long de la plage vers l'institutrice et les enfants, avec beaucoup de grâce, prenant soin de mettre sa silhouette en valeur autant que possible.

Hier, il y avait une soirée de gala au *Kurhaus*. Dans un élan de générosité inaccoutumée, Otto avait promis à Peter de ne pas rentrer plus tard que minuit quarante-cinq. Peter s'était donc disposé à l'attendre en lisant. Me sentant en train et désirant terminer un chapitre, je lui ai proposé de venir s'installer chez moi. Il s'était assoupi dans son fauteuil. Au moment où je me demandais s'il fallait le réveiller, j'entendis Otto dans l'escalier. A en juger d'après le bruit de ses pas, il paraissait avoir bu. N'ayant trouvé personne dans sa chambre, il ouvrit ma porte à grand fracas, ce qui fit sursauter Peter.

Otto s'adossa nonchalamment au chambranle et m'adressa en souriant un salut qui trahissait une légère ivresse.

— Tu as lu tout ce temps-là ? demanda-t-il à Peter.

— Oui, répondit Peter, très maître de soi.

Otto souriait bêtement :

— Pourquoi ça ?

— Parce que je ne pouvais pas m'endormir.

— Et pourquoi ne pouvais-tu pas t'endormir ?

— Tu le sais très bien, fit Peter entre ses dents.

Otto bâilla de la manière la plus agressive.

— Je ne le sais pas et je m'en fous. Ne fais donc pas tant d'histoires.

Peter s'était levé.

— Bon Dieu, quel petit salaud ! s'écria-t-il en lui envoyant une gifle sonore.

Otto ne chercha pas à se défendre. De ses petits yeux brillants, il lança à Peter un regard extraordinairement haineux et dit d'une voix mal assurée :

— C'est bon. Demain je rentre à Berlin.

Et il se retourna non sans peine pour partir.

— Otto, viens ici, fit Peter.

Je voyais que de rage il était prêt à éclater en sanglots. Il suivit Otto sur le palier en répétant sur un ton de commandement énergique :

— Viens ici !

— Ah ! fiche-moi la paix ! répondit Otto. Tu m'assommes. J'ai envie de dormir. Demain je retourne à Berlin.

Ce matin toutefois, la paix a été rétablie, mais à quel prix !

Le repentir d'Otto s'est manifesté sous forme d'un épanchement sentimental à propos de sa famille :

— Je suis là à m'amuser sans jamais penser à eux... Ma pauvre mère qui se donne un mal de chien, et ses poumons qui sont en si mauvais état... On va lui envoyer quelques sous, dis, Peter ? On va lui envoyer cinquante marks...

Cette générosité lui rappela ses propres besoins. Outre l'envoi à Frau Nowak, Peter s'est laissé persuader de commander pour Otto un complet neuf de cent quatre-vingts marks, plus une paire de chaussures, une robe de chambre et un chapeau.

Comme contrepartie à ces débours, Otto s'est engagé à rompre avec l'institutrice. (Nous venons de découvrir que, de toute façon, elle devait quitter l'île demain.) On la vit, dans la soirée, faire les cent pas devant la maison.

— Elle n'a qu'à poireauter jusqu'à ce qu'elle en ait assez, disait Otto. Je ne tiens pas à descendre.

Bientôt, enhardie par l'impatience, la jeune personne commença à siffler. Otto était fou de jubilation. Ouvrant la fenêtre toute grande, il se mit à sautiller, à agiter les bras, à faire d'affreuses grimaces à l'adresse de l'institutrice qui semblait pétrifiée d'étonnement devant cette manifestation insolite.

— Va-t'en d'ici ! hurlait Otto. Fous le camp !

La jeune fille fit demi-tour et s'en alla lentement, silhouette assez piteuse, dans le crépuscule.

— Il me semble que tu aurais pu lui dire au revoir, dit Peter qui consentait à se montrer magnanime, maintenant que l'ennemi était en déroute.

Mais Otto ne voulait pas en entendre parler.

— A quoi ça sert, ces sales filles ? Tous les soirs, elles

venaient m'embêter pour que je les fasse danser... Et tu me connais, Peter, je finis toujours par céder... Bien sûr, c'était dégoûtant de ma part, de t'abandonner, mais comment faire ? Tout cela, au fond, c'était de leur faute.

Notre existence est entrée dans une phase nouvelle. Les bonnes intentions d'Otto se sont révélées de courte durée. Peter et moi restons seuls presque tout le temps. L'institutrice est partie et, avec elle le motif pour lequel Otto se baignait avec nous près du fort. Maintenant il s'en va tous les matins sur la plage des bains, à côté de la jetée, pour flirter et jouer au ballon avec ses danseuses du soir. Le petit docteur a également disparu ; nous avons, Peter et moi, tout loisir de nous baigner et de nous vautrer au soleil d'une manière aussi peu esthétique qu'il nous plaît.

Après le souper, Otto commence à se préparer pour la soirée dansante. De ma chambre, j'entends Peter traverser le palier d'un pas que le soulagement rend souple et léger, car nous sommes à l'unique moment de la journée où il se sente dispensé de se joindre aux occupations d'Otto. Dès qu'il tape à ma porte, je ferme mon livre. Je viens d'aller au village pour acheter des bonbons à la menthe. Peter fait ses adieux à Otto, avec l'espoir persistant mais vain que celui-ci, pour une fois, rentrera peut-être à l'heure.

— A minuit et demi, hein ?

— A une heure, marchande Otto.

— Bon, concède Peter, mais pas plus tard.

— Non, Peter, je ne traînerai pas.

Tandis que nous ouvrons la porte du jardin et traversons la route pour entrer dans les bois, Otto, du balcon, nous fait des signes. Il faut que je prenne bien soin de cacher les bonbons sous ma veste pour qu'il ne les voie pas. Riant comme des malfaiteurs, croquant des caramels, nous suivons le chemin forestier jusqu'à Baabe. C'est là que nous passons à présent nos soirées. Ce village nous plaît mieux que le nôtre. Son unique rue sablonneuse avec ses maisons aux toits aplatis sous les pins a quelque chose de romantique, de colonial. Cela fait penser à une installation provisoire et fragile, quelque part au fond des bois, où les gens sont venus chercher une mine d'or qui n'existe pas et où ils se sont fixés, hors du monde, pour le reste de leurs jours.

Dans le petit restaurant, nous mangeons des fraises à la crème et causons avec le garçon, qui est jeune, qui déteste l'Allemagne et rêve de partir pour l'Amérique : « *Hier ist nicht los*[1]. » Pendant la saison, il n'a pas le moindre loisir et en hiver il ne gagne rien. La plupart des jeunes gens à Baabe sont nazis. Il y en a deux qui viennent parfois au restaurant et nous entraînent dans de paisibles discussions politiques. Ils nous parlent de leurs exercices et de leurs jeux militaires.

— Vous êtes en train de préparer la guerre, s'écrie Peter avec indignation. Dans ces cas-là, bien qu'il se désintéresse totalement de la politique, il ne manque pas de s'échauffer.

— Je vous demande pardon, réplique un des jouvenceaux, c'est absolument faux. Le Führer ne veut pas la guerre. Notre programme, c'est la paix, dans l'honneur. Cependant, ajoute-t-il avec une lueur nostalgique dans l'expression, la guerre, cela peut être quelque chose de beau, vous savez ! Pensez aux Grecs de l'antiquité !

Je rétorque :

— Les Grecs de l'antiquité ne se servaient pas de gaz asphyxiants.

Les jouvenceaux accueillent cet ergotage avec un certain mépris. L'un d'eux prononce d'un air supérieur :

— Ce n'est qu'une question de technique.

A dix heures et demie, nous descendons avec la plupart des autres habitants jusqu'à la gare pour voir passer le dernier train. En général il est vide. Il s'en va bringuebalant à travers les bois nocturnes avec son aigre sonnerie. Enfin il est assez tard pour qu'on rentre. Cette fois nous empruntons la route. Par-delà les prés, on aperçoit l'entrée illuminée du café du lac, où Otto va danser.

— Ce soir, l'Enfer brille de tous ses feux, se plaît à constater Peter.

1. « Ici, ce n'est pas la liberté. »

Sa jalousie tourne à l'insomnie. Il commence à prendre des soporifiques, mais avoue que leur effet est médiocre. Cela ne lui procure que des somnolences dans la matinée, après le petit déjeuner. Souvent il s'en va dormir une heure ou deux dans notre fort, sur la plage.

Ce matin, le temps était frais et maussade, la mer grise comme une huître. Peter et moi avons loué un bateau, et après avoir dépassé la jetée, nous nous sommes laissés emporter doucement loin du bord. Peter alluma une cigarette et dit tout à coup :

— Je me demande combien de temps cela va durer.

— Aussi longtemps que tu te laisseras faire, je suppose.

— Oui... Je crois que nous avons abouti à une situation plutôt statique, n'est-ce pas ? Il me semble qu'il n'y a aucune raison spéciale pour qu'un jour nous changions d'attitude l'un envers l'autre, Otto et moi...

Et il ajouta après un silence :

— A moins, évidemment, que je ne lui donne plus d'argent.

— Que crois-tu qu'il arriverait alors ?

Peter ramait nonchalamment dans l'eau avec ses doigts.

— Il me quitterait.

Le bateau continuait à flotter à la dérive. Je demandai :

— Tu ne crois pas qu'il tienne un peu à toi ?

— Au début, si... Plus maintenant. Il n'y a plus rien entre nous que ma galette.

— Et toi, tu tiens toujours à lui ?

— Non... je ne sais pas. Peut-être... Il y a encore des moments où je le hais — cela prouve peut-être que j'y tiens.

— C'est possible.

Il y eut un long silence. Peter s'essuyait les doigts avec son mouchoir. Un tic agitait sa bouche.

— Eh bien, dit-il à la fin, que dois-je faire, selon toi ?

— Qu'as-tu envie de faire ?

Sa bouche se tordit de nouveau.

— Je crois que j'ai vraiment envie de me séparer de lui.

— Alors il vaut mieux que tu t'en sépares.

— Tout de suite ?

— Le plus tôt sera le mieux. Fais-lui un joli cadeau et renvoie-le à Berlin aujourd'hui même.

Peter secoua la tête avec un sourire navré :

— Je ne peux pas.

De nouveau, il y eut un long silence. Puis il dit :

— Excuse-moi, Christopher, tu as parfaitement raison, je le sais. A ta place, je parlerais comme toi... Mais je ne peux pas. Il faut que cela continue comme avant — jusqu'à ce qu'il arrive quelque chose. Cela ne peut plus durer bien longtemps de toute façon... Oh ! je sais bien que je suis très faible...

— Tu n'as pas besoin de t'excuser, dis-je en souriant pour cacher une certaine irritation, je ne suis pas un de tes psychanalystes !

Je saisis les avirons et me mis à ramer vers la côte. Comme nous arrivions à la jetée, Peter dit :

— C'est drôle de penser à l'état actuel des choses. Au début de notre rencontre, je croyais que nous allions vivre ensemble, Otto et moi, jusqu'à la fin de nos jours.

— Oh ! Ciel !

La vision d'une existence avec Otto se déroula devant moi comme un enfer comique. J'éclatai de rire. Peter riait aussi, broyant entre ses genoux ses doigts entrelacés. Son visage passait du rose au rouge, du rouge au violet. Ses veines se gonflaient. En sortant du bateau, nous n'avions pas encore fini de rire.

Dans le jardin, le patron de la pension nous attendait.

— Quel dommage ! s'écria-t-il. Ces messieurs arrivent trop tard !

Son geste indiquait quelque chose par-delà les prés, du côté du lac. On pouvait voir, au-dessus de la rangée de peupliers, la vapeur du petit train qui sortait de la gare.

— Votre ami a dû partir subitement pour Berlin, au sujet d'une affaire urgente. J'espérais que ces messieurs rentreraient à temps pour l'accompagner. Quel dommage !

Cette fois, Peter et moi montâmes tous deux en courant.

La chambre de Peter était dans un désordre affreux, tiroirs et armoires ouverts. Au milieu de la table était appuyé verticalement un mot de l'écriture ratatinée et tortillée d'Otto :

> *Cher Peter, pardonne-moi je te prie, je ne pouvais plus supporter ça ici, alors je rentre chez moi.*
>
> *Affections d'Otto.*
> *Ne sois pas fâché.*

(Je remarquai qu'Otto avait gribouillé cela sur la page de garde arrachée à un livre de psychologie de Peter : *Au-delà du Principe du Plaisir.*)

— Eh bien !...

La bouche de Peter commença à s'agiter. Je le regardai avec inquiétude, m'attendant à une explosion violente, mais il paraissait assez calme. Au bout d'un moment, il alla examiner les tiroirs, après quoi il déclara :

— Il n'a pas emporté grand-chose. Quelques-unes de mes cravates, trois chemises. Une chance que mes chaussures ne lui aillent pas. Et puis — attends que je voie... — deux cents marks environ.

Il se mit à rire d'une façon plutôt hystérique.

— Très modéré, en somme !

Je demandai, histoire de dire quelque chose :

— Crois-tu qu'il se soit décidé à la dernière minute ?

— Probablement. Cela lui ressemble assez... Mais j'y pense : je lui avais dit que nous allions en bateau ce matin et il m'a demandé si nous resterions longtemps partis.

— Je comprends...

Je m'assis sur le lit de Peter, me disant, chose curieuse, qu'Otto du moins venait de faire une action qui m'inspirait du respect.

La surexcitation hystérique de Peter le soutint jusqu'à la fin de la matinée. Pendant le déjeuner il se rembrunit et n'ouvrit plus la bouche.

Le repas terminé, il m'annonça :

— Maintenant il faut que j'aille emballer mes affaires.
— Tu pars, toi aussi ?
— Naturellement.
— Pour Berlin ?
Il sourit :
— Non, Christopher. Ne t'inquiète pas. Pour l'Angleterre seulement.
— Ah !...
— Il y a un train qui m'amène à Hambourg tard dans la soirée. Je continuerai sûrement sans m'arrêter... J'ai besoin de voyager jusqu'à ce que je sois délivré de ce sacré pays...
Il n'y avait rien à dire. En silence, je l'aidai à faire ses bagages. En mettant son miroir à raser dans la valise, il demanda :
— Tu te souviens ? C'est Otto qui l'a cassé en se tenant sur la tête.
— Oui, je me souviens.
Quand tout fut prêt, Peter sortit sur son balcon :
— On n'en finira pas d'entendre siffler ici, ce soir ! dit-il.
Je souris :
— Je serai obligé de descendre pour les consoler.
Il riait :
— Oui, il le faudra bien !
Je l'accompagnai à la gare. Par bonheur, le mécanicien était très pressé. Le train ne s'arrêta que quelques minutes.
— Que vas-tu faire en arrivant à Londres ? demandai-je.
Les coins de sa bouche s'abaissèrent en une sorte de sourire inversé :
— Chercher un nouveau psychanalyste, je pense.
— Eh bien, tâche de lui faire rabattre ses prix !
— Je tâcherai.
Quand le train se mit en marche, il agita la main :
— Allons, adieu, Christopher. Merci de tout ton appui moral.
Il ne m'avait demandé ni de lui écrire ni d'aller le voir chez lui. Je suppose qu'il désire oublier cet endroit et tous ceux qui s'y rattachent. Je ne saurais l'en blâmer.
C'est ce soir seulement, en feuilletant le livre que je suis

en train de lire, que j'ai trouvé un autre billet d'Otto, intercalé entre les pages :

> *S'il te plaît, cher Christoph, ne sois pas en colère contre moi toi aussi, car tu n'es pas un idiot comme Peter. Quand tu seras à Berlin je viendrai te voir car je sais où tu habites, j'ai vu l'adresse sur une de tes lettres et nous pourrons bavarder comme il faut.*
>
> *Ton ami qui t'aime,*
> *Otto.*

Je pensais bien qu'on n'en serait pas quittes pour si peu. Effectivement, je retourne à Berlin dans un jour ou deux. Je comptais rester ici jusqu'à la fin d'août et tâcher de terminer mon roman, mais brusquement je sens un vide autour de moi. Peter et Otto avec leurs disputes quotidiennes me manquent plus que je ne m'y attendais. Et même les danseuses d'Otto ont cessé de traîner mélancoliquement dans le crépuscule, sous ma fenêtre.

Les Nowak

On pénétrait dans la Wassertorstrasse par une grande arche de pierre, vestige du vieux Berlin, ornée de faucilles et de marteaux, de croix gammées, tapissée d'affiches en lambeaux, annonçant des ventes ou des crimes. La rue était sordide, pavée de cailloux, jonchée de gosses larmoyants qui se roulaient par terre. Des gars en chandail zigzaguaient sur des vélos de course, interpellant les filles qui passaient avec leurs pots à lait. Des marelles étaient tracées à la craie sur le trottoir. Tout au bout, comme un instrument rouge, très long et dangereusement pointu, se dressait une église.

Frau Nowak en personne vint m'ouvrir. Elle avait beaucoup plus mauvaise mine qu'à notre dernière rencontre et ses yeux étaient largement cernés de bleu. Elle portait le même chapeau et le même vieux manteau noir tout râpé. Elle ne me reconnut pas tout de suite.

— Bonjour, Frau Nowak.

Son expression, d'abord méfiante, soupçonneuse, céda lentement la place à un sourire radieux et timide comme celui d'une jeune fille.

— Tiens, mais c'est Herr Christoph ! Entrez donc, Herr Christoph ! Venez vous asseoir.

— Excusez-moi, vous alliez sortir, je crois ?

— Non, non, Herr Christoph, je rentrais, juste à la minute.

Elle s'essuyait les mains à la hâte sur son manteau avant de serrer la mienne.

— C'est un jour où je fais des ménages. Je n'ai jamais fini avant deux heures et demie, ce qui fait qu'on dîne tard.

Elle s'écarta pour me laisser passer. Je poussai la porte et du même coup je cognai la poignée de la poêle à frire qui se trouvait juste derrière. Il y avait à peine de la place pour nous deux dans la minuscule cuisine. L'âcre odeur des pommes de terre frites à la mauvaise margarine emplissait le logis.

— Asseyez-vous donc, Herr Christoph, répétait-elle, s'empressant de faire les honneurs, excusez le fouillis. Je suis obligée de partir de si bonne heure et ma Grete est tellement fainéante malgré ses douze ans ! Il n'y a pas moyen d'en obtenir quoi que ce soit, quand on n'est pas tout le temps sur son dos.

La pièce d'habitation avait un plafond en mansarde, couvert de vieilles taches d'humidité. Elle contenait une grande table, six chaises, un buffet et deux lits pour deux personnes. Dans cet encombrement de meubles, il fallait se faufiler pour passer.

— Grete ! appela Frau Nowak. Où es-tu ? Dépêche-toi de venir !

— Elle est sortie, fit la voix d'Otto dans la chambre du fond.

— Otto ! Viens voir un peu qui est là !

— Fiche-moi la paix. Je suis occupé à réparer le phono.

— Occupé ? Penses-tu ? Un vaurien comme toi ! En voilà une façon de parler à sa mère ! Sors de là, et tout de suite, tu m'entends ?

Sa fureur venait d'éclater instantanément, automatiquement, avec une singulière violence. Son visage ne fut plus qu'un nez : amenuisé, exaspéré, rougi. Elle tremblait de tout son corps.

— Cela n'a vraiment pas d'importance, Frau Nowak, dis-je. Il viendra quand il en aura envie. La surprise fera d'autant plus d'effet.

— Ah, il est joli, mon fils ! Cette façon de me parler !

Elle avait retiré son chapeau et sortait de son filet des paquets graisseux en ronchonnant :

— Je me demande où cette enfant-là est allée traîner. Tout le temps dans la rue ! Ce n'est pas une fois, c'est cent fois que je lui ai dit... Ça n'a pas de respect, les enfants !

— Et votre poumon, comment s'est-il comporté, Frau Nowak ?

Elle poussa un soupir.

— Par moments il me semble que cela va de mal en pis. Cela me brûle tellement, juste à cet endroit. Et quand j'ai fini mon ouvrage, c'est comme si je n'avais plus la force de manger. Je me sens toute bilieuse quand je rentre... Le docteur n'est pas très satisfait, je crois. Il parle de m'envoyer dans un sana, plus tard, cet hiver. J'y ai déjà été, vous savez. Mais il y a toujours tant de monde qui attend d'être admis... Et puis, le logement est si humide en cette saison. Vous voyez ces taches au plafond ? Il y a des jours où l'on est obligé de mettre une bassine en dessous, tellement ça dégouline. Il est vrai qu'ils n'ont pas le droit, au fond, de louer ces mansardes. L'Inspecteur les a mis à l'amende plusieurs fois déjà. Mais que faire ? Il faut bien qu'on se loge quelque part. Nous avons fait une demande de changement, il y a plus d'un an, et on nous promet toujours qu'on va voir. Mais il y a des tas de gens plus mal lotis encore, j'en suis sûre... Mon mari lisait l'autre jour ce qu'ils disent dans le journal, sur les Anglais avec leur livre. Elle n'arrête pas de baisser, à ce qu'il paraît ? Je n'entends rien à ces choses-là, moi. J'espère que vous n'avez pas perdu d'argent, Herr Christoph ?

— Précisément, Frau Nowak, c'est en partie pour cela que je viens vous voir. J'ai décidé de prendre une chambre moins chère et je me demandais si vous en aviez une à me signaler dans vos parages.

— Oh, mon Dieu, Herr Christoph, que je suis navrée !

Elle semblait prendre la chose très à cœur :

— Mais vous ne pouvez pas habiter ce quartier-ci ! Un monsieur comme vous ! Oh, non ! Je ne crois pas que cela puisse vous convenir.

— Je ne suis peut-être pas aussi difficile que vous pensez. Je me contenterais d'une chambre tranquille et propre, d'environ vingt marks par mois. Cela m'est égal qu'elle soit petite : je ne suis pas là de la journée.

Elle hochait la tête d'un air dubitatif.

— Eh bien, Herr Christoph, je vais voir s'il me vient quelque chose à l'idée...

— Le dîner n'est toujours pas prêt, maman ? demanda Otto, apparaissant en bras de chemise à la porte du fond. Je crève de faim !

— Comment veux-tu qu'il soit prêt, quand je passe ma matinée à turbiner pour toi, espèce de grand fainéant ! cria Frau Nowak de sa voix la plus stridente.

Puis, reprenant sans la moindre transition le ton d'une amabilité obséquieuse, elle ajouta :

— Tu ne vois donc pas qui est là ?

— Mais... c'est Christoph !

Otto, selon son habitude, avait aussitôt composé son personnage. L'aurore d'une joie éclatante illumina peu à peu ses traits. Le rire vint creuser des fossettes dans ses joues. Il fit un bond, passa un bras autour de mon cou, me pressa la main :

— Christoph, mon cher vieux, où donc te cachais-tu tout ce temps ?

Puis, d'une voix languissante, pleine de reproche :

— Nous nous sommes tant ennuyés de toi ! Pourquoi n'es-tu jamais venu nous voir ?

— Herr Christoph est un monsieur très occupé, interrompit Frau Nowak en manière de réprimande, il n'a pas le temps de courir après des propres à rien comme toi.

Otto ricana en me lançant un coup d'œil. Puis il se retourna contre Frau Nowak, débordant de reproches :

— A quoi penses-tu, mère ? Tu ne vas pas laisser Christoph là sans même lui offrir une tasse de café ? Cela a dû lui donner soif, de grimper tous ces étages !

— Tu veux dire que tu as soif toi-même, pas vrai, Otto ? Merci bien, Frau Nowak, je ne prendrai rien, vraiment. Et je ne veux pas vous empêcher plus longtemps de faire votre cuisine... Dis donc, Otto, veux-tu venir avec moi tout de suite pour m'aider à trouver une chambre ? Je disais justement à ta mère que j'allais venir habiter par ici... Tu auras ton café dehors, avec moi.

— Quoi, Christoph ? tu vas habiter ici, au Hallesches Tor ?

Il dansait sur place, tout excité :

— Oh, maman, cè que c'est chic! Oh, que je suis content!

— Tu ferais bien d'aller faire un tour avec Herr Christoph tout de suite, dit Frau Nowak. Le dîner ne sera pas prêt avant une heure. Je n'ai pas besoin qu'on m'encombre ici. Pas vous, bien sûr, Herr Christoph. Vous allez revenir pour manger un morceau avec nous, n'est-ce pas?

— Vous êtes bien aimable, Frau Nowak, mais vraiment je ne peux pas aujourd'hui. Il faut que je rentre chez moi.

— Donne-moi rien qu'une croûte de pain pour m'en aller, mère, mendia Otto. J'ai l'estomac tellement vide que la tête me tourne comme une toupie.

— Voilà, dit Frau Nowak, coupant une tranche de pain et la lui jetant presque à la figure dans son exaspération. Mais ne te plains pas s'il n'y a plus rien à la maison ce soir, quand tu voudras te faire une de tes tartines... Au revoir, Herr Christoph. Vous êtes bien gentil d'être venu nous voir. Si vous vous décidez vraiment à habiter par ici, j'espère qu'on vous verra souvent... seulement je doute que vous trouviez quelque chose à votre convenance. Cela n'ira pas avec vos habitudes...

Otto se préparait à me suivre sur le palier quand elle le rappela. Je les entendis discuter. Puis la porte se ferma. Je descendis lentement cinq étages jusque dans la cour. Le fond en était visqueux et plein d'ombre, bien que le soleil éclairât un nuage dans le ciel, au-dessus. Bassines hors d'usage, roues de voitures d'enfants, pneus de bicyclette en morceaux gisaient pêle-mêle comme des objets tombés au fond d'un puits.

Il se passa quelques minutes avant qu'Otto descendît bruyamment l'escalier et m'annonçât, hors d'haleine :

— Maman n'a pas voulu te proposer... Elle avait peur que ça ne t'ennuie... Mais je lui ai dit que sûrement tu serais bien mieux chez nous, où tu pourras faire ce qui te plaît, sachant que tout est propre, plutôt que d'aller on ne sait où, où c'est plein de cafards... Dis oui, Christoph, je t'en prie! Ce sera si amusant! Nous coucherons tous les deux dans la pièce du fond. Tu auras le lit de Lothar, il ne demandera pas mieux, il partagera le grand lit avec

Grete... Tu pourras faire la grasse matinée tant que tu voudras. Au besoin, je t'apporterai ton petit déjeuner. Tu vas venir, dis ?

Et c'est ainsi que l'affaire fut réglée.

Ma première soirée comme pensionnaire des Nowak prit un caractère de solennité. Arrivé peu après cinq heures avec mes deux valises, je trouvai Frau Nowak déjà occupée à préparer le repas du soir. Otto me souffla à l'oreille qu'il y aurait, comme mets délicat, du hachis de mou.

— J'ai bien peur que notre cuisine ne soit pas à votre goût, dit Frau Nowak, après celle dont vous avez l'habitude. Mais nous ferons de notre mieux.

Elle n'était que sourires et débordait d'excitation. Je souriais de mon côté, gêné et me sentant de trop. Enfin, enjambant les meubles de la première chambre, j'allai m'asseoir sur mon lit. L'espace me manquait pour déballer mes affaires, et il n'y avait apparemment pas d'endroit où ranger mes vêtements. Grete jouait sur la table de la pièce commune avec des décalcomanies et des images qu'on trouve dans les paquets de cigarettes. C'était une enfant de douze ans, balourde, d'une joliesse de bonbon, mais trop grasse et trop ronde d'épaules. Ma présence la rendait très poseuse : elle se tortillait, minaudait et répétait sans cesse, d'une voix affectée et chantante, très " grande personne " :

— Maman ! Viens voir les belles fleurs !

— Je n'ai pas de temps à perdre avec tes belles fleurs, finit par s'écrier Frau Nowak, à bout de patience. Me voilà obligée de tout faire par moi-même pour le souper, quand j'ai une fille grosse comme un éléphant !

— Tu as raison, mère, cria Otto, heureux de s'en mêler.

Dans sa vertueuse indignation, il apostropha Grete :

— Pourquoi ne vas-tu pas l'aider, je voudrais bien savoir ? Ce n'est pas la graisse qui te manque. Tu restes assise toute la journée à ne rien faire. Ote-toi de cette chaise, et plus vite que ça, tu m'entends ! Et range ces sales images ou je les jette au feu !

Saisissant les images d'une main, de l'autre il administra

une gifle à Grete. Celle-ci, qui n'avait manifestement pas grand-chose, entonna aussitôt une longue plainte théâtrale :

— Oh, Otto, que tu m'as fait mal !

Elle se cachait la figure dans les mains tout en m'épiant entre ses doigts.

— Veux-tu laisser cette enfant tranquille ! retentit dans la cuisine la voix aiguë de Frau Nowak. Pour qui te prends-tu, pour traiter les autres de paresseux ? Et toi, Grete, finis de hurler comme ça ou je dirai à Otto de te taper dessus pour de bon, tu pleureras au moins pour quelque chose ! A vous deux, vous me rendez folle !

Otto se précipita dans la cuisine, prit sa mère par la taille, la couvrit de baisers :

— Voyons, maman ! Pauvre petite mère, ma petite Mutti, ma petite Müttchen, roucoulait-il avec l'accent de la plus écœurante sollicitude. Tu te donnes tant de mal et Otto est si vilain avec toi ! Mais il ne fait pas exprès, tu sais, c'est par pure bêtise... Tu veux que demain je te monte ton charbon, maman ? Cela te fera-t-il plaisir ?

— Fiche-moi la paix, espèce de gros farceur, criait Frau Nowak, se débattant en riant. Je n'ai pas besoin de tes mamours. Pour ce que tu te soucies, toi, de ta pauvre vieille mère ! Laisse-moi finir mon travail en paix... Otto n'est pas méchant, fit-elle, s'adressant à moi quand il l'eut enfin lâchée, mais c'est un vrai hurluberlu. Tout le contraire de mon Lothar. Ça, c'est un fils modèle ! Il ne rechigne pas devant n'importe quel travail, et dès qu'il a ramassé quelques sous, au lieu de les dépenser pour lui, il vient me trouver aussitôt : « Voilà, mère, de quoi t'acheter une paire de pantoufles chaudes pour l'hiver. »

Frau Nowak fit vers moi le geste d'offrir de l'argent. Elle avait la même façon qu'Otto de mimer le moindre détail de ses récits. Otto l'interrompit, furibond :

— Oh, Lothar par-ci, Lothar par-là, toujours Lothar ! Mais dis-moi une chose, mère : lequel de nous deux t'a donné un billet de vingt marks l'autre jour ? Ce n'est pas Lothar qui aurait gagné vingt marks, même en tout un mois de dimanches ! Bon, puisque c'est comme ça que tu parles, tu peux toujours attendre — tu aurais beau te traîner à genoux devant moi…

En un clin d'œil, elle reprit les armes :

— Méchant garçon, tu n'as pas honte d'en parler et devant Herr Christoph encore ! Ma foi, s'il savait d'où ils venaient, ces vingt marks, et puis beaucoup d'autres, il ne voudrait pas rester une minute de plus là où tu es ! Et ce serait bien fait ! Ce toupet, de dire que tu me les as *donnés* ! Tu sais très bien que si ton père n'avait pas vu l'enveloppe…

— Ça va bien ! hurla Otto, les traits tordus en une grimace de singe et dansant sur place dans son agitation. C'est bien ce que je voulais ! Avoue donc devant Christoph que tu me les as volés ! Voleuse, va ! Tu n'es qu'une voleuse !

— Otto, comment oses-tu !…

Prompte comme une furie, la main de Frau Nowak brandit un couvercle de casserole ; je reculai pour me garer, me cognai à une chaise et tombai brusquement assis. Grete jeta un petit cri affecté, de joie et d'alarme. La porte s'ouvrit : Herr Nowak rentrait de son travail.

C'était un petit homme robuste et trapu, la moustache en pointe, les cheveux ras, les sourcils broussailleux. Il enregistra la scène avec un long grognement qui tenait du hoquet. Il ne semblait pas comprendre ce qui se passait ou peut-être s'en désintéressait-il. Frau Nowak ne chercha pas à l'éclairer. Elle raccrocha tranquillement le couvercle de casserole à sa place. Grete bondit de sa chaise et courut tendre les bras à son père : « Pappi ! Pappi ! »

Herr Nowak lui souriait, découvrant deux ou trois chicots souillés de nicotine. Il se pencha pour la soulever avec précaution et adresse, comme un gros vase précieux. (Il était déménageur de son métier.) Puis il me tendit la main, aimable, prenant son temps, sans façons superflues :

— *Servus,* Herr !

Perchée sur l'épaule de son père, Grete chantonna de sa voix traînante et mielleuse :

— N'est-ce pas que tu es content, Pappi, que Herr Christoph vienne habiter chez nous ?

Là-dessus, Herr Nowak, comme sous un nouvel et brusque afflux d'énergie, se mit à me secouer la main de plus belle et me donna une tape dans le dos :

— Content ? Bien sûr que je suis content !

Il hochait la tête, approuvant avec vigueur :

— *English Man ? Anglais,* hein ? Ha, ha. Parfait. Oh ! oui, je parle français, voyez-vous ! Oublié pas mal à présent. Appris pendant la guerre. J'étais *Feldwebel,* sur le front ouest. Causé avec un tas de prisonniers. Braves types. Tout pareils à nous autres...

— Tu as encore bu, père ! s'écria Frau Nowak, dégoûtée. Qu'est-ce que Herr Christoph va penser de toi ?

— Christoph, il s'en fout. Pas, Christoph ?

Herr Nowak me tapotait l'épaule.

— Christoph, voyez-vous ça ! Pour toi il est *Herr* Christoph. Tu ne sais donc pas reconnaître un monsieur quand il t'arrive d'en voir un ?

— Je préfère que vous m'appeliez Christoph, dis-je.

— Très bien ! Il a raison, Christoph ! Nous sommes tous d'une même chair, d'un même sang... Argent, *money,* tout pareil ! Ha, ha !

Otto s'empara de mon bras libre :

— Christoph est déjà de la famille !

Bientôt nous étions installés devant un énorme repas : mou haché, pain noir, café de malt et pommes de terre à l'eau. Ayant tant d'argent à dépenser à sa guise (je venais de lui avancer dix marks sur ma pension de la semaine), Frau Nowak avait préparé des pommes de terre pour une douzaine de convives. Elle en transportait des pelletées de la grande casserole à mon assiette, jusqu'à m'en faire étouffer :

— Encore un peu, Herr Christoph ! Vous ne mangez rien.

— Je n'ai jamais tant mangé de ma vie, Frau Nowak.

— Christoph n'aime pas notre cuisine, dit Herr Nowak. Ça ne fait rien, Christoph, vous vous habituerez. Otto était pareil en revenant de la mer. Il était devenu très raffiné, avec son Anglais...

Frau Nowak le rappela à l'ordre :

— Ferme ça, père ! Tu ne peux pas le laisser tranquille, ce garçon ? Il est assez vieux pour savoir faire tout seul la différence entre le bien et le mal. Il n'en est que plus à blâmer !

Nous étions encore à table quand Lothar fit son entrée. Il lança sa casquette sur le lit, me serra la main poliment, mais en silence, avec un léger salut, et s'assit à sa place. Ma présence ne semblait ni l'étonner ni l'intéresser le moins du monde. Il se contenta d'un échange de regards. Je savais qu'il avait à peine vingt ans, mais il paraissait beaucoup plus âgé. C'était déjà un homme fait. Otto, près de lui, avait l'air d'un enfant. Il avait un visage long et osseux de paysan, aigri par la mémoire séculaire des champs stériles.

— Lothar suit des cours du soir, m'expliqua Frau Nowak avec fierté. Il travaillait dans un garage, vous savez, et maintenant il veut apprendre la mécanique. On ne vous prend nulle part, aujourd'hui, sans un diplôme quelconque. Il faut qu'il vous montre ses dessins, Herr Christoph, quand vous aurez le temps d'y jeter un coup d'œil. Le professeur les a trouvés très bien.

— J'aimerais beaucoup les voir.

Lothar ne réagissait pas. Je sympathisais avec lui et me sentais ridicule. Mais Frau Nowak était décidée à souligner ses mérites :

— Quels jours as-tu tes cours, Lothar ?

— Lundi et jeudi.

Il continuait à manger résolument, obstinément, sans regarder sa mère. Puis, peut-être pour montrer qu'il n'avait rien contre moi, il ajouta :

— De huit heures à dix heures trente.

Dès qu'il eut fini, il se leva sans un mot, me serra la main avec le même petit salut, prit sa casquette et s'en alla.

Frau Nowak le suivit des yeux et soupira :

— Il s'en va chez ses Nazis, je suppose. Que de fois j'ai souhaité qu'il ne se soit pas lié avec eux ! Ils lui mettent toutes sortes d'idées ridicules dans la tête, qui ne font que l'agiter. Il a changé du tout au tout depuis qu'il les fréquente... Ce n'est pas que j'y comprenne quelque chose, à leur politique. Je me demande seulement : pourquoi ne ferait-on pas revenir le Kaiser ? Ça, c'était le bon temps, on a beau dire !

— Ach, au diable ton vieux Kaiser, dit Otto. Ce qu'il nous faut, c'est une révolution communiste.

— Une révolution communiste, renifla Frau Nowak. Cette idée ! Les communistes, c'est tous des voyous, des fainéants comme toi, qui ne savent pas ce que c'est qu'une honnête journée de travail !

— Christoph est communiste, dit Otto. N'est-ce pas, Christoph ?

— Pas très authentique, j'en ai peur.

Frau Nowak sourit :

— Qu'est-ce que tu vas nous sortir encore ! Comment Herr Christoph serait-il communiste ? C'est un monsieur très bien.

— Moi, je dis que... (Herr Nowak déposa son couteau, sa fourchette et s'essuya soigneusement la moustache avec le dos de la main)... — nous sommes tous égaux tels que Dieu nous a faits. Vous valez autant que moi, je vaux autant que vous. Un Français vaut un Anglais, un Anglais vaut un Allemand. Vous comprenez ce que je veux dire ?

J'opinai de la tête.

— Prenez la guerre, par exemple. (Herr Nowak écarta sa chaise de la table.) — Je me suis trouvé un jour dans un bois. Tout seul, vous comprenez ? Je passais simplement, tout seul, dans un bois, comme je serais passé dans une rue... Et tout à coup, voilà un Français devant moi comme s'il était sorti de terre. Pas plus loin de moi que vous en ce moment...

Tout en parlant, Herr Nowak avait sauté de sa chaise. Il saisit le couteau à pain sur la table et le pointa en avant, comme une baïonnette, dans une posture de défense. Il me dévisageait par-dessous ses sourcils, revivant la scène :

— Nous voilà face à face, les yeux dans les yeux. Ce Français-là, il était pâle comme un mort. Tout à coup il se met à crier : « Ne me tue pas ! » Comme ça.

Herr Nowak joignit les mains en un geste piteux et suppliant. Le couteau à pain le gênait, il le déposa sur la table.

— « Ne me tue pas, j'ai cinq enfants ! » Il disait ça en français, comme de juste, mais je comprenais ; je parlais français à la perfection, en ce temps-là, je l'ai un peu oublié maintenant. Bon, je le regarde, il me regarde. Puis je fais : « Ami. » Et alors on se serre la main.

Herr Nowak prit ma main dans les siennes et la pressa avec beaucoup d'émotion.

— Et puis on s'en va chacun de son côté, à reculons ; je n'avais pas envie qu'il me tire dans le dos.

Le regard toujours fixe, Herr Nowak commença à se retirer en arrière, avec lenteur, pas à pas jusqu'à ce qu'il se cognât violemment au buffet. Une photographie encadrée tomba par terre, le verre se brisa.

— Pappi ! Pappi ! criait Grete au comble de la joie : regarde donc ce que tu as fait !

— Ça t'apprendra peut-être à ne plus faire le fou, espèce de vieux saltimbanque ! s'exclama Frau Nowak, indignée.

Grete riait avec exagération. Otto la gifla et elle reprit ses plaintes théâtrales. Entre-temps, Herr Nowak avait calmé l'humeur de sa femme en l'embrassant et en lui pinçant la joue. Elle protestait et riait, enchantée au fond de m'avoir pour témoin :

— Laisse-moi tranquille, gros ballot ! Va-t'en, tu sens la bière !

A cette époque, ayant beaucoup de leçons à donner, je passais la plus grande partie de la journée hors de chez moi. Mes élèves étaient éparpillées dans les quartiers élégants de l'Ouest : femmes riches, bien conservées, à peu près du même âge que Frau Nowak, elles paraissaient de dix ans plus jeunes. Il leur prenait la fantaisie de bavarder en anglais par les ternes après-midi où leur mari était au bureau. Assis sur des coussins de soie devant la cheminée, nous discutions à propos de *Contrepoint* et de *L'Amant de Lady Chatterley*. Un domestique apportait le thé et les toasts beurrés. Parfois, quand elles en avaient assez de la littérature, je les amusais avec des histoires de la famille Nowak, prenant soin toutefois de ne pas dire que j'y habitais : avouer que j'étais réellement pauvre risquait de faire du tort à mes affaires. Ces dames m'octroyaient trois marks de l'heure, un peu à regret et après maints efforts pour réduire cela à deux marks cinquante. La plupart essayaient aussi, délibérément ou inconsciemment, de tricher pour me faire dépasser le temps convenu. Il me fallait toujours surveiller la pendule.

Les élèves disposés à travailler le matin étaient moins nombreux, de sorte qu'en général je me levais beaucoup plus tard que les autres. Frau Nowak se rendait à ses ménages, Herr Nowak à ses déménagements ; Lothar, qui était sans emploi, aidait un ami, crieur de journaux ; Grete s'en allait à l'école. Otto seul me tenait compagnie, excepté les jours où, à force de le houspiller, sa mère obtenait qu'il se présentât à l'office du travail pour faire pointer sa carte.

Après avoir apporté notre petit déjeuner — une tasse de café et une tartine à la graisse — Otto, quittant son pyjama, s'exerçait à boxer ou à se tenir sur la tête. Il faisait jouer ses muscles pour me les faire admirer. Accroupi sur mon lit, il me racontait des histoires :

— Je ne t'ai jamais dit, Christoph, comment j'ai vu la Main ?

— Non, je ne crois pas.

— Eh bien, écoute : une fois, quand j'étais tout petit, j'étais dans mon lit, le soir ; il était tard et il faisait très sombre. Tout à coup je me réveille et je vois une énorme main noire qui s'étend au-dessus de mon lit. J'ai eu si peur que je n'ai même pas pu crier. Au bout de quelques minutes, elle avait disparu et je me suis mis à hurler. Ma mère accourt et je lui dis : « Maman, je viens de voir la Main. » Mais elle n'a fait que rire. Elle ne voulait pas me croire.

Le visage candide d'Otto, avec ses deux fossettes et son aspect de petit pain au lait, était devenu très solennel. Il me transperçait de ses yeux brillants, ridiculement petits, rassemblant tous ses moyens de narrateur :

— Ensuite, Christoph, quelques années plus tard, j'étais en apprentissage chez un tapissier. Eh bien, une fois, en plein jour, au milieu de la matinée, j'étais là à travailler sur mon tabouret quand tout à coup, la pièce s'est remplie d'obscurité. Je lève les yeux et que vois-je ? La Main était là, pas plus loin que toi, prête à se refermer sur moi. Je sentais mes bras et mes jambes se glacer, et j'étais incapable de pousser un cri. Le patron m'avait vu pâlir ; il a fait : « Allons, Otto, qu'est-ce que tu as ? Tu te trouves mal ? » Et tandis qu'il parlait, j'ai cru voir la Main qui s'éloignait de moi, qui rapetissait, il n'en restait plus qu'un tout petit point noir. Quand j'ai levé les yeux de nouveau, la pièce était claire comme d'habitude et là où j'avais vu le point noir, il y avait une grosse mouche qui avançait au plafond. Mais j'ai été si malade toute la journée que le patron a dû me renvoyer chez moi.

En faisant ce récit, Otto était devenu tout pâle et ses traits avaient pris pendant quelques instants une expression véritablement effrayante. Il se montrait sous un jour tragique, ses petits yeux étincelant de larmes :

— Un de ces jours je reverrai la Main. Et alors je mourrai.

— Tu es bête, répliquai-je en riant, on te protégera.

Otto secoua la tête avec une grande tristesse :

— Espérons-le, Christoph. Mais je n'y crois pas. La Main finira par me posséder.

— Combien de temps es-tu resté chez le tapissier ?

— Oh, pas longtemps. Quelques semaines. Le patron était si mauvais avec moi ! Il me donnait tout ce qu'il y avait de plus dur à faire ; et j'étais si petit en ce temps-là ! Un jour je suis arrivé cinq minutes en retard, il s'est mis à gueuler, il m'a traité de *verflùchter Hùnd*[1]. Et tu crois que j'ai encaissé ça ?

Otto se penchait vers moi, le visage contracté, me lançant, à la façon des singes, un coup d'œil sec et plein de malice :

— *Nee, nee ! Bei mir nicht*[2] *!*

Ses petits yeux me fixèrent un instant avec une étrange intensité de haine simiesque. Ses traits renfrognés étaient

1. Chien galeux.
2. — Non, non ! moi jamais !

d'une laideur saisissante. Enfin ils se détendirent. J'avais cessé de figurer le tapissier. Il éclata d'un rire inoffensif et gai, rejetant ses cheveux en arrière, montrant ses dents :

— J'ai fait mine de vouloir lui tomber dessus, je lui ai flanqué une de ces peurs !

Il imita le geste d'un homme âgé qui cherche à se garer des coups. Il riait.

— Alors, il t'a fallu partir ?

Otto fit oui de la tête. Son visage s'altérait lentement, redevenait mélancolique.

— Qu'est-ce que tes parents en ont dit ?

— Oh, ils ont toujours été contre moi. Depuis ma plus tendre enfance. De deux bouts de pain, Mère donnait toujours le plus gros à Lothar. Si je me plaignais, on me disait : « Va-t'en travailler, tu es assez grand. Tu n'as qu'à gagner ton pain, on n'a pas besoin de t'entretenir ! »

La plus sincère compassion pour lui-même vînt humecter les yeux d'Otto :

— Personne ne me comprend ici. Personne n'est gentil avec moi. Au fond, ils me détestent tous. Ils aimeraient me voir mourir !

— Comment peux-tu dire des bêtises pareilles, Otto ! Ta mère ne te déteste pas, voyons !

— Pauvre mère, acquiesça-t-il, changeant de ton tout à coup et paraissant ne plus se rendre compte de ce qu'il venait de dire. C'est terrible ! Je ne peux pas supporter l'idée qu'elle travaille comme ça du matin au soir. Tu sais, Christoph, elle est très, très malade. La nuit, elle tousse souvent pendant des heures et des heures. Et quelquefois elle crache du sang. Je reste là, dans mon lit, à me demander si elle ne va pas mourir.

Je hochais la tête, et malgré moi, je commençais à sourire, non que je doutasse de la vérité de ses paroles au sujet de Frau Nowak, mais la personne même d'Otto, accroupie sur mon lit, était si pleine de vie animale, son corps nu et bronzé était si reluisant de santé, que ses propos sur la mort en devenaient ridicules, comme une histoire d'enterrement contée par un clown peinturluré. Il eut l'air de s'en apercevoir, car il me sourit à son tour, nullement choqué par mon manque apparent de sympathie. Il étendit les jambes et, penché en avant, sans le moindre effort, prit ses pieds dans ses mains :

— Tu saurais en faire autant, Christoph ?

Une idée parut le séduire tout à coup :

— Christoph, si je te montre quelque chose, tu me jures que tu ne le diras à personne ?

— D'accord.

Il se leva et alla fouiller sous son lit. Une lame de plancher, dans le coin vers la fenêtre, était un peu défaite ; il la souleva et sortit une boîte de fer-blanc ayant autrefois contenu des biscuits. Elle était pleine de lettres et de photos. Otto les étala sur le lit :

— Mère jetterait cela au feu si elle le découvrait... Tiens, Christoph, comment trouves-tu celle-ci ? Elle s'appelle Hilde. Je l'ai connue dans la boîte où je vais danser. Celle-là, c'est Marie. Elle a de beaux yeux, hein ? Elle est folle de moi, tous les autres en sont jaloux, mais ce n'est pas tout à fait mon genre.

Otto, très sérieux, secouait la tête.

— Tu sais, c'est curieux : dès que je m'aperçois qu'une fille se cramponne à moi, elle ne me dit plus rien. J'ai déjà essayé de rompre, mais elle s'est amenée ici et elle a fait un tel raffut devant Mère que je suis obligé de la voir de temps en temps pour la faire tenir tranquille... Et voilà Trude. Sans blague, Christoph, croirait-on qu'elle a vingt-sept ans ? C'est pourtant vrai. N'est-ce pas qu'elle a un corps merveilleux ? Elle habite dans l'Ouest, un appartement à elle ! Elle a déjà divorcé deux fois. Je vais la voir quand ça me plaît. Voilà une photo prise par son frère. Il se proposait d'en faire quelques-unes de nous deux ensemble, mais je n'ai rien voulu savoir, j'avais peur qu'il n'aille les vendre. On risque de se faire arrêter pour ces choses-là, tu sais ?

Il me tendit en minaudant un paquet de lettres :

— Lis-moi ça, tu vas bien rire. Celle-ci est d'un Hollandais. Il a la plus grosse voiture que j'aie jamais vue. J'étais avec lui au printemps dernier. Il m'écrit quelquefois. Père a eu vent de la chose, alors maintenant il cherche à voir s'il y a de l'argent dans les enveloppes, la sale bête ! Mais je connais un truc qui en vaut deux : j'ai dit à mes amis d'adresser leurs lettres à la boulangerie du coin. Le fils du boulanger est un copain à moi...

— As-tu des nouvelles de Peter ? demandai-je.

Otto me considéra pendant quelques instants avec solennité :

— Christoph !

— Oui ?

— Veux-tu me rendre un service ?

— De quoi s'agit-il ? m'informai-je par prudence ?

Otto choisissait toujours le moment le plus inattendu pour emprunter quelque argent. Mais il dit avec une suavité pleine de reproche :

— Je t'en prie... je t'en prie, ne prononce plus jamais devant moi le nom de Peter...

— Ah ! bon, répondis-je, très étonné. Du moment que cela t'ennuie...

— Vois-tu, Christoph... Peter m'a profondément blessé. J'avais cru qu'il était mon ami. Et puis tout à coup il m'a laissé tout seul...

Au fond du trou noir de la cour, où le brouillard par ce temps d'automne visqueux ne se levait jamais, les chanteurs et les musiciens des rues se succédaient en un concert presque ininterrompu. Il y avait des bandes de garçons avec des mandolines, un vieillard qui jouait de l'harmonica, un père et ses petites filles qui chantaient. L'air de beaucoup le plus apprécié était *Aùs der Jùgendzeit.* Il m'arrivait de l'entendre une douzaine de fois dans la matinée. Le père des petites filles était paralysé et ne parvenait à émettre que des braiments étouffés, comme un âne ; mais les filles chantaient avec une énergie diabolique : « *Sie kommt, sie kommt nicht mehr !* » criant à l'unisson, tels les démons de l'air qui jubilent d'avoir frustré les humains. De temps en temps un *groschen* entortillé dans un bout de journal tombait d'une fenêtre d'en haut. Il frappait le sol et ricochait comme une balle, mais les petites ne bronchaient pas.

Parfois une assistante sociale venait voir Frau Nowak, hochait la tête devant les conditions de vie et s'en allait. L'inspecteur des logements, jeune homme pâle qui portait, visiblement par principe, un col ouvert, venait aussi et prenait des notes. La mansarde, déclarait-il à Frau Nowak, était absolument insalubre et inhabitable. Pour dire cela, il prenait un petit air de reproche, comme si nous avions là-dedans notre part de responsabilité. Ces visites exaspéraient Frau Nowak, qui n'y voyait qu'une façon de l'espionner. Elle était obsédée par la crainte d'une apparition de l'assistance ou de l'inspecteur à un moment où son logis serait en désordre. Ses soupçons étaient si tenaces qu'elle en arrivait à raconter des mensonges — par exemple que les fuites au plafond n'avaient pas d'importance —, histoire de se débarrasser au plus vite des intrus.

Un autre visiteur régulier était le Juif, tailleur et marchand de confections en tout genre, qui vendait à tempérament. Il était petit, débonnaire et très persuasif. Toute la journée il parcourait les logements ouvriers de l'arrondissement, ramassant cinquante pfennigs par-ci, un mark par-là, grattant à la manière d'une poule ce sol apparemment stérile, afin d'assurer sa précaire subsistance. Il n'insistait pas trop sur l'argent : il préférait amener ses créanciers à lui acheter de nouveaux articles et à s'embarquer dans une nouvelle série de versements. Il y a deux ans, Frau Nowak avait acheté pour trois cents marks un costume et un pardessus pour Otto. Le costume et le pardessus n'existaient plus depuis longtemps, mais une grande partie de la somme restait encore à payer. Peu après mon arrivée, Frau Nowak s'endetta de nouveau de soixante-quinze marks pour habiller Grete. Le tailleur n'y voyait pas d'inconvénient.

Tout le voisinage lui devait de l'argent. Il n'était cependant pas plus mal vu qu'une autre figure populaire que l'on maudit sans lui en vouloir vraiment.

— Peut-être bien que Lothar a raison, disait parfois Frau Nowak. Quand Hitler sera au pouvoir, il leur fera comprendre quelques petites choses, à ces Juifs. Ça leur rabattra le caquet !

Mais lorsque j'insinuais qu'Hitler, si on le laissait faire, supprimerait tout bonnement le tailleur, elle changeait de ton aussitôt :

— Oh ! non, ce n'est pas cela que je demande ! Après tout, ses vêtements sont très bien. Et puis, un Juif vous laisse toujours le temps de vous retourner. Pas de danger qu'un chrétien vous fasse un crédit pareil... Vous n'avez qu'à demander aux voisins, par ici, Herr Christoph : personne ne voudrait renvoyer les Juifs.

Vers le soir, après avoir passé la journée à traîner, maussade, dans l'appartement ou à bavarder avec ses amis en bas, devant l'entrée de la cour, Otto commençait à se dérider. En rentrant de mon travail, je le trouvais le plus souvent occupé à échanger son chandail et son pantalon de golf contre son meilleur costume, rembourré aux épaules, avec un petit gilet croisé, ajusté à la taille, et un pantalon à pattes d'éléphant. Il possédait tout un assortiment de cravates ; il lui fallait une demi-heure pour en choisir une et la nouer à son goût. Il prenait des poses à la cuisine, devant le triangle de miroir cassé, creusait d'avantageuses fossettes dans ses joues de prune rose, encombrait Frau Nowak et ne daignait pas entendre ses protestations.

Moi-même, je sortais généralement le soir. Malgré toute ma fatigue, il m'était impossible de m'endormir aussitôt après le souper. Grete et ses parents étaient souvent au lit dès neuf heures. J'allais donc au cinéma ou m'installais au café, à lire les journaux en bâillant. Il ne me restait rien d'autre à faire.

Au bout de notre rue il y avait un *lokal* en sous-sol, connu sous le nom d'*Alexander Casino*. Otto me l'avait signalé, un jour où par hasard nous étions sortis en même temps. Du trottoir, on descendait quatre marches, on ouvrait la porte, on écartait une lourde portière de cuir destinée à protéger des courants d'air, et on se trouvait dans une longue salle basse, enfumée. Elle était éclairée de rouge par des lanternes chinoises et décorée de poussiéreuses guirlandes de papier. Le long des murs s'alignaient des tables en rotin et de grandes banquettes défoncées, comme celles des wagons anglais de troisième classe. Tout au fond, on voyait des alcôves en treillage, à l'ombre de fleurs de cerisier artificielles, entortillées sur du fil de fer. Un relent humide de bière se dégageait de l'ensemble.

L'endroit m'était déjà connu depuis l'année précédente, où Fritz Wendel m'emmenait le samedi soir faire la tournée des boîtes. Tout y était comme avant, mais moins sinistre, moins pittoresque, dépourvu à présent de tout caractère prodigieux de révélation sur le sens de la vie — car cette fois je n'étais pas ivre du tout. Le même patron, ex-boxeur, appuyait sur le bar son ventre énorme, le même garçon à mine de chien battu, en veste blanche crasseuse, s'avançait d'un pas traînant. Deux filles, vraisemblablement toujours les mêmes, dansaient ensemble au son du pick-up. Des gars en chandail et blouson de cuir jouaient à la belote. Quelques spectateurs se penchaient pour surveiller les cartes. Près du poêle, un adolescent aux bras tatoués était plongé dans un roman policier. La chemise ouverte, les manches retroussées jusqu'aux aisselles, il était en short et socquettes, comme un coureur. Dans l'alcôve du fond, un homme mûr et un jeune garçon causaient ensemble. Le garçon avait une figure toute ronde enfantine, avec des paupières rougies et enflées comme par manque de sommeil. Il était en train de raconter quelque chose à l'autre, personnage d'aspect honorable, au crâne rasé, qui l'écoutait sans intérêt en fumant un petit cigare. Le garçon expliquait son affaire avec beaucoup de précision et de patience. Par moments, pour souligner un détail, il posait la main sur le genou de l'homme et dévisageait celui-ci, épiant ses réactions, d'un air attentif et sagace de médecin devant un malade nerveux.

Je ne devais pas tarder à connaître ce garçon de très près. Il s'appelait Pieps. A quatorze ans il s'était sauvé de chez lui à cause de son père, bûcheron dans la forêt de Thuringe, qui le maltraitait. Pieps s'en alla à pied jusqu'à Hambourg. Là, il se cacha sur un bateau qui l'emmena à Anvers. D'Anvers, il rentra à pied en Allemagne et suivit les bords du Rhin. Il était allé jusqu'en Autriche et en Tchécoslovaquie. Il ne tarissait pas de chansons, d'histoires, de plaisanteries, étant d'un tempérament heureux, optimiste, partageant tout ce qu'il possédait avec ses amis sans se soucier de savoir d'où lui viendrait son prochain repas. Habile pickpocket, il opérait surtout dans un établissement de distractions de la Friedrichstrasse, non loin du Passage, qui était plein de policiers et devenait dangereux depuis quelque temps. Cet établissement offrait au public des punching-balls, des appareils à sous et des grues mécaniques. La plupart des jeunes gens de l'*Alexander Casino* y passaient l'après-midi, pendant que leurs compagnes faisaient la chasse au client dans la Friedrichstrasse et les Linden.

Pieps habitait avec deux de ses amis, Gerhardt et Kurt, dans une cave, sur le quai du canal, près d'une station du métro aérien. La cave appartenait à la tante de Gerhardt, vieille prostituée de la Friedrichstrasse qui avait les bras et les jambes tatoués de serpents, de fleurs et d'oiseaux. Gerhardt était un grand garçon au vague sourire stupide et malheureux. Il ne s'attaquait pas aux individus, mais aux grands magasins. Il n'avait encore jamais été pris, grâce peut-être à la folle audace de ses exploits : tout en ricanant d'un air idiot, il se bourrait les poches à la barbe des employés. Il remettait tout son butin à sa tante qui le traitait de paresseux et se montrait très serrée avec lui. Un jour que nous nous trouvions ensemble, il sortit de sa poche une ceinture de dame, en cuir, de couleur voyante :

— C'est pas joli ? regarde, Christoph !

— Où as-tu pris ça ?

— Chez Landauer, répondit Gerhardt. Eh bien, quoi ? qu'est-ce qui te fait rire ?

— C'est que les Landauer sont des amis à moi. Cela paraît drôle, c'est tout.

Aussitôt la détresse se peignit sur les traits de Gerhardt :

— Tu ne vas pas le leur dire, hein, Christoph ?

— Mais non, bien sûr, déclarai-je.

Kurt se montrait moins souvent que les autres à l'*Alexander Casino.*

Je le comprenais mieux que Pieps ou Gerhardt, car c'était un malheureux conscient. Il y avait dans son caractère quelque chose de direct, de fatal, qui le faisait éclater soudain d'une fureur gratuite contre l'absence de tout espoir dans la vie. Les Allemands appellent cela *Wùt.* Il était là, par exemple, assis sans rien dire dans son coin, buvant avec précipitation, tambourinant des poings sur la table, impérieux et maussade. Puis tout à coup il sautait sur ses pieds, s'écriait : « *Ach, Scheiss !* » et s'en allait à grandes enjambées. Dans cet état d'esprit, il cherchait délibérément querelle aux autres jeunes gens, se battait à un contre quatre ou cinq, jusqu'au moment où on le jetait à la rue, à moitié assommé et couvert de sang. Dans ces cas-là, Pieps et Gerhardt eux-mêmes se mettaient contre lui comme contre un danger public : ils lui tapaient dessus tout autant que les autres et ensuite le traînaient entre eux deux jusque chez lui, sans lui garder rancune des horions qu'il s'arrangeait pour leur distribuer. Ils ne paraissaient nullement étonnés de son attitude. Le lendemain, tout le monde était réconcilié.

Au moment où je rentrais, Herr et Frau Nowak dormaient sans doute depuis déjà deux ou trois heures. Otto arrivait en général plus tard encore, et pourtant Herr Nowak, que tant de choses révoltaient dans la conduite de son fils, ne paraissait pas fâché de devoir se lever pour lui ouvrir à n'importe quelle heure de la nuit. Pour une raison incompréhensible, rien n'avait pu décider les Nowak à nous permettre l'usage d'une clef personnelle. Et ils ne pouvaient s'endormir sans avoir fermé la porte au verrou aussi bien qu'à clef.

Dans ce genre d'immeuble, il n'y avait qu'un seul cabinet pour quatre appartements. Le nôtre se trouvait à l'étage au-dessous. Si, avant de me coucher, j'éprouvais un besoin naturel, il me fallait de nouveau traverser la pièce commune, dans l'obscurité, pour gagner la cuisine, contournant la table, évitant les chaises, m'efforçant de ne pas entrer en collision avec le chevet des Nowak et de ne pas bousculer le lit où dormaient Grete et Lothar. Malgré toutes mes précautions, cela réveillait Frau Nowak. Elle semblait me voir dans l'obscurité et me troublait par des instructions très courtoises :

— Non, Herr Christoph, pas là-dedans, s'il vous plaît. Dans la bassine à gauche, près du poêle.

Couché dans les ténèbres, dans mon coin minuscule parmi l'immense garenne humaine des logements ouvriers, j'entendais avec une netteté sinistre le moindre son qui montait de la cour. De par sa forme, cette cour devait faire office de pavillon de gramophone. Quelqu'un était en train de descendre. Sans doute Herr Müller, notre voisin : il travaillait de nuit au chemin de fer. J'entendais ses pas qui, d'étage en étage, perdaient leur sonorité. Puis ils retentissaient dans la cour, distincts et collants sur les pierres humides. En dressant l'oreille, je percevais ou croyais percevoir le grattement de la clef dans la serrure de la grande porte d'entrée. Encore une seconde et la porte se refermait avec un bruit creux et sourd. Maintenant c'était Frau Nowak qui avait une quinte de toux dans la pièce voisine. Ensuite, le silence à peine revenu, Lothar faisait craquer son lit en se retournant et en articulant de vagues menaces dans son sommeil. Quelque part, de l'autre côté de la cour, un bébé se mettait à crier, une fenêtre se fermait en claquant, quelque chose de lourd, dans les profondeurs secrètes du bâtiment, s'en allait taper contre un mur. C'était étrange mystérieux et sinistre comme de dormir dans la jungle, tout seul.

La journée du dimanche était longue chez les Nowak. Par ce temps de chien on ne savait où aller. Nous étions tous réunis à la maison. Grete et son père surveillaient un piège à moineaux que Herr Nowak venait de confectionner et de fixer à la fenêtre. Ils étaient là depuis des heures sans le quitter des yeux. Le cordon du piège était dans la main de Grete. De temps en temps ils échangeaient des rires et me regardaient. J'étais assis à l'autre bout de la table et fixais en sourcillant un bout de papier sur lequel j'avais écrit : « *Mais, Edward, tu ne vois donc pas ?* » J'essayais de continuer mon roman. Il y était question d'une famille qui vivait dans une vaste maison de campagne avec l'argent qu'elle n'avait pas gagné, et qui était très malheureuse. Ces gens passaient leur temps à s'expliquer les uns aux autres pourquoi il leur était impossible de se plaire dans l'existence ; et certaines de leurs raisons — bien que ce soit là une opinion toute personnelle — étaient fort ingénieuses. Malheureusement, je me découvrais de moins en moins d'intérêt pour cette famille infortunée : l'atmosphère de l'intérieur des Nowak ne stimulait guère l'inspiration. Otto, la porte de sa chambre ouverte, s'amusait à équilibrer des bibelots sur la plaque d'un vieux phono (qui n'avait plus ni caisse de résonance ni bras de micro) pour voir au bout de combien de temps ils allaient tomber et se casser. Lothar ajustait des clefs et réparait des serrures pour des voisins, penchant sur ce travail son visage pâle et maussade, obstinément concentré. Frau Nowak, tout en vaquant à sa cuisine, entamait un sermon sur le Bon et le Mauvais Frères :

— Regarde un peu Lothar. Même quand il est sans travail, il trouve à s'occuper. Tandis que toi, tu ne sais que démolir les affaires. Tu n'es pas mon fils !

Otto ricanait, vautré sur son lit, crachant parfois un gros mot, ou imitant un bruit de pet avec sa bouche. Sa voix savait prendre des intonations exaspérantes : cela vous donnait envie de le battre, et il le savait. Les accents acariâtres de Frau Nowak se changeaient en vociférations :

— Je ne sais ce qui m'empêche de te flanquer à la porte ! As-tu jamais fait la moindre chose pour nous ? Quand il y a de l'ouvrage, tu es trop fatigué, mais il n'y a plus de fatigue qui tienne quand il s'agit d'aller faire le joli cœur la moitié de la nuit, espèce de vicieux, propre à rien, va !

Otto se leva d'un bond et se mit à sautiller à travers la pièce avec des cris de triomphe bestial. Frau Nowak saisit un morceau de savon pour le lui lancer à la tête. Il se déroba et le savon alla briser un carreau de la fenêtre. Là-dessus, Frau Nowak s'effondra sur une chaise et se mit à pleurer. Otto se précipita vers elle pour la consoler aussitôt avec force baisers retentissants. Ni Lothar ni Herr Nowak ne prêtaient beaucoup d'attention à la scène. Herr Nowak paraissait même plutôt y prendre plaisir. Il me lança un coup d'œil entendu. Plus tard on boucha la fenêtre avec un morceau de carton et un nouveau courant d'air s'ajouta à tous ceux de la mansarde.

Pendant le souper nous étions tous de joyeuse humeur. Herr Nowak se leva de table pour imiter les différentes façons de prier, chez les Juifs et chez les catholiques. Il tomba à genoux, frappa énergiquement du front le plancher, à plusieurs reprises, tout en marmottant quelque chose qui devait correspondre à des prières en hébreu ou en latin :

— *Koulyvotchka, koulyvotchka, koulyvotchka.* Amen.

Ensuite il passa à des histoires d'exécutions, pour la plus grande horreur et la plus grande joie de Grete et de Frau Nowak :

— Guillaume Premier, le vieux Guillaume, n'a jamais signé une condamnation à mort. Savez-vous pourquoi ? Parce qu'un jour, quand il venait à peine de monter sur le trône, il y avait eu un assassinat célèbre, mais les juges n'étaient pas d'accord pour dire si le prisonnier était innocent ou coupable. Ils ont tout de même fini par le condamner à mort. On l'emmène sur l'échafaud, le bourreau prend sa hache — comme ça ; il la lève — comme ça ; et il l'abaisse : *Kernack !* (Ces types-là, ils sont bien entraînés, naturellement. Vous ou moi on ne pourrait pas trancher une tête du premier coup, nous paierait-on mille marks.) Et voilà la tête qui tombe dans le panier : *flop !*

Herr Nowak montra le blanc de ses yeux et laissa pendre sa langue du coin de la bouche, offrant l'image vraiment caractéristique et repoussante d'une tête de décapité :

— Mais tout à coup la tête se met à parler, comme ça, toute seule : « Je suis innocent ! » (Bien entendu, c'étaient seulement les nerfs, mais ça parlait, tout comme je vous parle.) « Je suis innocent ! » qu'elle disait... Et quelques mois plus tard, un autre type a confessé sur son lit de mort que c'était lui l'assassin. De ce coup-là, Guillaume n'a plus jamais signé un arrêt de mort.

Les semaines s'écoulaient avec monotonie dans la Wassertorstrasse. Notre petite mansarde lézardée, étouffante, sentait la cuisine et l'égout. Si le poêle était allumé dans la pièce commune, on étouffait. S'il était éteint, on gelait. Le temps avait tourné au froid. Frau Nowak, quand elle n'était pas à son travail, ne faisait que courir de la clinique aux divers bureaux du ministère de la Santé, attendre dans les courants d'air sur les bancs des couloirs, chercher à pénétrer les complications des formules de demandes. Les médecins n'arrivaient pas à se mettre d'accord sur son cas. L'un était d'avis de l'envoyer tout de suite dans un sanatorium. L'autre la trouvait en trop mauvais état pour que cela valût la peine, et ne le lui cachait pas. Un troisième déclarait qu'elle n'avait rien de grave et avait besoin seulement d'une quinzaine de jours à la montagne. Frau Nowak les écoutait tous les trois avec le plus grand respect et ne manquait jamais de souligner devant moi, en décrivant ces entrevues, que chacun d'eux était le plus aimable et le plus savant de tous les professeurs d'Europe.

Elle rentrait chez elle grelottant et toussant, les pieds trempés, exténuée, à bout de nerfs. A peine arrivée, elle se mettait à gronder Grete ou Otto, avec l'automatisme absolu d'une poupée mécanique dont le ressort se déroule :

— Rappelle-toi ce que je te dis, tu finiras en prison ! Je regrette de ne pas t'avoir expédié dans une maison de correction quand tu avais quatorze ans. Ça t'aurait peut-être fait du bien... Et dire que, de toute ma famille, il n'y a jamais eu personne qui ne fût respectable et comme il faut !

— Respectable, toi ? ricanait Otto. Quand tu étais jeune, tu fichais le camp avec la première paire de culottes que tu rencontrais !

— Je te defends de me parler ainsi ! Tu m'entends ? Je te défends ! Oh ! pourquoi ne suis-je pas morte avant de te mettre au monde, méchant gosse vicieux ?

Otto sautillait autour d'elle, esquivant ses taloches, dans la joie sauvage d'avoir soulevé une querelle. Son excitation lui faisait faire d'affreuses grimaces.

— Il est fou ! s'exclamait Frau Nowak. Non, mais regardez-le, Herr Christoph ! Est-ce qu'il n'est pas fou à lier, je vous le demande ? Il faudra que je le fasse examiner à l'hôpital.

Cette idée ne manqua pas de séduire l'imagination romantique d'Otto. Il se prit à me répéter, les larmes aux yeux, quand nous étions seuls :

— Je ne suis plus là pour longtemps, Christoph. Mes nerfs sont en train de me lâcher. Bientôt on m'emmènera d'ici. On me mettra une camisole de force, on me nourrira avec un tuyau de caoutchouc. Et quand tu viendras me voir, je ne saurai plus qui tu es.

Frau Nowak et Otto n'étaient pas les seuls à avoir des « nerfs ». Lentement mais sûrement, les Nowak annihilaient ma force de résistance. Chaque jour l'odeur de l'évier me paraissait plus insupportable, la voix querelleuse d'Otto plus brutale, celle de sa mère plus aiguë. Les gémissements de Grete me faisaient grincer des dents. Je sursautais avec irritation quand Otto claquait une porte. La nuit, je ne m'endormais que si j'étais à moitié saoul. De plus, une éruption mystérieuse et désagréable me donnait de l'inquiétude : était-ce un résultat de la cuisine de Frau Nowak ou quelque chose de pire ?

Désormais je passais la plupart de mes soirées à l'*Alexander Casino*. Installé à une table, dans le coin près du poêle, j'écrivais ma correspondance, bavardais avec Pieps et Gerhardt ou bien m'amusais simplement à observer les autres clients. D'habitude, l'endroit était très tranquille. Assis ou debout devant le bar, chacun attendait les événements. Au moindre bruit de la porte d'entrée, une douzaine de paires d'yeux se tournaient pour voir quel nouveau visiteur surgirait de derrière le rideau de cuir. En général ce n'était qu'un marchand de biscuits avec son panier ou une jeune Salutiste avec son tronc et ses tracts. Si les affaires allaient bien ou s'il avait bu, le marchand de biscuits venait faire une partie de dés avec nous, pour des paquets de gaufrettes. Quant à la Salutiste, elle faisait le tour de la salle, secouant son tronc avec un bruit engageant, ne recevait rien et s'en allait sans laisser derrière elle aucun repentir. Elle faisait d'ailleurs tellement partie du programme de la soirée que Gerhardt et Pieps ne hasardaient même pas la moindre plaisanterie à son sujet. Ensuite un vieillard arrivait en traînant les pieds, chuchotait quelque chose au barman et se retirait avec lui dans la pièce du fond. C'était un cocaïnomane. Au bout d'un instant, il reparaissait, soulevait son chapeau pour nous saluer d'un geste vaguement courtois et s'en allait de son pas traînant. Ce vieillard avait un tic nerveux qui lui faisait secouer la tête sans arrêt, comme pour dire à la Vie : *Non. Non. Non.*

Parfois c'était la police qui venait, en quête de criminels ou de garçons échappés du pénitencier. De telles visites n'étaient généralement pas inattendues et chacun s'y était préparé d'avance. En tout cas, comme me l'expliquait Pieps, il y avait toujours la ressource de filer au dernier moment, par la fenêtre des cabinets, dans la cour derrière la maison.

— Mais il s'agit de faire attention, Christoph, ajoutait Pieps : prends bien ton élan pour sauter, sans quoi tu tombes dans la cave par le soupirail au charbon. Cela m'est arrivé un jour, et Hamburg Werner qui me suivait a éclaté de rire si fort qu'il s'est laissé cueillir par les vaches.

Le samedi et le dimanche soir l'*Alexander Casino* était plein de monde. Des gens des quartiers ouest arrivaient comme des ambassadeurs d'un autre pays. Il y avait pas mal d'étrangers — des Hollandais surtout, et des Anglais. Les Anglais parlaient à voix haute, sonore, excitée. Ils discutaient du communisme, de Van Gogh, des bons restaurants. Certains avaient l'air quelque peu effrayés : peut-être s'attendaient-ils à être égorgés dans ce repaire de voleurs. Pieps et Gerhardt allaient s'asseoir à leurs tables, imitant leur accent, mendiant des consommations et des cigarettes. Un gros homme à lunettes d'écaille demandait :

— Etes-vous allé à cette charmante réception que Billy a organisée pour les chanteurs nègres ?

Un jeune homme à monocle murmurait :

— Toute la poésie du monde est dans ce visage.

Je devinais son impression du moment, je la comprenais, je l'enviais même. Mais il était attristant de penser que, dans une quinzaine de jours, il ferait étalage de ses exploits d'ici devant un tas de cercleux ou d'universitaires, installés, avec leurs discrets sourires réchauffés, autour d'une table garnie d'argenterie historique et de porto légendaire. Je me sentais tout de suite plus vieux.

Les médecins ont fini par se décider : Frau Nowak ira dans un sanatorium, et cela dans le plus bref délai, aux approches de Noël. Dès qu'elle eut appris cela, elle se commanda aussitôt une nouvelle robe chez le tailleur. Elle s'agitait, elle exultait comme si on l'avait invitée à une fête :

— Les surveillantes sont toujours très difficiles, vous savez, Herr Christoph ! Elles veulent nous voir tirées à quatre épingles, sinon elles nous punissent, et elles ont bien raison... Je m'y plairai bien, j'en suis sûre — elle soupira —, pourvu que j'arrive à ne pas trop m'en faire pour les miens. Qu'est-ce qu'ils vont devenir sans moi, Dieu seul le sait. Ils ne sont pas plus débrouillards qu'un troupeau de moutons...

Elle passait ses soirées à se confectionner des dessous en flanelle, souriant en secret comme une femme qui attend un enfant.

Le soir de mon départ, Otto se montra très abattu :

— Je ne sais pas ce que je vais devenir, Christoph, puisque tu t'en vas. Dans six mois d'ici, je ne serai peut-être plus de ce monde.

— Tu te portais fort bien avant que je ne sois là, n'est-ce pas ?

— Oui... mais c'est que Mère s'en va, elle aussi. Père va me laisser crever de faim, je suppose.

— Ne fais pas l'idiot !

— Emmène-moi, Christoph ! Prends-moi comme domestique. Je te rendrais beaucoup de services, tu sais. Je te ferais la cuisine, je raccommoderais tes affaires, j'ouvrirais la porte à tes élèves.

Otto, les yeux brillants, s'admirait lui-même dans ce nouveau rôle.

— J'aurais une petite veste blanche, ou bleue plutôt, avec des boutons d'argent...

— Je crains de ne pouvoir m'offrir un objet de luxe tel que toi.

— Ah ! mais, Christoph, je ne te demanderais pas de gages, bien sûr...

Il s'interrompit, conscient d'avoir quelque peu dépassé la mesure de sa générosité. Puis il ajouta prudemment :

— A part un mark ou deux pour aller au dancing de temps en temps.

— Je regrette beaucoup.

L'entretien fut troublé par Frau Nowak, qui rentrait de bonne heure pour préparer le repas d'adieux. Son filet était bourré d'emplettes qu'elle s'était fatiguée à porter. Elle referma la porte de la cuisine et commença aussitôt à s'agiter, énervée, querelleuse.

— Dis donc, Otto, tu as laissé s'éteindre le poêle ! Je t'avais pourtant bien dit de le surveiller ! Mon Dieu, il n'y a donc personne ici qui soit capable de m'aider pour la moindre des choses ?

— Pardon, maman, dit Otto, j'ai oublié.

— Bien sûr que tu as oublié ! Est-ce que tu te rappelles jamais quoi que ce soit ? *Oublié !*

Frau Nowak vociférait, tous ses traits ramassés en une pointe de fureur, aiguë et perçante :

— Je me tue à travailler pour toi, et voilà ma récompense ! Quand je ne serai plus là, j'espère bien que ton père te flanquera à la porte. On verra si ça te dit quelque chose, espèce de gros paquet qui ne fait qu'encombrer les autres ! Ote-toi de là, tu m'entends ? Je ne veux plus te voir !

— Très bien. Tu entends ce qu'elle me dit, Christoph ?

Otto se tourna vers moi, les traits convulsés de rage. La ressemblance entre lui et sa mère était surprenante à ce moment-là. On les aurait pris pour deux possédés.

— Elle me paiera ça jusqu'à la fin de ses jours !

Il lui tourna le dos et bondit dans la chambre du fond, faisant claquer la porte branlante.

Frau Nowak regagna sans tarder son fourneau et se mit à vider les cendres. Elle tremblait de la tête aux pieds dans une quinte de toux. Je l'aidais en lui mettant le petit bois et les morceaux de charbon dans la main. Elle les prenait machinalement, sans un mot, sans un regard. Me sentant comme toujours moins utile que gênant, je passai dans la pièce commune et me plantai bêtement devant la fenêtre. Je n'avais qu'un seul désir : disparaître tout simplement. C'en était trop. Un bout de crayon traînait sur le rebord de la fenêtre. Je le ramassai et me mis à tracer un petit rond sur le bois en me disant : je laisse mon empreinte. Et je me souvins d'avoir fait exactement la même chose, quelques années plus tôt, avant de quitter ma pension de famille au nord du Pays de Galles. Le silence régnait dans la chambre du fond. Je résolus d'affronter la bouderie d'Otto. Il me restait encore à faire mes valises.

Quand j'ouvris la porte, Otto était assis sur son lit, fixant d'un regard hypnotisé une entaille à son poignet gauche, d'où le sang s'écoulait sur la paume et retombait en grosses gouttes par terre. Entre le pouce et l'index de la main droite, il tenait une lame de rasoir mécanique. Il ne fit aucune résistance quand je la lui arrachai. La blessure était d'ailleurs insignifiante. Je la bandai avec son mouchoir. Pendant un instant, il parut sur le point de tourner de l'œil et s'abandonna contre mon épaule.

— Quelle idée d'avoir fait ça !

— Je voulais lui faire voir, dit Otto. (Il était très pâle. Sans aucun doute il s'était fait à lui-même terriblement peur.) Tu n'aurais pas dû m'arrêter, Christoph !

— Petit crétin ! m'écriai-je, furieux, car il m'avait effrayé, moi aussi. Un de ces jours tu arriveras à te faire du mal sérieusement, par erreur.

Il dirigea sur moi un long regard de reproche. Lentement, ses yeux s'emplirent de larmes :

— Qu'est-ce que ça peut faire, Christoph ? Je ne sers à rien. Que veux-tu que je devienne, en vieillissant ?

— Tu travailleras.

— Travailler...

A cette seule idée, Otto fondit en larmes. Secoué de sanglots, il se barbouillait le nez en le frottant avec le dos de la main. Je sortis mon mouchoir.

— Tiens, prends ça.

— Merci, Christoph...

Il s'essuya les yeux d'un air morne et se moucha. Mais une particularité du mouchoir attira son attention. Il se mit à l'examiner, d'abord négligememnt, puis avec beaucoup d'intérêt.

— Dis donc, Christoph ! s'écria-t-il, indigné. C'est un des miens, celui-là !

Quelques jours après Noël, un après-midi, je retournai dans la Wassertorstrasse. Les réverbères étaient déjà allumés quand, après avoir franchi l'arche de la porte, je pénétrai dans la longue rue humide avec, çà et là, des îlots de neige sale. De faibles lueurs jaunes s'échappaient des boutiques en sous-sol. Sous un bec de gaz, un infirme avec sa charrette vendait des légumes et des fruits. Des gars aux visages frustes et butés regardaient deux gamins en train de se battre devant une porte cochère. Une fillette excitée se mit à crier quand l'un des deux fit un faux pas et s'étala par terre. En traversant la cour boueuse, en respirant l'odeur familière de pourriture humide, propre aux maisons ouvrières, je pensai : est-il possible que j'aie vécu ici ? Avec mon confortable studio dans l'ouest de la ville et mon nouveau travail rémunérateur, j'étais désormais un étranger parmi les taudis.

La lumière ne marchait pas dans l'escalier des Nowak : il y faisait nuit noire. Je montai tant bien que mal à tâtons et frappai à la porte aussi fort que possible, car, à en juger par les chants et les éclats de rire qui venaient de l'intérieur, on devait y être en pleine réjouissance.

— Qui est là ? fit la voix braillarde de Herr Nowak.

— Christoph.

— Aha ! Christoph ! Anglais ! *English Man !* Entrez ! Entrez !

La porte s'ouvrit violemment. Herr Nowak parut sur le seuil, les jambes vacillantes, les bras ouverts pour me donner l'accolade. Grete, derrière lui, se trémoussait comme de la gelée, tandis que des larmes de fou rire lui ruisselaient sur les joues. On ne voyait personne d'autre.

— Ce bon vieux Christoph, cria Herr Nowak en me donnant force tapes dans le dos. Je disais bien à Grete : sûrement, il va venir. Christoph ne nous laissera pas tomber !

D'un grand geste burlesque de bienvenue, il me projeta brutalement dans la pièce. Il y régnait un désordre affreux : vêtements de toutes sortes entassés pêle-mêle sur un lit ; sur l'autre, des tasses, des soucoupes éparpillées, des chaussures, des couteaux, des fourchettes ; sur le buffet, une poêle à frire pleine de graisse figée. Trois bougies plantées dans des canettes de bière éclairaient la chambre.

— On nous a coupé la lumière, expliquait Herr Nowak, agitant le bras avec désinvolture. La note n'est pas payée... Faudra régler ça un de ces jours, naturellement. Ça ne fait rien, c'est plus gentil comme ça, pas vrai ? Allons, Grete, on va allumer l'arbre de Noël !

L'arbre de Noël était le plus petit que j'aie jamais vu — si minuscule, si grêle qu'il ne pouvait supporter qu'une bougie, tout au sommet. Il s'entourait d'un unique cordon de chenille argentée. Herr Nowak ne parvint à allumer la bougie qu'après avoir laissé tomber plusieurs allumettes enflammées sur le sol. Si je ne les avais éteintes avec mon pied, la nappe aurait bien pu prendre feu.

— Où sont Lothar et Otto ? demandai-je.

— Sais pas. Quelque part par là... On ne les voit pas souvent ces temps derniers. Ça ne leur convient pas, ici... Tant pis, on est très contents à nous deux, hein, Grete ?

Herr Nowak esquissa une petite danse d'éléphant et se mit à chanter :

— *O Tannenbaum ! O Tannenbaum !* Allons, Christoph, tous en chœur : *Wie treu sind deine Blätter*[1] *!*

1. — Mon beau sapin, mon beau sapin, comme tes feuilles restent vertes !

Puis j'exhibai mes cadeaux : des cigares pour Herr Nowak, des chocolats et une souris mécanique pour Grete. Herr Nowak sortit alors de dessous le lit une bouteille de bière. Après avoir longtemps cherché ses lunettes, qu'on finit par trouver accrochées au robinet de la cuisine, il me lut une lettre que Frau Nowak avait écrite de son sanatorium. Il relut trois ou quatre fois chaque phrase, s'embrouilla au milieu, se mit à jurer, à se moucher, à se curer les oreilles. Je n'avais pas compris un seul mot. Ensuite Grete et lui commencèrent à jouer avec la souris mécanique en la faisant courir sur la table et en poussant des cris chaque fois qu'elle s'approchait du bord. Cette souris eut un tel succès que ma retraite se trouva dépouillée de toute cérémonie.

— Au revoir, Christoph. Revenez bientôt, dit Herr Nowak, et il s'en retourna en hâte vers la table.

Au moment où je quittais la mansarde, Grete et lui se penchaient sur cette table avec une passion de joueurs enragés.

Un peu plus tard, je vis arriver chez moi Otto en personne. Il venait me proposer d'aller voir sa mère avec lui le dimanche suivant, jour de visites mensuelles au sanatorium. Un autobus spécial partirait du Hallesches Tor.

— Tu n'auras pas à payer pour moi, tu sais ! ajouta Otto, très grand seigneur et tout rayonnant de vanité.

— C'est très gentil de ta part, Otto... Un nouveau complet ?

— Tu l'aimes ?

— Il a dû coûter quelque chose !

— Deux cent cinquante marks.

— Ma parole ! Tu as donc fait fortune ?

Otto prit un air intéressant :

— Je fréquente beaucoup Trude en ce moment. Son oncle lui a laissé un petit héritage. Au printemps nous allons peut-être nous marier.

— Félicitations... Tu habites toujours chez toi, je pense ?

— Oh ! j'y passe de temps en temps. (Les coins de sa bouche esquissèrent langoureusement une grimace de dégoût.) Mais Père est toujours ivre.

— Quelle horreur ! fis-je en imitant ses intonations.

Nous nous mîmes à rire.

— Mon Dieu, Christoph, il est déjà si tard que ça ? Il faut que je me sauve... A dimanche. Sois bien sage.

Nous arrivâmes au sanatorium vers midi. Après plusieurs kilomètres de zigzags par un chemin cahoteux, à travers des bois de pins enneigés, l'autobus s'arrêta devant une porte gothique, en briques, pareille à une entrée de cimetière, derrière laquelle se dressaient de grands bâtiments rouges. Descendus les derniers, nous nous étirions en clignant des yeux devant l'éclat de la neige : ici, en pleine campagne, tout était d'une blancheur aveuglante. Chacun se sentait engourdi ; l'autobus n'était qu'un camion couvert où l'on s'asseyait sur des caisses ou des bancs d'école. En cours de route, les sièges n'avaient guère bougé car nous y étions pressés les uns contre les autres comme des livres sur des rayons.

Mais voici que les malades accouraient à notre rencontre, lourdes silhouettes de mannequins emmitouflés dans des châles et des couvertures, titubant et patinant sur le verglas déjà piétiné du sentier. Dans leur précipitation, cet assaut mal calculé se termina par une glissade, les projetant dans les bras de leurs parents ou amis qui vacillèrent sous la violence du choc. Un des couples, avec des rires stridents, s'écroula par terre.

— Otto !

— Maman !

— Enfin te voilà ! que tu as bonne mine !

— Bien sûr, nous voilà, maman ! Qu'est-ce que tu croyais donc ?

Frau Nowak se dégagea de l'étreinte d'Otto pour me serrer la main :

— Comment allez-vous, Herr Christoph ?

Elle paraissait rajeunie de plusieurs années. Son visage

candide, à l'ovale arrondi, plein d'une vivacité mêlée de ruse, avec ses petits yeux de paysanne, faisait penser à celui d'une jeune fille. Des plaques de couleur enluminaient ses joues. Son sourire semblait fixé là pour toujours.

— Ah ! Herr Christoph, comme c'est gentil à vous de venir ! Comme c'est gentil de m'avoir amené Otto !

Elle laissa échapper un bref petit rire, bizarre, hystérique. Nous montâmes les quelques marches du perron. L'odeur du bâtiment, chaude, propre, antiseptique, envahit mes narines comme un souffle d'épouvante.

— On m'a mise dans une des petites salles, disait Frau Nowak. Nous n'y sommes que quatre. Nous organisons toutes sortes de jeux.

Ouvrant largement la porte d'un geste fier, elle procéda aux présentations :

— Voici Müttchen, qui nous fait marcher droit ! Et voici Erna. Et puis Erika, la benjamine !

Erika était une blonde de dix-huit ans, mal bâtie et rieuse :

— Le voilà donc, ce fameux Otto ! Il y a des semaines qu'on l'attend !

Otto souriait, subtil, discret, parfaitement à l'aise. Son complet brun, flambant neuf, était d'une vulgarité indescriptible, de même que ses guêtres mauves et ses souliers jaunes pointus. Il portait au doigt une énorme chevalière, ornée d'une pierre carrée, couleur chocolat. Il en était extrêmement fier, prenait soin d'étaler sa main avec grâce et surveillait, sans en avoir l'air, l'effet produit. Frau Nowak ne voulait pas le laisser tranquille : elle l'embrassait sans arrêt, lui pinçait les joues en s'exclamant :

— Cette mine qu'il a ! N'est-ce pas qu'il est superbe ? Ma foi, Otto, grand et fort comme tu l'es, je crois bien que tu me soulèverais d'une seule main !

La vieille Müttchen avait un rhume, nous expliqua-t-on. Son cou était entouré de bandages, serrés sous le col montant de sa robe noire démodée. Elle avait l'air bien brave, mais son aspect vous offusquait comme celui d'un vieux chien galeux. Elle s'asseyait au bord de son lit, les photographies de ses enfants et petits-enfants à côté d'elle, sur la table, comme autant de prix qu'elle aurait remportés. Au fond elle ne semblait pas fâchée d'être si malade. Selon Frau Nowak, c'était le quatrième séjour de Müttchen au sanatorium : chaque fois on la renvoyait comme guérie, mais au bout d'un an environ elle avait sa rechute qui l'obligeait à revenir. Et Frau Nowak ajoutait avec orgueil :

— Quelques-uns des plus grands professeurs d'Allemagne sont venus ici pour l'examiner — mais vous arrivez toujours à les posséder, n'est-ce pas, Müttchen, ma chérie ?

La vieille dame opinait de la tête, en souriant comme une enfant maligne qui reçoit l'éloge de ses aînés.

— Erna, elle aussi, est là pour la deuxième fois, poursuivait Frau Nowak. Les médecins lui avaient dit que tout irait bien ; seulement elle n'avait pas assez à manger, alors elle est revenue parmi nous, n'est-ce pas, Erna ?

— Oui, acquiesça Erna, je suis revenue.

C'était une femme de trente-cinq ans environ, émaciée, aux cheveux coupés court, et qui avait dû être particulièrement féminine, attirante, nostalgique et douce. Aujourd'hui, dans sa maigreur excessive, elle paraissait animée d'une résolution farouche, d'une sorte de défi. Ses yeux étaient immenses, noirs, dévorants. Son alliance ne tenait plus à son doigt décharné. Dans le feu de la conversation, ses mains ne faisaient que voltiger en une succession de gestes inutiles, comme deux papillons de nuit roussis par la flamme.

— Mon mari me maltraitait, puis il a pris la fuite. Le soir, avant de partir, il m'a tellement battue que j'en ai gardé les marques pendant des mois. Il était si grand et si fort ! C'est tout juste s'il ne m'a pas tuée.

Elle parlait tranquillement, posément, mais non sans une exaltation contenue, les yeux toujours fixés sur moi. Son regard affamé entrait de force dans mon cerveau et lisait mes pensées.

— Il m'arrive encore de rêver de lui de temps en temps, ajouta-t-elle comme si elle trouvait à cela quelque chose d'amusant.

Nous nous assîmes, Otto et moi, près de la table, tandis que Frau Nowak s'affairait autour du café et des petits gâteaux apportés par une infirmière. Tout ce qui m'arrivait ce jour-là demeurait curieusement impuissant à m'atteindre : mes sens étaient obnubilés, isolés, ne fonctionnant que comme en un rêve voisin de la réalité. Cette pièce blanche et tranquille avec ses grandes fenêtres devant le silence neigeux des bois de pins — arbre de Noël sur la table, guirlandes en papier au-dessus des lits, photographies aux murs, assiette de biscuits chocolatés en forme de cœur —, c'était là que ces quatre femmes vivaient et se mouvaient. Je pouvais explorer du regard le moindre détail de leur univers : les feuilles de température, l'extincteur d'incendie, le paravent de cuir devant la porte. Vêtues chaque jour de leurs plus beaux habits, les mains propres, oubliant les piqûres d'aiguille et les gerçures du ménage, elles allaient s'étendre sur la terrasse et écoutaient la radio dans le silence obligatoire. Confinées dans cette pièce, ces femmes avaient fini par y créer une atmosphère vaguement malodorante, comme celle du linge sale enfermé au fond d'un placard. Dans leur intimité, elles se montraient joueuses et criardes comme des écolières montées en graine. Frau Nowak et Erika, en de soudains accès d'humeur folâtre, s'amusaient à se tirer par les vêtements, à lutter, d'abord en silence, puis avec des éclats stridents de rire forcé. C'était leur façon de parader devant nous.

— Vous ne savez pas combien nous espérions vous voir aujourd'hui, me disait Erika, voir un homme vivant, cn chair et en os !

Frau Nowak se tordait sur place.

— C'était une enfant tellement innocente, cette Erika, avant de venir ici ! Tu ne savais rien de rien, n'est-ce pas, Erika ?

Erika pouffa de rire :

— J'en ai assez appris depuis !

— Je te crois ! Figurez-vous, Herr Christoph : sa tante lui a envoyé ce petit poupard pour Noël ; eh bien, elle le couche tous les soirs avec elle. Il lui faut un homme dans son lit, qu'elle dit.

Erika riait d'un air effronté :

— Eh bien, quoi ? Cela vaut toujours mieux que rien !

Elle cligna de l'œil à Otto qui roulait les yeux et faisait semblant d'être choqué.

Après le repas, Frau Nowak devait faire une heure de sieste. Erna et Erika se chargèrent donc de nous faire visiter les lieux.

— Montrons-leur le cimetière d'abord, dit Erna.

Le cimetière était destiné aux petits animaux ayant appartenu au personnel du sanatorium. Une douzaine de petites croix ou de stèles s'ornaient d'inscriptions en vers pseudo-héroïques. Là reposaient des oiseaux, des souris blanches, des lapins et même une chauve-souris, surprise par la gelée dans une bourrasque.

— C'est si triste de les imaginer tous couchés là, n'est-ce pas ?

Erna écartait la neige d'une tombe et ses yeux étaient pleins de larmes. Mais en descendant le sentier, elle redevint aussi gaie qu'Erika. Nous nous amusions à nous lancer des boules de neige.

Otto souleva Erika et fit semblant de vouloir la jeter sur un tas de neige. Ensuite nous passâmes près d'un pavillon, situé à l'écart sur un monticule, parmi les arbres. Un homme et une femme en sortaient.

— C'est Frau Klemke, m'expliqua Erna, elle a son mari avec elle aujourd'hui. Croyez-vous ? cette vieille baraque, c'est le seul coin de tout le domaine où un couple puisse aller s'abriter.

— Par le temps qu'il fait, on doit plutôt y geler.

— Bien sûr ! Demain sa température va monter de nouveau et elle en aura pour quinze jours à garder le lit... Mais tant pis ! à sa place j'en ferais autant. (Erna me serrait le bras.) On ne vit qu'une fois, n'est-ce pas ?

— C'est bien vrai.

Elle me lança au visage un brusque regard. Ses yeux noirs s'accrochèrent aux miens comme des harpons ; je crus qu'ils allaient me faire tomber.

— Je ne suis pas ce qu'on appelle une poitrinaire, vous

savez, Christoph... Vous ne l'avez pas cru au moins, en me voyant ici ?

— Non, Erna, naturellement je ne l'ai pas cru.

— Il y a des tas de femmes ici qui ne le sont pas. Elles n'ont besoin que de quelques soins, comme moi... Le docteur dit que si je fais attention, je redeviendrai aussi solide qu'avant... Et que pensez-vous que je ferai dès qu'on m'aura relâchée ?

— Quoi donc ?

— Pour commencer, j'obtiendrai mon divorce, et puis je me trouverai un mari.

Elle rit avec une sorte de triomphe amer :

— Et ce ne sera pas long, je vous prie de croire !

Après le thé nous demeurâmes là-haut, dans la salle. Frau Nowak avait emprunté un phono et nous nous mîmes à danser, moi avec Erna, Otto avec Erika. Celle-ci, garçonnière et maladroite, éclatait de rire chaque fois qu'elle avait fait un faux pas ou marché sur le pied de son cavalier. Otto souriait finement, la guidait avec art, en avant, en arrière, les épaules soulevées, le buste penché dans une attitude de chimpanzé, selon la mode du Hallesches Tor. La vieille Müttchen, assise sur son lit, contemplait le spectacle. Erna, dans mes bras, frissonnait de la tête aux pieds. Il faisait presque nuit, mais personne ne réclamait la lumière.

Au bout de quelque temps nous nous arrêtâmes pour nous asseoir en cercle sur les lits. Frau Nowak commença à nous raconter son enfance chez ses parents, dans une ferme de la Prusse Orientale.

— Nous possédions une scierie à nous, disait-elle, et trente chevaux. Les chevaux de mon père étaient les plus beaux de la région ; bien des fois ils ont eu des prix aux expositions...

La nuit avait fini par envahir la salle. Les fenêtres formaient de grands rectangles pâles dans l'obscurité. Assise près de moi sur le lit, Erna s'empara de ma main à tâtons et la serra. Ensuite elle passa son bras derrière mon dos et disposa le mien autour de sa taille. Elle tremblait violemment et me chuchotait à l'oreille :

— Christoph...

— ... et en été, continuait Frau Nowak, on allait danser dans le grand hangar au bord de l'eau...

Ma bouche pressa les lèvres d'Erna, brûlantes et sèches. Je n'éprouvais aucune sensation particulière à ce contact. Tout cela faisait partie d'un long rêve symbolique et plutôt sinistre qu'il me semblait poursuivre depuis le début de la journée.

— Je suis tellement heureuse, ce soir, murmurait Erna.

— Le fils du receveur des postes jouait du violon, disait Frau Nowak : il jouait à la perfection... cela vous donnait envie de pleurer...

Du lit occupé par Erika et Otto nous parvenaient des bruits de lutte et de grands rires :

— Otto ! oh, le vilain !... Je n'aurais pas cru ça ! Je le dirai à ta mère !

Cinq minutes plus tard, une infirmière vint nous annoncer que l'autobus était prêt à partir.

Tandis que nous mettions nos pardessus, Otto me glissa à l'oreille :

— Ma parole, Christoph, j'aurais pu faire n'importe quoi avec cette fille-là ! Je l'ai pelotée en long et en large... Tu t'es bien amusé avec la tienne, toi ? Un peu trop sèche, hein ? mais chaude, je parie !

Bientôt nous nous hissions dans notre autobus parmi les autres passagers. Les malades faisaient cercle tout autour pour nous voir partir, drapées, encapuchonnées de leurs couvertures comme des aborigènes de quelque tribu sylvestre.

Frau Nowak se mit à pleurer malgré tous ses efforts pour garder le sourire.

— Dis à ton père que je rentrerai bientôt.

— Bien sûr, maman, te voilà presque remise, tu ne vas pas tarder à rentrer.

— Ce ne sera plus bien long, sanglotait Frau Nowak.

Les larmes ruisselaient sur son affreux sourire de grenouille. Tout à coup elle se mit à tousser, le corps plié en deux comme celui d'une poupée articulée. Joignant les mains sur sa poitrine, elle poussait de brefs aboiements d'animal blessé qui se sent perdu. La couverture avait glissé de sa tête et de ses épaules. Une mèche de cheveux détachée du chignon lui pendait sur les yeux ; aveuglée, elle secouait la tête pour s'en dégager. Deux infirmières essayaient avec douceur de l'emmener, mais elle ne voulait pas se laisser faire et se débattait rageusement.

— Rentre, maman, suppliait Otto, prêt à pleurer, lui aussi : rentre, je t'en prie ! Tu vas attraper la mort par ce froid !

— Vous m'écrirez de temps en temps, dites, Christoph ?

Erna s'accrochait à ma main comme quelqu'un qui se noie. Ses yeux étaient levés sur moi avec une terrifiante intensité, toute honte bue :

— Ne serait-ce qu'une carte postale… rien qu'une signature.

— Mais naturellement !

Un instant encore elles nous apparurent, pressées dans le petit cercle de lumière autour de l'autobus haletant, avec leurs horribles visages de spectres, éclairés contre les troncs noirs des pins. Mon rêve touchait à son point culminant — l'instant ultime du cauchemar. Une terreur absurde me saisit : elles allaient se jeter sur nous, horde de formes capitonnées, effroyablement molles, avides, nous agrippant, nous arrachant de nos sièges pour nous entraîner dans un silence de mort. L'instant était passé. Elles reculèrent dans la nuit, inoffensives, à tout prendre, comme de simples fantômes, tandis que notre autobus, patinant des roues à grand bruit, s'engageait en zigzag sur le chemin de la ville, dans la neige profonde qu'on ne voyait pas.

Les Landauer

Un soir d'octobre 1930, environ un mois après les élections, il y eut une grande bagarre dans la Leipzigerstrasse. Des bandes d'énergumènes nazis se livraient à une manifestation antijuive. Ils maltraitaient des passants aux cheveux trop noirs, au nez trop long et brisaient des vitrines de magasins juifs. L'incident n'avait rien eu de très important en lui-même : pas de morts, quelques coups de revolver, quelques douzaines d'arrestations. Je n'en garde le souvenir que parce qu'il a marqué mon premier contact avec la vie politique de Berlin.

Frl. Mayr, comme de juste, était aux anges :

— Bien fait pour eux ! proclamait-elle. La ville en a plein le dos, des Juifs ! Retournez un pavé au hasard, vous verrez si ça grouille ! Ils empoisonnent jusqu'à l'eau que nous buvons ! Ils nous étranglent, ils nous dévalisent, ils nous sucent le sang ! Voyez tous les grands magasins : Wertheim, K. D. W., Landauer ; qui sont leurs propriétaires ? Ces sales voleurs de Juifs !

— Les Landauer sont des amis à moi, ripostai-je d'un ton glacial et, sans laisser à Frl. Mayr le temps de préparer une réplique, je quittai la pièce.

Ce n'était pas rigoureusement exact. En réalité, je n'avais jamais rencontré aucun membre de la famille Landauer. Mais au moment de mon départ d'Angleterre, des amis communs m'avaient donné une lettre de recommandation pour eux. Je me méfie de ce genre de lettres et ne me serais sans doute jamais servi de celle-là sans la sortie de Frl. Mayr. Alors, par esprit de contradiction, j'écrivis aussitôt à Frau Landauer.

Natalia Landauer, telle que je la vis pour la première fois, trois jours plus tard, était une jeune fille de dix-huit ans qui faisait ses études. Elle avait des cheveux noirs mousseux, beaucoup trop abondants : ils amenuisaient encore son visage long et mince où les yeux lançaient des étincelles. Elle me faisait penser à un jeune renard. Elle vous donnait une poignée de main le bras raidi à partir de l'épaule, comme font les étudiants modernes.

— Par ici, je vous prie.

Ses intonations étaient brusques et péremptoires.

Le salon, vaste et gai, au goût d'avant-guerre, était un peu trop meublé. Natalia se mit à parler aussitôt avec une animation terrifiante, en un anglais boiteux, tout en me montrant des disques de phono, des peintures, des livres. Je n'avais pas le droit de regarder un objet plus de quelques instants.

— Vous aimez Mozart ? Oui ? Oh ! moi aussi, *trais* fort !... Ce tableau se trouve au palais du Kronprinz. Vous ne l'avez pas vu ? Je vous montrerai une fois, oui ?... Vous aimez Heine ? Répondez tout à fait franchement, s'il vous plaît !

Quittant des yeux la bibliothèque, elle me regardait en souriant, mais avec une certaine sévérité d'institutrice :

— Lisez. C'est beau, je trouve.

Je n'étais pas là depuis un quart d'heure que déjà Natalia avait choisi pour moi quatre volumes à emporter : *Tonio Kröger,* les nouvelles de Jacobsen, un Stefan George, les lettres de Goethe.

— Vous devrez me dire votre sincère opinion, m'avertit-elle.

Soudain une femme de chambre fit glisser les panneaux de glace d'une porte, au fond de la pièce, et nous nous trouvâmes en présence de Frau Landauer, corpulente et pâle personne avec une verrue à la joue gauche, des cheveux tirés en arrière, l'air placide, installée à la table de la salle à manger, devant un samovar, en train de verser du thé dans des verres. Il y avait des assiettes de jambon et de saucisson en tranches et un plat de saucisses glissantes qui vous aspergent d'eau chaude quand on les pique avec sa fourchette ; il y avait aussi du fromage, des radis, du *pumpernickel* et des bouteilles de bière.

— Vous boirez de la bière, ordonna Natalia, qui rendit à sa mère un des verres de thé.

Jetant un coup d'œil circulaire, je remarquai que tous les espaces libres entre les tableaux et les buffets étaient décorés de découpages excentriques, en papier, grandeur nature, coloriés et fixés par des punaises : jeunes personnes chevelure au vent ou gazelles à l'œil oblique. Risibles dans leur inefficacité, elles constituaient une protestation contre la robustesse bourgeoise du mobilier d'acajou. Je devinais bien que Natalia en était l'auteur. En effet, elle les avait découpées et piquées là pour un jour de réception. Maintenant qu'elle voulait les enlever, sa mère s'y opposait. Une petite discussion s'éleva à ce propos, qui faisait manifestement partie de la routine familiale.

— Oh ! mais elles sont terribles, je trouve ! s'écria Natalia en anglais.

— A mon avis, elles sont très jolies, répondit Frau Landauer avec placidité, en allemand, les yeux fixés sur son assiette, la bouche pleine de radis et de *pumpernickel.*

Le souper à peine terminé, Natalia me fit comprendre qu'il s'agissait de tirer ma révérence définitive à Frau Landauer. Nous retournâmes au salon et l'interrogatoire commença. Où habitais-je ? Combien payais-je ma chambre ? Une fois renseignée, elle déclara aussitôt que j'avais choisi précisément le quartier qu'il ne fallait pas — Wilmersdorf eût été beaucoup mieux — et que je m'étais fait estamper. J'aurais pu avoir, pour un prix identique, exactement la même chose, mais avec eau courante et chauffage par-dessus le marché.

— Vous auriez dû me demander, ajouta-t-elle, oubliant sans doute qu'elle me voyait pour la première fois. Je vous aurais trouvé cela.

Soudain elle lança d'un air de défi :

— Votre ami nous disait que vous étiez écrivain ?

— Pas tout à fait ce qu'on appelle un écrivain.

— Mais vous avez écrit un livre, oui ?

Oui, j'avais écrit un livre.

Natalia triomphait :

— Vous avez écrit un livre et vous dites que vous n'êtes pas écrivain. Vous êtes fou, je crois.

Force me fut de lui raconter l'histoire de *Tous les conspirateurs :* pourquoi il portait ce titre, ce qu'il racontait, quand il avait paru, et ainsi de suite.

— Vous m'apporterez un exemplaire, je vous prie

— Je n'en ai plus un seul, répondis-je avec satisfaction, et c'est épuisé.

Natalia en demeura bouche bée un instant, mais déjà son flair la lançait sur une nouvelle piste :

— Et cela que vous allez écrire à Berlin ? Racontez, je vous prie.

Pour obtempérer, je me mis à lui exposer le contenu d'une nouvelle écrite quelques années plus tôt pour une revue d'étudiants, à Cambridge. Je mettais cela au point, autant que possible, *ex tempore,* au fur et à mesure du récit. Tout excité, je finissais par trouver mon idée pas si mal que ça, après tout, et digne d'être reprise un jour. A la fin de chaque phrase, Natalia serrait les lèvres très fort, approuvant de la tête avec une telle violence que ses cheveux venaient se rabattre sur sa figure.

— Oui, oui, faisait-elle constamment, oui, oui.

Je mis quelque temps à m'apercevoir qu'elle n'y comprenait pas un traître mot. Mon anglais lui était évidemment incompréhensible, car j'avais commencé à parler beaucoup plus vite et sans adapter mon vocabulaire. Malgré tout son immense effort de dévouement et de concentration, je voyais qu'elle enregistrait surtout ma façon de faire ma raie et ma cravate qui était lustrée à l'endroit du nœud. Elle glissa même un regard furtif vers mes chaussures. Mais je faisais mine de ne rien remarquer. Je ne pouvais, sans manquer de courtoisie, m'arrêter tout à coup ni gâter le plaisir que prenait Natalia rien qu'à me voir parler si intimement de choses qui me tenaient à cœur, alors que nous nous connaissions à peine.

Dès que j'eus fini, elle demanda :

— Et ce sera terminé... quand ?

Elle avait déjà pris possession de ma nouvelle, comme de toutes mes autres affaires. Je répondis que je n'en savais rien, que j'étais paresseux.

Natalia ouvrit de grands yeux moqueurs :

— Vous êtes paresseux ? Vraiment ? Alors je regrette. Je ne peux pas vous aider.

Enfin je pris congé d'elle. Elle m'accompagna à la porte en insistant :

— Et vous allez m'apporter cette nouvelle bientôt.

— Oui.

— Quand ?

— La semaine prochaine, affirmai-je sans conviction.

C'est seulement au bout de quinze jours que je retournai chez les Landauer. A la fin du dîner, Frau Landauer s'étant retirée, Natalia me fit savoir que nous allions tous deux au cinéma :

— Nous sommes les invités de ma mère.

En se levant pour partir, elle saisit deux pommes et une orange sur la desserte et me les fourra dans la poche, ayant apparemment décidé que je souffrais de sous-alimentation. Je protestai vaguement, mais elle m'avertit :

— Quand vous dites encore un mot, je suis fâchée.

En sortant de la maison, elle interrogea :

— Et vous l'avez apporté ?

— Apporté quoi ? fis-je avec autant de candeur que possible, tout en sachant bien où elle voulait en venir.

— Vous savez. Cela que vous avez promis.

— Je n'ai aucun souvenir d'une promesse de ma part.

— Aucun *souvenir* ? (Elle rit d'un air méprisant.) Alors je regrette. Je ne peux pas vous aider.

Mais, le temps d'arriver au cinéma, elle m'avait déjà pardonné.

Le grand film était un *Pat et Patachon*. Natalia observa avec sévérité :

— Vous n'aimez pas cette sorte de film, je pense ? Ce n'est pas quelque chose intelligent assez pour vous ?

Je me défendis de goûter exclusivement les films “ intelligents ”, mais elle restait sceptique :

— Bien. Nous verrons.

Elle m'épiait tout le temps pour voir si je m'amusais. Je commençai d'abord par rire avec exagération, puis j'en eus assez et ne ris plus du tout. Natalia perdait patience ; vers la fin, elle me poussait même du coude aux endroits où il fallait rire. Aussitôt la lumière revenue, elle fondit sur moi :

— Vous voyez, j'avais raison. Cela ne vous a pas plu, non ?

— Cela m'a plu énormément, au contraire.

— Oh oui, je le crois ! Et maintenant dites la vérité.

— Je vous l'ai dite. Cela m'a plu.

— Mais vous n'avez pas ri. Vous êtes toujours assis avec le visage comme ça... (elle essaya de m'imiter)... et sans une fois rire.

— Je ne ris jamais lorsque je m'amuse, répliquai-je.

— Oh oui, peut-être ! Ce sera une de vos coutumes anglaises, pas rire ?

— Les Anglais ne rient jamais quand ils s'amusent.

— Vous voulez je crois cela ? Alors je veux vous dire vos Anglais sont fous.

— Observation qui manque d'originalité.

— Et doivent mes observations toujours être originales, mon cher monsieur ?

— En ma compagnie, oui.

— Imbécile !

Nous nous installâmes un moment au café, près de la station du Zoo, pour prendre des glaces. Les glaces étaient grumeleuses, avec un goût de pomme de terre. Natalia se mit tout à coup à parler de ses parents :

— Je ne comprends pas pourquoi dans ces livres modernes on dit : la mère et le père doivent toujours quereller avec les enfants. Vous savez, c'est impossible que je peux avoir une querelle avec mes parents. Impossible.

Elle me dévisageait avec force pour voir si je la croyais. Je fis signe que oui.

— *Absolùt* impossible, répéta-t-elle solennellement, car je sais que mon père et ma mère m'aiment. Ainsi ils pensent toujours pas à eux, mais à cela qui est pour moi le meilleur. Ma mère, vous savez, elle n'est pas forte. Elle a souvent un mal de tête *tairrible.* Et alors naturellement je ne peux pas la laisser. *Trais* souvent je voudrais aller au cinéma ou théâtre ou concert, et ma mère elle dit rien, mais je regarde et je vois qu'elle n'est pas bien, et ainsi je dis : « Non, j'ai changé mon idée, je ne veux plus aller. » Mais jamais une fois elle dit un mot de la peine qui la souffre. Jamais.

(A ma visite suivante, j'achetai pour deux marks de roses que j'offris à la mère de Natalia. Elles ont porté leur fruit : pas une fois Frau Landauer n'a eu la migraine quand j'invitais sa fille à sortir le soir avec moi.)

— Mon père veut toujours tout le mieux pour moi, poursuivit Natalia ; mon père veut toujours que je dis : « Mes parents sont riches, je n'ai pas besoin de penser pour l'argent. »

Elle soupira :

— Mais je suis autrement. J'attends toujours que le plus mauvais arrive. Je sais comment les choses sont aujourd'hui en Allemagne et tout à coup c'est possible que mon père a tout perdu. Vous savez, c'est une fois déjà arrivé. Avant la guerre mon père a eu une grande usine à Posen. La guerre vient et mon père doit partir. Demain c'est peut-être la même chose ici. Mais mon père, il est un tel homme qu'à lui c'est égal. Il peut commencer avec un pfennig seulement et travailler jusqu'il a tout retrouvé... Et c'est pourquoi, continuait Natalia, je désire quitter l'école et commencer à apprendre quelque chose d'utile pour gagner mon pain. Je ne peux pas savoir combien longtemps mes parents ont de l'argent. Mon père veut que je fais mon *Abitur* et vais à l'Université. Mais maintenant je veux parler avec lui et demander si je ne peux pas aller à Paris pour étudier l'art. Si je sais dessiner et peindre, je peux probablement faire ma vie. Et aussi je veux apprendre la cuisine. Savez-vous que je ne peux rien cuire, pas la plus simple chose ?

— Moi non plus.

— Pour un homme cela n'est pas si important, je trouve. Mais une jeune fille doit être préparée à tout.

Avec le plus grand sérieux, Natalia reprit :

— Si je veux, je partirai avec un homme que j'aime et je vivrai avec lui. Même si nous ne pouvons pas devenir mariés, cela ne fait rien. Alors je dois être capable de faire tout moi-même, vous comprenez ? Ce n'est pas assez de dire : « J'ai fait mon *Abitur,* j'ai ma licence à l'Université. » Il répondra : « S'il te plaît, où est mon dîner ? »

Il y eut un silence.

— Vous n'êtes pas choqué de ce que j'ai dit maintenant ? demanda soudain Natalia. Que je vivrais avec un homme sans que nous sommes mariés ?

— Mais non, bien sûr !

— Vous ne devez pas mal comprendre, je vous prie. Je n'admirationne pas les femmes qui va toujours d'un homme à l'autre ; tout cela est si... (Natalia fit un geste de dégoût)... si dégénéré, je trouve.

— Vous pensez qu'on ne doit pas permettre aux femmes de changer d'idée ?

— Je ne sais pas. Je ne comprends pas ces questions... Mais c'est vraiment dégénéré.

Je la raccompagnai chez elle. Natalia s'arrangeait toujours pour vous entraîner jusqu'au seuil de l'appartement, puis avec une rapidité incroyable elle vous serrait la main, se glissait dans la porte et vous claquait celle-ci au nez.

— Vous me téléphonerez ? La semaine prochaine ? Oui ?

Je crois encore entendre sa voix et le bruit de la porte derrière laquelle elle disparaissait sans attendre la réponse.

Tous les contacts, directs ou indirects, Natalia les évitait soigneusement. Aussi bien qu'elle se refusait à bavarder avec moi devant sa porte, elle préférait toujours qu'une table nous séparât quand nous étions assis. Elle se fâchait si je l'aidais à mettre son manteau :

— Je ne suis pas encore soixante ans, mon cher monsieur !

Au moment de quitter un café ou un restaurant, si elle surprenait mon regard vers le portemanteau, elle fonçait dessus et emportait son vêtement dans un coin comme un animal qui défend sa nourriture.

Un soir, au café, nous avions commandé deux tasses de chocolat. En nous les apportant, la serveuse avait oublié une petite cuiller pour Natalia. Ayant déjà bu dans ma tasse, je venais de remuer ma cuiller dedans, mais il me paraissait tout naturel de l'offrir à Natalia et je fus surpris autant qu'agacé de la voir refuser avec un petit air de dégoût. C'était une façon de repousser tout rapprochement, même indirect, avec mes lèvres.

Elle avait pris des places pour aller entendre un concerto de Mozart. La soirée n'était pas des plus réussies. La salle corinthienne offrait un aspect d'austérité glaciale et l'obligatoire excès d'éclairage me faisait mal aux yeux. Les sièges en bois poli étaient durs et rigides. Pour les auditeurs, le concert correspondait, de toute évidence, à une cérémonie religieuse. La piété tendue de leur enthousiasme me donnait la migraine. Je n'arrivais pas à me détacher de tous ces masques aveugles, qui écoutaient, à demi crispés. Et je ne pouvais m'empêcher de penser : quelle étrange façon de passer sa soirée !

En rentrant, je me sentais fatigué et maussade, ce qui donna lieu à une petite pique, suscitée par un propos de Natalia au sujet de Hippi Bernstein. C'est Natalia qui m'avait mis en rapport avec les Bernstein : Hippi était une de ses camarades d'école ; quelques jours auparavant, j'avais commencé à lui donner des leçons d'anglais.

— Et comment vous plaît-elle ? demanda Natalia.

— Je la trouve très bien. Pas vous ?

— Oui, moi aussi... Mais elle a deux mauvais défauts. Vous ne les avez pas encore remarqués, je crois ?

Comme je ne mordais pas à l'hameçon, elle ajouta avec solennité :

— Vous savez, je désire que vous me dites sincèrement quels sont *mes* défauts.

A un autre moment, cela m'aurait peut-être paru amusant, attendrissant même. Mais cette fois je pensais : « Elle cherche des compliments, attends un peu ! » Et je dis :

— Je ne sais ce que vous appelez des « défauts ». Je ne juge pas les gens d'après des bulletins trimestriels. Adressez-vous plutôt à l'un de vos professeurs.

Cela lui cloua le bec provisoirement. Mais bientôt elle revint à la charge. Où en étais-je de la lecture des livres qu'elle m'avait prêtés ?

Je ne les avais pas ouverts, mais je déclarai avoir lu *Frau Marie Grubbe* de Jacobsen.

Et quelle était mon impression ?

— C'est très bien, fis-je, exaspéré de me sentir en faute.

Natalia me lança un regard pointu :

— Je crois que vous êtes *trais* peu sincère. Vous ne dites pas votre réelle opinion.

J'éclatai tout à coup d'une fureur puérile :

— Naturellement, je ne la dis pas ! Il ne manquerait plus que ça ! Je déteste les discussions. Je suis décidé à ne rien dire qui vous donne un prétexte pour protester.

Elle avait l'air tout à fait désemparée :

— Mais si c'est ainsi, alors c'est inutile que nous parlons de quelque chose sérieusement !

— Bien sûr que c'est inutile !

— Alors devons-nous plus du tout parler ? demanda l'infortunée Natalia.

— Le mieux, dis-je, serait d'imiter des cris d'animaux domestiques. J'aime bien le son de votre voix, mais je me fiche pas mal de ce que vous dites. Dans ces conditions il est infiniment préférable de nous borner à faire *ouaou, ouaou !* ou *bêê-bêê,* ou *miaou.*

Les joues de Natalia s'empourprèrent. Elle restait abasourdie et blessée au vif. Après un long silence, elle finit par dire :

— Oui. Je comprends.

En approchant de chez elle, j'essayai de rafistoler les choses en les tournant en plaisanterie, mais elle ne s'y prêtait pas et je la quittai, tout honteux.

Au bout de quelques jours cependant, Natalia prit l'initiative de me téléphoner pour m'inviter à déjeuner. Ce fut elle-même qui vint m'ouvrir : elle avait dû guetter ma venue. Et elle me salua en criant :

— *Ouaou-ouaou ! bêê-bêê ! miaou !*

D'abord je crus vraiment qu'elle était devenue folle. Puis notre altercation me revint à l'esprit. Mais Natalia, une fois la plaisanterie faite, se montra très amicalement disposée envers moi.

Nous entrâmes au salon où elle se mit en devoir de distribuer des comprimés d'aspirine aux fleurs dans les vases, pour les fortifier, disait-elle. Je lui demandai ce qu'elle avait fait ces derniers jours.

— Toute cette semaine, déclara Natalia, je ne vais pas à l'école. J'ai été souffrante. Il y a trois jours, je suis là devant le piano et tout à coup je tombe, comme ça. Comment dit-on : *ohnmächtig ?*

— Vous vous êtes évanouie ?

Elle acquiesça énergiquement :

— Oui, c'est cela. Je suis *ohnmächtig.*

— Mais alors vous devriez rester au lit. (Je devenais soudain très viril et très protecteur.) Comment vous sentez-vous en ce moment ?

Natalia riait de bon cœur ; du reste, je ne lui avais jamais vu meilleure mine.

— Oh ! ce n'est pas si important !... Il y a une chose que je dois vous dire, ajouta-t-elle, ce sera une agréable surprise pour vous, je pense. Aujourd'hui arrive mon père, et aussi mon cousin Bernhardt.

— Quelle bonne nouvelle !

— Oui, n'est-ce pas ? Mon père nous fait une grande joie quand il vient, car maintenant il est souvent en voyage. Il a beaucoup d'affaires partout, à Paris, à Vienne, à Prague. Toujours il doit aller dans le train. Il vous plaira, je crois bien.

— J'en suis sûr.

Et en effet, quand la cloison de glaces se sépara en deux, Herr Landauer était là en personne, prêt à m'accueillir. A son côté se tenait Bernhardt Landauer, le cousin de Natalia, grand jeune homme pâle, à peine plus âgé que moi, en complet foncé.

— Très heureux de faire votre connaissance, dit-il en me serrant la main. (Il s'exprimait en anglais sans la moindre trace d'accent.)

Herr Landauer était un petit homme vif, dont la peau tannée était marquée de rides comme un vieux soulier astiqué à neuf. Il avait des yeux bruns et brillants, en boutons de bottine, et des sourcils de comique de province, épais et noirs au point qu'on les aurait crus charbonnés avec un bouchon. Son adoration pour sa famille était manifeste. Il ouvrait la porte devant Frau Landauer de manière à présenter celle-ci comme une jeune fille éblouissante de beauté. Son sourire affable et ravi embrassait tout le groupe — Natalia, rayonnante de joie de ce retour, Frau Landauer dont les joues se coloraient faiblement, Bernardt, égal à lui-même, pâle et courtoisement énigmatique ; moi-même, je n'étais pas exclu. De fait, c'est à moi que Herr Landauer adressait la plupart de ses propos, évitant avec soin toute allusion aux affaires de famille pour ne pas souligner ma qualité d'étranger à cette table.

— Il y a trente-cinq ans, je me trouvais en Angleterre, contait-il avec un fort accent étranger. J'étais venu dans votre capitale pour préparer ma thèse de doctorat sur la condition des travailleurs juifs dans les quartiers est de Londres. J'ai vu bien des choses que vos personnages officiels ne tenaient pas à me laisser voir. J'étais tout jeune à l'époque, plus jeune, il me semble, que vous ne l'êtes vous-même. J'ai eu des entretiens extrêmement intéressants avec des dockers, des prostituées, des tenanciers de ce que vous appelez les *public houses*. Très intéressants.

Herr Landauer souriait à ces souvenirs :

— Et cette insignifiante petite thèse de ma confection a soulevé un grand nombre de controverses. Elle a été traduite en cinq langues, pas moins !

— Cinq langues, redit Natalia en allemand, à mon intention. Vous voyez, mon père est aussi un écrivain.

— Eh ! je parle d'il y a trente-cinq ans ! Bien avant que tu ne sois née, ma chérie, se défendait Herr Landauer (secouant la tête tandis que ses yeux en boutons de bottine rayonnaient de bienveillance). Maintenant je n'ai plus de temps pour ce genre d'études.

Et de nouveau me prenant à partie :

— Je viens justement de lire un ouvrage français sur votre grand poète, Lord Byron. C'est du plus haut intérêt. Mais je serais très heureux de connaître votre opinion d'écrivain sur la très importante question que voici : Lord Byron s'était-il rendu coupable du crime d'inceste ? Quel est votre avis, Mr. Isherwood ?

Je sentis que je commençais à rougir. Chose curieuse, ce qui me gênait surtout, ce n'était pas la présence de Natalia, mais celle de Frau Landauer, placidement occupée à mâcher. Bernhardt, avec un sourire subtil, baissait les yeux sur son assiette.

— Eh bien, commençai-je, c'est assez difficile...

— Le problème est du plus haut intérêt, interrompit Herr Landauer, nous regardant tous gentiment à la ronde et continuant à mastiquer d'un air satisfait. Allons-nous admettre que l'homme de génie est un individu d'exception, qui a droit à une conduite exceptionnelle ? Ou bien dirons-nous : « Non. Vous écrivez de beaux poèmes ou peignez de beaux tableaux, soit ; mais dans la vie courante, vous devez vous conduire comme une personne ordinaire et obéir aux lois que nous avons instituées pour les gens ordinaires ; nous ne vous permettrons pas d'être *extra*-ordinaire ? »

Herr Landauer, la bouche pleine, nous fixait triomphalement les uns après les autres. Tout à coup le rayonnement de son regard se concentra sur moi :

— Oscar Wilde, votre auteur dramatique, voilà un autre cas. Je vous soumets ce cas, Mr. Isherwood. J'aimerais bien connaître votre opinion. Votre justice d'Angleterre était-elle ou non en droit de châtier Oscar Wilde ? Dites-moi ce que vous en pensez, je vous prie.

Il me considérait, ravi, la fourchette avec le morceau de viande suspendue à mi-chemin de sa bouche.

A l'arrière-plan, je percevais le sourire discret de Bernhardt. Les oreilles brûlantes, je recommençai :

— Eh bien...

Mais cette fois je fus inopinément tiré d'embarras par une observation que Frau Landauer adressait en allemand à Natalia, durant laquelle Herr Landauer parut oublier son problème. Il continuait béatement son repas. Mais Natalia voulut à toute force ajouter son grain de sel :

— Dites s'il vous plaît à mon père le titre de votre livre. Je ne me rappelle pas, c'est un titre si drôle.

Je tentai de lui adresser, entre nous, un signe de mécontentement, inaperçu des autres, et dis avec froideur :

— *All the Conspirators.*

— Oui, c'est ça : *Tous les conspirateurs.*

— Tiens, vous faites des romans policiers, Mr. Isherwood ? s'écria Herr Landauer, débordant d'approbation.

— Je regrette, mais ce livre n'a rien à voir avec des crimes, répliquai-je poliment.

Herr Landauer paraissait intrigué et déçu :

— Rien à voir avec des crimes ?

— Vous devez lui expliquer, je vous prie, commanda Natalia.

Je pris une longue respiration.

— Le titre devrait avoir une valeur symbolique. Il est emprunté à *Jules César* de Shakespeare.

Le visage de Herr Landauer parut s'illuminer d'un seul coup :

— Ah ! Shakespeare ! Splendide ! Ceci est fort intéressant !

— En allemand, fis-je (riant sous cape de l'adresse avec laquelle je le faisais dévier de son sujet), vous avez de merveilleuses traductions de Shakespeare, si je ne me trompe ?

— Parfaitement ! Elles comptent parmi les chefs-d'œuvre de notre langue ! Grâce à ces traductions, votre Shakespeare est désormais en quelque sorte un poète allemand...

Cependant Natalia persistait avec une malice quasi diabolique :

— Mais vous ne dites pas de quoi on parle dans votre livre.

Je grinçai des dents.

— Il s'agit de deux jeunes gens. L'un est artiste, l'autre étudiant en médecine.

— Il y a donc seulement ces deux personnes dans votre livre ? demanda Natalia.

— Non, bien sûr... Mais je m'étonne de votre mauvaise mémoire : il n'y a pas longtemps que je vous ai raconté cette histoire en détail.

— Imbécile ! Je ne demande pas pour moi-même. Naturellement, je me rappelle tout ce que vous m'avez dit. Mais mon père n'a pas encore entendu. Alors racontez, je vous prie. Qu'arrive-t-il ensuite ?

— L'artiste a une mère et une sœur. Ils sont tous très malheureux.

— Mais pourquoi sont-ils malheureux ? Mon père et ma mère et moi, nous sommes pas malheureux.

Que la terre ne s'ouvrait-elle pour l'engloutir !

— Les gens ne sont pas tous pareils, avançai-je avec prudence, évitant l'œil de Herr Landauer.

— Bien, dit Natalia, ils sont malheureux. Et qu'est-ce qui vient ensuite ?

— L'artiste se sauve de chez lui et sa sœur épouse un jeune homme très antipathique.

Se rendant évidemment compte qu'elle ne me ferait plus marcher bien longtemps, Natalia se décida pour le coup d'épingle final :

— Et combien d'exemplaires avez-vous vendu ?

— Cinq.

— Cinq ! Mais c'est très peu, n'est-ce pas ?

— Très peu, en effet.

Il paraissait tacitement entendu qu'après le déjeuner Bernhardt aurait un entretien d'affaires avec son oncle et sa tante. Aussi Natalia me proposa-t-elle :

— Aimez-vous que nous promènerons un peu ensemble ?

Herr Landauer prit congé de moi avec beaucoup de cérémonie :

— Chaque fois qu'il vous plaira, Mr. Isherwood, vous serez le bienvenu sous mon toit.

Nous échangeâmes un profond salut. Bernhardt me tendit sa carte :

— Peut-être viendrez-vous un soir égayer un peu ma solitude ?

Je le remerciai en disant que j'en serais enchanté.

Aussitôt sortie de la maison, Natalia commença à m'interroger :

— Et que pensez-vous de mon père ?

— Je pense que je n'ai jamais vu de père plus charmant.

— Vous le pensez en vérité ?

— En vérité je le pense.

— Et maintenant avouez : mon père vous a choqué quand il a parlé de Lord Byron, non ? Vous étiez tout à fait rouge dans les joues comme un homard.

— Avec votre père, j'ai l'impression de retarder, répliquai-je en riant. Il est si moderne dans ses propos !

Natalia riait aussi, triomphante :

— Vous voyez, j'avais raison ! Vous étiez choqué. Oh ! je suis si contente ! Vous voyez, je dis à mon père : « Un *trais* intelligent jeune homme va venir ici chez nous », et alors il veut vous montrer qu'il peut aussi être moderne et parler sur tous ces sujets. Vous avez pensé que mon père sera un stupide vieil homme ? Dites la vérité, je vous prie.

— Non, protestai-je, jamais je n'ai pensé cela.

— Eh bien, vous voyez, il n'est pas stupide... Il est *trais* intelligent. Seulement il n'a pas beaucoup de temps pour lire, car il doit toujours travailler. Parfois il doit travailler dix-huit ou dix-neuf heures dans un jour. C'est *tairrible*... Et il est le meilleur père dans tout le monde !

— Votre cousin Bernhardt est son associé, n'est-ce pas ?

Elle hocha la tête :

— C'est lui qui dirige le magasin, ici, à Berlin. Il est aussi *trais* intelligent.

— Vous le voyez beaucoup, sans doute ?

— Non... Ce n'est pas souvent qu'il vient à notre maison... Il est un homme étrange, vous savez ? Je pense, il aime beaucoup être *trais* seul. Je suis étonnée qu'il vous demande de lui faire une visite... Vous devez faire attention.

— Attention ? A quoi diable devrais-je faire attention ?

— Il est *trais* sarcastique, vous comprenez. Je crois peut-être il va rire de vous.

— La belle affaire ! Il y en a bien d'autres qui rient de moi... quand ce ne serait que vous-même.

— Oh ! moi, cela est différent.

Elle secouait gravement la tête comme si elle évoquait une amère expérience personnelle :

— Quand moi je ris, c'est pour s'amuser, vous comprenez ? Quand Bernhardt rit de vous, ce n'est pas gentil…

Bernhardt a un appartement situé dans une rue tranquille, non loin du Tiergarten. A mon coup de sonnette devant l'entrée de l'immeuble, un concierge à tête de gnome me lança un coup d'œil par un soupirail du sous-sol, me demanda qui je désirais voir, m'examina pendant quelques minutes avec une méfiance extrême, puis pressa le bouton d'ouverture de la porte. Cette porte était si lourde que je dus la pousser des deux mains. Elle se referma derrière moi avec un bruit sourd de canon. On avait à franchir ensuite la double porte de la cour, une porte donnant accès au *Gartenbaus*, puis cinq étages d'escalier et enfin la porte de l'appartement. Quatre portes pour protéger Bernhardt contre le monde extérieur.

Il portait ce soir-là, par-dessus son costume de ville, un kimono magnifiquement brodé. Son aspect ne correspondait pas tout à fait au souvenir que je gardais de lui depuis notre première rencontre : je ne lui avais trouvé alors aucun caractère oriental ; aujourd'hui ce caractère s'accentuait, sans doute grâce au kimono. Quelque chose d'ultracivilisé, de précieux dans son profil aquilin, finement dessiné, l'apparentait aux oiseaux des broderies chinoises. Il me paraissait doux, négatif et pourtant curieusement animé de puissance — la puissance statique d'une figure d'ivoire sculptée dans une châsse. Je remarquai une fois de plus son anglais impeccable, la modestie de ses gestes pour me signaler la tête en grès d'un Bouddha khmer du douzième siècle, placée au pied de son lit — « gardienne tutélaire de mes songes ». Sur la bibliothèque basse, peinte en blanc, on voyait des statuettes et des têtes de pierre, grecques, siamoises, indochinoises, rapportées pour la plupart par Bernhardt lui-même de ses voyages. Parmi les volumes de *Kunst-Geschichte*[1], les reproductions photographiques, les monographies relatives à la sculpture et aux antiquités, j'aperçus *The Hill* de Vachell et *Que faire ?* de Lénine. Pas un bruit ne parvenait du dehors, comme si l'appartement était situé au fin fond d'une campagne. Une respectable gouvernante en tablier nous servit le souper. Pour moi, il y avait du potage, du poisson, une côtelette et un entremets ; Bernhardt buvait du lait et mangeait uniquement des tomates et des biscottes.

Nous parlâmes de Londres où il n'était jamais allé et de Paris où il avait travaillé quelque temps dans l'atelier d'un sculpteur. Tout jeune, il voulait se consacrer à la sculpture — « Mais, soupirait-il en souriant avec douceur, la Providence en a décidé autrement ».

J'aurais aimé m'entretenir avec lui du commerce des Landauer, mais, craignant de manquer de tact, je m'abstins. Bernhardt cependant y fit allusion :

— Vous devriez venir nous voir un jour si cela présente un intérêt quelconque pour vous. A mon avis, cela en a un, ne serait-ce que comme phénomène économique contemporain.

Il souriait sous un masque d'extrême fatigue. L'idée me vint qu'il souffrait peut-être d'une maladie incurable.

Après le repas il parut se rasséréner et se mit à me conter ses voyages. Quelques années plus tôt, gentiment inquisiteur, discrètement ironique, il avait parcouru le monde, fourrant partout son nez délicat, en bec d'oiseau : communautés agricoles de Palestine, colonies juives de la mer Noire, comités révolutionnaires de l'Inde, armées rebelles du Mexique.

D'une voix hésitante, choisissant avec soin ses expressions, il retraçait quelque entretien sur les démons avec un passeur chinois ou bien quelque scène de brutalité à peine croyable de la part de la police de New York.

A quatre ou cinq reprises pendant la soirée, la sonnerie du téléphone avait retenti et chaque fois je croyais com-

1. Histoire de l'art.

prendre qu'on demandait à Bernhardt un secours ou un conseil.

— Venez me voir demain, répondait-il de sa voix lasse, apaisante. Oui... je suis sûr que tout s'arrangera... Maintenant, je vous en prie, ne vous agitez plus, allez vous coucher et dormez. Je prescris deux ou trois comprimés d'aspirine...

Son sourire était doux, ironique. Il était clair qu'il allait prêter de l'argent à chacun des solliciteurs.

— Et dites-moi, je vous prie, s'il n'y a pas d'indiscrétion de ma part, fit-il au moment où j'allais le quitter. Qu'est-ce qui vous a conduit à vous installer à Berlin ?

— Le désir d'apprendre l'allemand, répondis-je. (Après les avertissements de Natalia, je n'avais pas l'intention de confier à Bernhardt toute l'histoire de ma vie.)

— Et vous y êtes heureux ?

— Très heureux.

— Voilà qui me semble curieux. Extrêmement curieux. (Encore un petit rire doucement ironique.) Un esprit doué de vitalité au point qu'il lui est possible d'être heureux, même à Berlin ! Il faut m'en révéler le secret. Pourrais-je aller m'asseoir à vos pieds pour recueillir la sagesse ?

Son sourire se contracta, disparut. De nouveau l'impassibilité d'une fatigue mortelle tomba comme une ombre sur ses traits étrangement juvéniles.

— J'espère, dit-il, que vous me téléphonerez chaque fois que vous n'aurez rien de mieux à faire.

Je ne tardai pas à aller voir Bernhardt à son bureau.

Le *Landauers* était un édifice énorme, tout en acier et en verre, non loin du Potsdamer Platz. Je mis près d'un quart d'heure à m'orienter à travers les rayons de lingerie, de confections, d'électricité, de sports et de coutellerie jusqu'au monde privé, derrière les coulisses : services de vente en gros, d'achats, de publicité et enfin la suite de quelques bureaux réservés à Bernhardt. Un huissier m'introduisit dans une petite salle d'attente aux panneaux d'un bois veiné, savamment poli, avec un somptueux tapis bleu et une seule gravure, une vue de Berlin en 1803. Au bout de quelques instants, Bernhardt entra. Ce matin-là, il paraissait plus jeune, plus alerte avec son nœud papillon et son complet gris clair.

— J'espère que cette pièce mérite vos suffrages, dit-il. Je fais attendre ici tant de gens qu'il me paraît juste de leur offrir du moins une atmosphère agréable pour calmer leur impatience.

— C'est charmant, dis-je.

Et pour meubler la conversation, car je ne me sentais pas très à l'aise, j'ajoutai :

— Qu'est-ce que c'est comme bois ?

— Noyer du Caucase.

Bernhardt articula ces mots en les soulignant avec sa préciosité caractéristique. Puis un sourire éclaira soudain son visage. Décidément, il était beaucoup plus entrain ce matin.

— Allons, venez voir la boutique.

Au rayon d'ustensiles de ménage, une démonstratrice prônait les qualités d'une cafetière brevetée, Bernhardt s'arrêta pour la questionner sur les résultats de la vente ; elle nous offrit deux tasses de café. Pendant que je sirotais le mien, il me présenta comme un grand marchand de café de Londres, dont il était bon de connaître l'avis. La femme avait l'air de le prendre au sérieux, mais nous riions si fort qu'elle en conçut des soupçons. La tasse échappa des mains de Bernhardt et se brisa. Très ému, il se confondit en excuses. La démonstratrice le rassurait comme s'il n'était qu'un petit employé qu'on peut mettre à la porte pour une maladresse :

— Cela ne fait rien, il m'en reste encore deux !

Nous arrivâmes aux jouets. Bernhardt m'informa que son oncle s'opposait à ce qu'on vendît des soldats de plomb chez Landauer. Dernièrement, une violente discussion s'était élevée à la conférence des directeurs, au sujet des tanks pour enfants, et Bernhardt y avait eu le dernier mot.

— Mais il s'agit encore d'enfoncer le clou, ajouta-t-il, mélancolique, en soulevant un tracteur miniature avec des roues à chenilles.

Ensuite, il me montra la salle où l'on faisait jouer les

enfants pendant que les mères effectuaient leurs achats. Une nurse en uniforme aidait deux garçonnets à construire un château avec des cubes.

— Vous pouvez remarquer, dit Bernhardt, que la philanthropie ici va de pair avec la réclame. En face de cette salle, nous exposons de jolis chapeaux, particulièrement bon marché. En amenant leurs enfants, les mères ne manquent pas de succomber à la tentation... Je crains bien que vous ne nous accusiez de sordide matérialisme.

Il m'expliqua l'absence d'un rayon de librairie :

— On n'a pas osé en ouvrir un. Mon oncle sait bien que j'y passerais tout mon temps.

Un peu partout, on voyait des appliques aux ampoules de couleur, rouges, vertes, bleues ou jaunes. A ma question, Bernhardt répondit que chacun représentait un signal lumineux destiné à l'un des chefs responsables.

— Moi, c'est la lumière bleue. C'est peut-être symbolique, qui sait ?

Je n'eus pas le temps de demander une explication, que déjà l'ampoule bleue devant nous s'était mise à clignoter. Bernhardt se dirigea vers le téléphone le plus proche ; on lui annonça qu'il était attendu au bureau. Nous prîmes congé l'un de l'autre. En gagnant la sortie, j'achetai une paire de chaussettes.

Pendant tout le début de cet hiver-là, j'ai beaucoup fréquenté Bernhardt. Je ne saurais dire que les soirées passées avec lui m'aient permis de le comprendre plus à fond. Il me paraissait toujours curieusement distant, le visage épuisé jusqu'à l'insensibilité sous la lumière voilée, égrenant de sa voix douce des anecdotes assaisonnées d'un humour indulgent. Il me décrivait par exemple un déjeuner chez des amis juifs, très pieux. En arrivant, il s'était écrié :

— Tiens, on déjeune dehors aujourd'hui ? Quelle bonne idée ! Il fait encore si beau malgré la saison, n'est-ce pas ? Et votre jardin est une splendeur !

Soudain il s'aperçoit qu'on le regarde de travers et se rappelle avec horreur que c'est la Fête des Tabernacles.

Je riais, je m'amusais, Bernhardt était un excellent conteur. Mais je ne pouvais m'empêcher d'éprouver un certain agacement. « Pourquoi cette façon de me traiter en enfant ? me disais-je. Il nous traite tous comme des enfants : son oncle, sa tante, Natalia, moi-même. Il nous raconte des histoires. Il est sympathique, séduisant. Mais ses gestes, quand il m'offre un verre de vin ou une cigarette, sont empreints d'arrogance, de l'arrogante humilité orientale. Il n'ira pas jusqu'à me dire ses pensées intimes, mais il me méprisera de ne pas les connaître. Il ne me révélera jamais rien de lui-même, ni de ce qui le touche profondément. Et parce que je ne suis pas comme lui, mais exactement son contraire, parce que je suis prêt à partager mes idées, mes sensations, avec quarante millions de personnes pour peu qu'elles consentent à me lire, il y a chez moi une part d'admiration pour Bernhardt et une part d'antipathie. »

Nous ne parlions pas souvent de la situation politique en Allemagne ; Bernhardt m'a raconté cependant une histoire du temps de la guerre civile. Un jour, il voit entrer chez lui un étudiant de ses amis qui prenait part à l'action. L'étudiant paraît très nerveux, il ne tient pas en place. Enfin il lui confie qu'il est porteur d'un message secret pour un journal dont l'immeuble est assiégé par la police. Pour y parvenir il lui faudrait grimper sur les toits et avancer en rampant sous le feu des mitrailleuses. Il n'y allait donc pas de gaieté de cœur, cela se comprend. Bernhardt remarqua son pardessus, d'une épaisseur peu commune, et le pressa de s'en débarrasser, car la pièce était bien chauffée et la sueur coulait à grosses gouttes sur la figure de l'étudiant. Après beaucoup d'hésitation, celui-ci se dévêtit, révélant ainsi, au grand effroi de Bernhardt, que les poches de sa doublure étaient bourrées de grenades.

— Et pour comble, disait Bernhardt, il a décidé de ne plus s'exposer au danger et de laisser le pardessus chez moi. Il voulait le fourrer dans la baignoire et l'inonder d'eau froide. Je parvins à le persuader qu'il valait mieux attendre la nuit pour aller le jeter dans le canal — ce qu'il a fait finalement… C'est aujourd'hui un des plus distingués professeurs d'une certaine université de province. Je suis sûr qu'il a depuis longtemps effacé de ses souvenirs cette aventure quelque peu compromettante.

— Et vous, Bernhardt, avez-vous jamais été communiste ?

Aussitôt — son visage le montra clairement —, il prit une attitude défensive. Au bout d'un instant, il prononça avec lenteur :

— Non, Christopher. Je dois dire que, par tempérament, il m'a toujours été impossible de me hisser jusqu'au degré d'enthousiasme qu'il faut.

Il finissait par m'exaspérer. J'enchaînai, furieux :

— Qu'il faut pour croire en quelque chose ?

Bernhardt répondit à ma violence par un faible sourire, amusé sans doute de m'avoir fait sortir de mes gonds.

— Peut-être...

Puis il ajouta, comme en *a parte* :

— Non... ce n'est pas tout à fait exact.

Je lançai sur un ton de défi :

— Alors, à quoi croyez-vous au fond ?

Bernhardt demeura un instant silencieux, méditatif, imperturbable avec son délicat profil aquilin, les yeux mi-clos. A la fin il dit :

— Il se peut que je croie à la discipline.

— A la discipline ?

— Vous ne comprenez pas cela, Christopher ? Je vais essayer de vous expliquer... Je crois à une discipline pour moi-même, pas nécessairement pour les autres. En ce qui concerne les autres, je ne suis pas juge. Je sais seulement que pour moi, il faut certains principes qui me guident et sans lesquels je me trouve désemparé... Cela vous paraît-il absolument haïssable ?

— Non, répliquai-je, tout en pensant. On dirait Natalia.

— Ne me condamnez pas trop sévèrement, Christopher. (Sur le visage de Bernhardt, le sourire moqueur gagnait de proche en proche.) Rappelez-vous que je suis un sang-mêlé. Il se peut après tout qu'il subsiste dans mes veines polluées une goutte du sang pur des Prussiens. Il se peut que ce petit doigt (il le tendit à la lumière) soit le petit doigt de quelque sergent-instructeur prussien... Vous, Christopher, avec, derrière vous, des siècles de liberté anglo-saxonne, avec votre *Magna Charta* gravée en plein cœur, vous ne sauriez comprendre qu'il nous faille, à nous autres pauvres barbares, la raideur de l'uniforme pour nous maintenir debout.

— Pourquoi vous payez-vous toujours ma tête, Bernhardt ?

— Me payer votre tête, mon cher Christopher ! Je n'oserais !

Toujours est-il que cette fois il m'en avait dit plus peut-être qu'il n'en avait l'intention.

Je méditais depuis longtemps de tenter une expérience en confrontant Natalia avec Sally Bowles. Sans doute en prévoyais-je d'avance le résultat ; en tout cas, j'eus le bon esprit de ne pas y convier Fritz Wendel.

Nous devions nous retrouver dans un café chic du Kurfürstendamm. Ce fut d'abord Natalia qui parut, malgré le quart d'heure de retard qui sans doute, d'après ses calculs, devait lui assurer l'avantage d'arriver la dernière. Mais elle avait compté sans Sally ! Elle ne possédait pas assez d'aplomb, elle, pour les retards de grand style. Pauvre Natalia ! Elle avait fait des efforts pour paraître plus mûre et n'avait réussi qu'à se donner l'air attifée. Sa longue toilette de ville ne lui allait pas du tout. Un petit chapeau, parodiant à son insu la casquette de groom de Sally, était planté de travers sur sa tête ; mais, égaré dans les cheveux trop crépus de Natalia, il luttait contre leurs ondes comme un bateau à demi submergé par une mer en furie.

— Comment me trouvez-vous ? demanda-t-elle à brûle-pourpoint, s'asseyant en face de moi, passablement agitée.

— Je vous trouve charmante.

— Dites-moi en vérité, je vous prie, que va-t-elle penser de moi ?

— Vous lui plairez beaucoup.

— Comment pouvez-vous dire cela ? s'indigna-t-elle. Vous ne savez pas !

— Vous commencez par exiger mon avis pour me dire ensuite que je n'y connais rien !

— Imbécile ! Je ne demande pas pour des compliments.

— Je crains de ne pas saisir tout à fait ce que vous demandez au juste.

Elle s'écria, méprisante :

— Ah, non ? Vous ne saisissez pas ? Alors je regrette, je ne peux pas vous aider.

A ce moment, Sally fit son entrée.

— Hilloo, chéri ! roucoula-t-elle avec ses accents les plus suaves. Je suis terriblement confuse d'être en retard ! Tu me pardonnes, dis ?

Elle s'assit gracieusement, répandant sur nous des effluves de parfum et avec des gestes menus, langoureux, se mit en devoir d'enlever ses gants :

— Je viens de faire des avances à un producteur, un salaud de vieux Juif. Il s'agit d'un engagement, mais jusqu'ici je ne vois rien venir...

Je lui envoyai un bon coup de pied sous la table. Elle s'arrêta net, avec une expression absurde d'effroi, mais trop tard, cela va sans dire. Natalia, sous nos yeux, s'était congelée.

Les avertissements, les allusions que j'avais prodigués pour excuser d'avance la conduite présumable de Sally, tout se trouvait réduit à néant. Après un silence glacial, Natalia me demanda si j'avais vu *Sous les toits de Paris*. Elle s'exprimait en allemand : pas de danger qu'elle offrît à Sally l'occasion de railler son anglais.

Mais Sally, nullement déconcertée, sauta aussitôt sur le prétexte. Elle, elle avait vu ce film, elle le trouvait merveilleux. Préjean était magnifique, n'est-ce pas ? Et avions-nous remarqué la scène où il y a un train qui passe au fond, pendant qu'ils se battent ? Devant sa façon de parler allemand, bien plus scandaleuse encore que d'habitude, je me demandai si elle n'exagérait pas exprès, histoire de ridiculiser Natalia.

Jusqu'à la fin de l'entrevue, je me suis senti moralement sur des charbons ardents. Natalia ouvrait à peine la bouche. Sally pérorait, nous assassinant avec son allemand, entretenant ce qu'elle considérait comme une simple conversation générale, relative surtout à l'industrie cinématographique en Angleterre. Mais, comme dans chacune de ses histoires il s'agissait d'expliquer que telle personne était la maîtresse d'un tel, que celui-ci se saoulait, que cet autre se droguait, l'atmosphère n'y gagnait rien. Elles finissaient par m'exaspérer toutes les deux : Sally avec ses interminables propos bêtement pornographiques, Natalia avec sa pruderie. Au bout d'une éternité qui, en fait, se réduisait à une vingtaine de minutes, Natalia déclara qu'elle était obligée de partir.

— Mon Dieu, mais moi aussi ! s'écria Sally en anglais. Chris, mon chéri, tu vas m'accompagner jusqu'à l'*Eden,* tu veux, dis ?

Dans ma lâcheté, je regardai Natalia comme pour lui faire comprendre que je n'y pouvais rien. Ceci, je ne le savais que trop, devait constituer une épreuve de ma fidélité, mais déjà je n'étais plus qu'un félon. L'expression de Natalia était sans merci dans un visage compassé. On ne pouvait douter de son courroux. Je hasardai une question :

— Quand vous reverrai-je ?

— Je n'en sais rien, répondit-elle, s'éloignant à grands pas le long du Kurfürstendamm, visiblement décidée à ne plus jamais nous rencontrer sur son chemin, ni l'un ni l'autre.

Malgré la distance insignifiante, Sally voulut à toute force prendre un taxi : cela n'aurait l'air de rien, expliqua-t-elle, si on arrivait à pied à l'*Eden.*

Comme nous démarrions, elle observa :

— Elle ne m'a pas trouvée à son goût, cette fille.

— Non, Sally. Pas précisément.

— Je ne sais vraiment pas pourquoi... Je me suis évertuée à être gentille avec elle.

En dépit de ma fureur, j'éclatai de rire :

— Si c'est cela que tu appelles être gentille ?

— Eh bien, qu'est-ce qu'il aurait fallu que je fasse ?

— Il s'agit surtout de ce qu'il aurait fallu que tu ne fasses pas... Tu n'as donc pas d'autre sujet de conversation que les coucheries ?

— Les gens n'ont qu'à me prendre comme je suis, riposta Sally avec dignité.

— Y compris tes ongles ?

J'avais surpris plusieurs fois le regard de Natalia, fasciné et horrifié par ce détail.

Sally riait :

— Ce matin justement je n'ai pas mis de vernis à mes ongles de pieds.

— Quelle blague, Sally ! Tu ne fais pas ça ?

— Naturellement, je le fais.

— Mais à quoi cela rime-t-il ? Je veux dire : personne... ou du moins peu de gens voient tes ongles de pieds.

Sally m'octroya son sourire le plus satisfait :

— Je sais bien, chéri... Mais cela me donne l'impression d'être si merveilleusement sensuelle...

De cette entrevue date pour moi le déclin de mes relations avec Natalia. Ce n'est pas qu'il y ait eu jamais entre nous une franche querelle ou une rupture définitive. Nous nous sommes du reste revus très peu de jours plus tard, mais j'ai senti aussitôt un changement de température dans notre amitié. Nous avons parlé comme toujours, d'art, de musique, de livres, évitant soigneusement tout accent personnel. C'était au Tiergarten, où nous venions de nous promener pendant près d'une heure. Natalia demanda tout à coup :

— Vous aimez Miss Bowles *trais* fort ?

Il y avait un sourire mauvais dans ses yeux, fixés sur l'allée que jonchaient des feuilles mortes.

— Mais certainement. Nous allons bientôt nous marier.

— Imbécile !

Nous continuâmes à déambuler en silence.

— Vous savez, annonça-t-elle brusquement, comme quelqu'un qui découvre une chose étonnante, je n'aime pas votre Miss Bowles.

— Je le sais bien.

Mon intonation la fit bondir comme je l'avais souhaité.

— Ce que je pense, ce n'est pas important ?

— Pas le moins du monde, ricanai-je pour l'agacer.

— Seulement votre Miss Bowles a une importance ?

— Une très grande importance.

Natalia rougit et se mordit les lèvres. Sa colère montait :

— Un jour vous verrez que j'ai raison.

— Je n'en doute pas un instant.

Jusqu'au domicile de Natalia nous n'avons plus échangé un mot. Sur le pas de la porte, elle dit comme d'habitude :

— Peut-être vous me téléphonerez un jour...

Puis elle s'arrêta avant de décocher la flèche du Parthe :

— ... Si votre Miss Bowles permet !

— Avec ou sans permission, répliquai-je en riant, je vous téléphonerai très bientôt.

Mais déjà elle m'avait fermé la porte au nez.

Cependant je manquai de parole, car c'est seulement au bout d'un mois que j'appelai le numéro de Natalia. J'y avais pensé bien souvent, mais l'ennui l'emportait chaque fois sur mon désir de la voir. Lorsqu'enfin nous nous retrouvâmes, la température était descendue de plusieurs degrés encore : nous n'étions plus que de simples connaissances. Natalia se figurait, je suppose, que Sally était devenue ma maîtresse et je ne voyais pas de raison pour tenter de l'en dissuader : cela nous aurait entraînés dans une longue conversation à cœur ouvert qui ne me disait rien du tout. D'ailleurs, après ces explications, elle resterait tout aussi scandalisée et infiniment plus jalouse encore. Je ne me flattais pas de penser que Natalia m'eût jamais souhaité pour amant, mais elle avait de toute évidence pris le pli de me patronner comme une espèce de sœur aînée, et c'est précisément — absurdement d'ailleurs — de ce rôle que Sally la frustrait. Non, c'était bien dommage, mais tout compte fait, je préférais laisser les choses telles quelles.

Je fis donc semblant de me prêter aux questions insidieuses de Natalia, non sans évoquer en passant quelques détails de mes félicités domestiques :

— Ce matin, avec Sally, pendant le petit déjeuner...

Ou bien :

— Ma cravate vous plaît ? C'est Sally qui l'a choisie...

Natalia, la pauvrette, encaissait tout cela dans un morne silence et moi, comme à tant d'autres moments, je m'en voulais en secret de ma méchanceté. Nos deux rencontres suivantes ne furent pas plus heureuses. Vers la fin de février, on me répondit de chez elle qu'elle était partie pour l'étranger.

Bernhardt non plus, je ne l'avais pas revu depuis longtemps. Aussi fus-je tout étonné d'entendre un beau matin sa voix au téléphone. Il voulait savoir si je consentirais à l'accompagner ce soir-là « à la campagne » jusqu'au lendemain. Cela avait un petit air mystérieux, mais il se contenta de rire au lieu de m'expliquer où nous irions au juste et pourquoi.

Il vint me chercher vers huit heures avec une grosse limousine et un chauffeur. C'était, me dit-il, une voiture de la direction, dont il se servait aussi bien que son oncle. Je voyais une caractéristique de la simplicité patriarcale des Landauer dans le fait que les parents de Natalia ne possédaient pas de véhicule privé et que Bernhardt semblait même s'excuser devant moi de l'existence de cette voiture. Simplicité compliquée que celle-là, négation d'une négation : ses racines s'enfonçaient, enchevêtrées, dans la redoutable conscience du crime de posséder. « O ciel, soupirai-je en mon for intérieur, est-ce que j'arriverai jamais à entrevoir le tréfonds de ces gens-là, à les comprendre enfin ? » Le seul effort nécessaire pour imaginer le maquillage psychique des Landauer m'accablait comme toujours de la lassitude absolue des vaincus.

— Vous êtes fatigué ? s'informa Bernhardt, aux petits soins pour moi.

Je me ressaisis :

— Mais non, pas du tout.

— Cela ne vous ennuierait pas que nous passions d'abord chez un de mes amis ! Il y a quelqu'un d'autre qui doit venir avec nous, voyez-vous... J'espère que vous n'avez pas d'objection ?

— Aucune, bien sûr ! affirmai-je avec politesse.

— C'est quelqu'un de très paisible. Un vieil ami de la famille.

Bernhardt paraissait réjoui et riait sous cape, je ne savais pourquoi.

L'auto s'arrêta devant une villa de la Fasanenstrasse, Bernhardt alla sonner, entra, puis ressortit avec un terrier d'Ecosse dans les bras. J'éclatai de rire.

— Vous vous êtes montré d'une courtoisie extrême, dit-il, n'empêche que j'ai cru discerner chez vous un léger ennui... Ai-je raison ?

— C'est possible...

— Je me demande ce que vous vous attendiez à voir ? Quelque affreux vieux raseur, peut-être ?

Il caressa le chien.

— Mais, Christopher, vous êtes beaucoup trop bien élevé, je le crains, pour avouer cela, même à présent.

La voiture ralentit pour s'arrêter au poste de péage de l'autostrade d'Avus.

— Où allons-nous ? demandai-je. J'aimerais bien que vous me le disiez.

Un sourire suave s'étendit à l'orientale sur les traits de Bernhardt :

— Je suis très mystérieux, n'est-ce pas ?

— Très.

— Mais pour vous cela doit être une étrange expérience que de rouler dans la nuit sans connaître le but du voyage ? Si je vous disais que nous allons à Paris, à Madrid, à Moscou, il n'y aurait plus de mystère, votre plaisir serait diminué de moitié... Vous savez, Christopher, je vous envie de ne pas savoir où nous allons !

— C'est évidemment une manière de voir... En tout cas, je sais déjà que nous n'allons pas à Moscou, puisque nous lui tournons le dos.

Bernhardt se mit à rire :

— Vous êtes tellement Anglais par moments, Christopher ! Je me demande si vous vous en rendez compte.

— Je crois bien que c'est vous qui me faites redevenir Anglais, répliquai-je, éprouvant aussitôt un vague remords, comme s'il y avait eu quelque chose d'agressif dans cette remarque. Bernhardt s'en aperçut.

— Dois-je considérer cela comme un compliment ou comme un blâme ?

— Un compliment, bien entendu.

L'auto s'engouffrait, le long de l'Avus tout noir, dans l'immense obscurité de la campagne hivernale. Des signaux géants s'illuminaient une seconde à la lumière des phares, puis se consumaient comme des allumettes. Derrière nous, Berlin n'était déjà plus qu'une lueur rougeâtre dans le ciel, se rétrécissant à vue d'œil entre les forêts de pins convergentes.

Le projecteur du *Funkturm* balayait la nuit de son maigre rayon. La route noire, toute droite, fonçait en rugissant à notre rencontre, comme pour se faire dévorer. Dans l'ombre capitonnée de la voiture, Bernhardt caressait le chien qui s'agitait sur ses genoux.

— Allons, je vais vous le dire... Nous nous rendons sur les bords du Wannsee, dans une propriété qui appartenait jadis à mon père. Ce qu'on appelle en Angleterre un cottage rustique.

— Un cottage ? Tant mieux !

Mon intonation amusa Bernhardt. D'après le son de sa voix, je devinais qu'il souriait.

— J'espère qu'il ne vous paraîtra pas trop dépourvu de confort.

— Je suis sûr d'avance qu'il me plaira beaucoup.

Bernhardt continuait à rire tout doucement :

— C'est sans doute un peu primitif, au premier abord, mais c'est amusant.

— Je le crois volontiers.

Peut-être avais-je vaguement imaginé un hôtel, de la lumière, de la musique, un menu raffiné. Je me disais avec amertume que c'était bien une idée de riche bourgeois, saturé de civilisation jusqu'à la décadence, de vous présenter comme « amusante » la perspective de camper la nuit dans un misérable cottage humide, en plein milieu de l'hiver. Et, chose vraiment typique, il m'emmenait vers ce cottage dans une voiture de luxe. Où coucherait donc le chauffeur ? Dans le meilleur hôtel de Potsdam, probablement...

Comme nous passions devant les réverbères du poste de péage à l'autre extrémité de l'Avus, je vis que Bernhardt continuait toujours de sourire.

D'un brusque virage, l'auto s'engagea à droite, sur une route qui descendait, bordée de silhouettes d'arbres. On devinait la présence tout proche du grand lac, invisible derrière les bois, sur la gauche. Je ne m'étais guère aperçu que nous venions d'entrer dans une avenue privée. La voiture s'arrêta devant une grande villa.

— Où sommes-nous ? demandai-je à Bernhardt, me disant vaguement qu'il avait sans doute encore quelque chose à chercher (un deuxième terrier d'Ecosse par exemple).

Mais il riait, tout joyeux :

— Nous voici arrivés, mon cher Christopher ! Tout le monde descend !

Un domestique en gilet à rayures vint nous ouvrir. Le chien bondit dehors, nous le suivîmes. La main sur mon épaule, Bernhardt me guidait à travers le vestibule et dans l'escalier. Je notais au passage le riche tapis, des gravures dans leur cadre. Il ouvrit la porte d'une chambre à coucher luxueuse, rose et blanche, avec un édredon de soie qui chatoyait sur le lit. Plus loin il y avait une salle de bains, étincelante d'argent poli parmi les blanches toisons des serviettes.

Bernhardt riait, malicieux :

— Pauvre Christopher ! Notre cottage vous déçoit, je le crains ? Vous le trouvez trop grand, trop fastueux ? Vous vous faisiez une fête de coucher par terre, au milieu des cafards ?

Ce ton de badinage se prolongea pendant tout le dîner. Chaque fois que le domestique nous présentait un mets nouveau sur un plat d'argent, Bernhardt, dont l'œil me guettait, semblait déprécier cela d'un sourire. La salle à manger était d'un baroque timide, élégant et assez fade. Je demandai de quand datait la villa.

— Mon père avait fait construire cette maison en 1904. Il voulait qu'elle rappelât autant que possible un intérieur anglais, à cause de ma mère...

Après le dîner, nous allâmes faire quelques pas au jardin, dans l'obscurité. Un grand vent, venant de l'autre côté de l'eau, soufflait entre les arbres. Butant contre le chien qui se fourrait dans mes jambes, je descendis à la suite de Bernhardt les marches de pierre qui conduisaient à l'embarcadère. Par-delà le lac sombre, tout en vagues, on voyait dans la direction de Potsdam une éclaboussure de lumières qui sautillaient avec leurs queues de comètes sur l'eau noire. Au-dessus du parapet, un réverbère à gaz démoli grinçait au vent. A nos pieds les vagues, sournoisement molles et humides, clapotaient contre la pierre invisible.

— Dans mon enfance, je descendais souvent jusqu'ici par les soirs d'hiver. J'y passais des heures...

Bernhardt s'était mis à parler, mais d'une voix assourdie que j'avais de la peine à entendre. Il avait détourné son visage vers l'obscurité, du côté du lac. Parfois une poussée de vent m'apportait plus distinctement ses paroles, comme si c'était le vent même qui parlait :

— Cela se passait pendant la guerre. Mon frère aîné avait été tué dès le début des hostilités... Ensuite, certains concurrents de mon père entreprirent de le boycotter sous prétexte que sa femme était Anglaise, de sorte que personne ne venait plus nous voir ; le bruit courait que nous étions des espions. A la fin, même les commerçants de l'endroit ne voulaient plus mettre les pieds chez nous... Tout cela était assez ridicule et assez terrible en même temps : une telle méchanceté chez des êtres humains...

Je frissonnai, le regard fixé par-delà le lac. Il faisait froid. A mon oreille, la voix douce, prudente de Bernhardt poursuivait :

— Je me tenais là, par ces soirées d'hiver, m'imaginant que j'étais le dernier des humains encore en vie sur la terre... Je devais être un garçon assez bizarre... Je n'arrivais pas à m'entendre avec d'autres enfants, malgré toute ma soif de popularité et d'amitié. C'était peut-être mon erreur : j'étais trop désireux de me lier avec les autres. Mes camarades s'en apercevaient et cela stimulait leur cruauté envers moi. Objectivement, je comprends cela. Je serais peut-être devenu cruel, moi aussi, en d'autres circonstances. On ne sait jamais... Mais tel que j'étais, l'école représentait pour moi un supplice chinois... Vous pouvez donc imaginer le bonheur que j'éprouvais à me trouver là, dans la nuit, près du lac, tout seul. Et puis la guerre est arrivée... A cette époque, je croyais qu'elle allait durer dix, quinze, vingt ans peut-être. Je savais que je serais appelé sous peu, à mon tour. Chose curieuse, je n'ai pas le souvenir d'en avoir jamais eu peur. J'acceptais. Que chacun de nous dût mourir me paraissait tout à fait naturel. Je pense que cela correspondait à la mentalité générale du temps de guerre. Mais il me semble que dans mon attitude personnelle il y avait en outre quelque chose de spécifiquement sémitique... Il est très difficile de parler de ces choses avec une entière impartialité. Il y a des aveux qu'on hésite à se faire parce qu'il en coûte à l'estime qu'on a pour soi-même...

Ayant insensiblement tourné le dos au lac, nous nous étions mis à gravir la pente du jardin. De temps en temps j'entendais haleter le terrier qui chassait dans l'obscurité. La voix de Bernhardt continuait, hésitante, choisissant ses expressions :

— Après la mort de mon frère, ma mère ne se montra pour ainsi dire plus en dehors de la propriété. Elle s'efforçait d'oublier, je pense, qu'il existait un pays qui s'appelle l'Allemagne. Elle s'était mise à étudier l'hébreu et à se concentrer entièrement sur l'histoire et la littérature anciennes des Juifs. Je vois là véritablement un symptôme de la phase actuelle de l'évolution juive : le fait de se détourner de la culture européenne, des traditions européennes. Il m'arrive parfois de sentir cela chez moi-même... Je me rappelle ma mère allant et venant dans la maison comme une somnambule. Elle se reprochait le moindre petit instant qu'elle ne consacrait pas à ses études. Or c'était assez tragique, parce que pendant ce temps elle mourait d'un cancer... Dès qu'elle l'a su, elle refusa de voir le médecin... L'opération lui faisait peur... A la fin, quand la souffrance est devenue trop aiguë, elle s'est suicidée.

Nous avions regagné la maison. Bernhardt poussa une porte vitrée et nous traversâmes un petit jardin d'hiver avant de pénétrer dans le vaste salon qu'une cheminée à l'anglaise emplissait d'ombres dansantes. Bernhardt alluma plusieurs lampes, inondant la pièce d'une aveuglante clarté.

— Est-ce bien nécessaire, tant de lumières ? demandai-je. La lueur du feu est beaucoup plus sympathique, je trouve.

— Ah ! vous trouvez ? fit Bernhardt avec un sourire subtil. Moi aussi... Mais il m'avait semblé que vous préfériez les lampes.

— Pourquoi cela, grands dieux ?

Son intonation m'avait mis sur mes gardes.

— Je ne sais pas. Cela fait partie de ma conception de votre personnage. Suis-je bête !

Il y avait une nuance de moquerie dans sa voix. Je m'abstins de répliquer. Il se leva et éteignit tout, sauf une petite lampe à côté de moi sur la table. Il y eut un long silence.

— Aimeriez-vous écouter la radio ?

Cette fois son accent me fit sourire :

— Vous n'avez pas besoin de m'offrir des distractions, vous savez ! Je me trouve parfaitement bien, assis là, au coin du feu.

— Tant mieux, cela me fait plaisir... C'était idiot de ma part : j'avais l'impression du contraire.

— Que voulez-vous dire ?

— J'avais peur que vous ne vous ennuyiez, peut-être.

— Mais pas du tout ! Quelle idée !

— Vous êtes très poli, Christopher. Vous êtes toujours très poli. Mais je lis très distinctement tout ce que vous pensez...

Jamais je n'avais rien surpris de tel dans la voix de Bernhardt — elle était cette fois véritablement hostile :

— Vous vous demandez pourquoi je vous ai amené dans cette maison. Et surtout, vous vous demandez pourquoi je vous ai parlé comme je viens de le faire.

— Je suis content que vous m'ayez parlé...

— Non, Christopher, ce n'est pas vrai. Cela vous a passablement choqué. On ne raconte pas ces choses-là, pensez-vous. Votre éducation de grande école anglaise en éprouve un certain dégoût, de cette émotivité juive. Vous vous plaisez à croire que vous êtes un esprit universel et qu'aucune forme de faiblesse ne vous répugne ; mais votre éducation est plus forte que vous. Les gens ne devraient pas parler entre eux de cette façon — voilà votre sentiment. C'est contraire à la décence !

— Bernhardt, vous êtes en train de divaguer !

— Vous trouvez ?... C'est possible... Mais je ne crois pas. Peu importe... Puisque vous tenez à savoir, je vais vous expliquer pourquoi je vous ai amené ici... c'était pour faire une expérience.

— Une expérience ? A mes dépens ?

— Non. Une expérience sur moi-même. C'est-à-dire... Depuis dix ans je n'ai jamais parlé à âme qui vive aussi intimement que je viens de le faire avec vous... Je ne sais si vous êtes capable de vous mettre à ma place... de vous représenter ce que cela signifie ? Ce soir donc... Mais après tout, il est sans doute impossible d'expliquer... Abordons cela par un autre côté. Je vous amène ici, dans cette maison, qui n'a rien à voir avec vous, dont le passé ne vous accable nullement. Et puis je vous raconte mon histoire... C'est peut-être un moyen de conjurer les fantômes... Je m'exprime très mal. Cela vous paraît-il très absurde, tel que je le dis ?

— Non. Pas le moins du monde... Mais pourquoi est-ce moi que vous avez choisi pour cette expérience ?

— Avec quelle dureté vous dites cela, Christopher ! Vous êtes en train de penser que vous me méprisez.

— Non, Bernhardt. Je suis en train de penser que c'est vous qui me méprisez. Je me demande souvent pourquoi vous vous occupez de moi, au fond. Il me semble parfois que vous me détestez franchement, que vous dites et faites tout ce qu'il faut pour me le montrer ; mais d'autre part, je suppose qu'il n'en est pas ainsi, puisque vous insistez toujours pour me voir... Quoiqu'il en soit, je commence à en avoir assez de ce que vous appelez vos expériences. Celle de ce soir est loin d'être la première. Vos expériences ratent et c'est à moi que vous vous en prenez. J'avoue que cela me paraît parfaitement injuste... Mais ce que je ne peux plus supporter, c'est cette façon d'exprimer vos rancunes en affectant une fausse humilité... Au fond, vous êtes le personnage le moins humble que j'aie jamais rencontré.

Bernhardt demeurait silencieux. Il venait d'allumer une cigarette et commençait à en renvoyer lentement la fumée par les narines. Enfin il dit :

— Je me demande si vous avez raison. Pas tout à fait, je crois. Mais en partie... Oui, il existe chez vous une certaine qualité qui m'attire et que j'envie énormément. Mais c'est aussi cette qualité-là qui provoque mon antagonisme... Il se peut que ce soit uniquement parce que je suis un peu Anglais moi-même et que je retrouve en vous un côté de mon propre caractère... Non, c'est encore inexact... Ce n'est pas aussi simple que je le voudrais... J'ai bien peur (Bernhardt, d'un geste vaguement humoristique, se passa la main sur le front et les yeux), j'ai bien peur de n'être qu'une pièce de mécanique inutilement compliquée.

Après un bref silence, il ajouta :

— Mais trêve de stupides propos égotistes. Pardonnez-moi. Je n'ai pas le droit de vous parler ainsi.

Il se leva, traversa la pièce à pas feutrés et tourna le bouton de la radio. En quittant son siège, il s'était appuyé un instant sur mon épaule. Suivi des premières mesures de musique, il revint vers la cheminée, souriant. Son sourire était doux et curieusement hostile à la fois. Il avait l'hostilité des choses antiques. Je songeai à certaine statuette orientale qu'il avait chez lui.

— Ce soir, dit-il, souriant et gentil, on retransmet le dernier acte des *Meistersinger*.

— Comme c'est intéressant, répliquai-je.

Un demi-heure plus tard, sans cesser de sourire, la main sur mon épaule. Bernhardt m'accompagna jusqu'au seuil de ma chambre. Le matin, au petit déjeuner, malgré son air las, il était d'excellente humeur et ne fit pas la moindre allusion à notre entretien de la veille.

Nous rentrâmes à Berlin. Il me déposa au coin du Nollendorfplatz.

— Téléphonez-moi bientôt, dis-je.

— Sans faute. Au début de la semaine prochaine.

— Et merci encore.

— Merci à vous d'être venu, mon cher Christopher.

Nous restâmes près de six mois sans nous revoir.

Un dimanche, au début d'août, un référendum devait fixer le sort du cabinet Brüning. J'étais de nouveau chez Frl. Schroeder, cloué au lit par ces belles journées de chaleur, maudissant mon orteil : pendant mon dernier bain à Rügen, je m'étais coupé avec un morceau de fer-blanc. La plaie envenimée s'était transformée en panaris. C'est avec joie que j'accueillis le coup de téléphone inattendu de Bernhardt.

— Vous souvenez-vous d'un certain petit cottage rustique sur les bords du Wannsee ? Oui, vraiment ? Je me demandais s'il vous serait agréable d'aller y passer quelques heures, cet après-midi ?... Oui, votre logeuse m'a déjà fait part de votre mésaventure. J'en suis bien fâché... Je vous enverrai l'auto. Ce sera bon de s'échapper un peu de cette ville, n'est-ce pas ? Vous ferez ce que vous voudrez là-bas, au repos complet, en toute liberté.

Peu après le déjeuner, la voiture vint me chercher en effet. Il faisait merveilleusement beau, et tout le long du trajet je ne cessai de bénir la gentillesse de Bernhardt. Mais en arrivant devant la villa, je reçus un choc fort désagréable : une foule se pressait sur la pelouse.

J'étais extrêmement ennuyé. « On m'a joué un sale tour, me disais-je. Me voilà avec mon vêtement le plus râpé, mon pied bandé et ma canne, pris au piège en pleine garden-party de gens chics ! » J'aperçus Bernhardt en pantalon de flanelle et pull-over, l'air étonnamment juvénile. Il s'élança vers moi, franchissant d'un bond la clôture basse :

— Christopher ! Enfin vous voilà ! Mettez-vous à votre aise.

Malgré mes protestations, il m'enleva de force mon veston, mon chapeau. Par malchance, j'avais mis des bretelles. La plupart des invités étaient en costume de tennis, à la mode de la Riviera. Avec un sourire forcé, je me réfugiai instinctivement sous la carapace d'excentricité hargneuse qui me protège en pareille circonstance et je fendis la foule en clopinant. Au son d'un gramophone, plusieurs couples dansaient ; deux jeunes gens se battaient à coups de coussins, encouragés par leurs compagnes respectives ; la plupart des invités bavardaient, étendus sur des tapis dans l'herbe. Tout se passait à la bonne franquette ; valets et chauffeurs se tenaient discrètement à l'écart, surveillant ces ébats comme des gouvernantes de rejetons titrés.

Qu'est-ce qu'ils faisaient là, tous ? Pourquoi Bernhardt les avait-il réunis ? Etait-ce une nouvelle tentative, plus laborieuse, d'exorciser les fantômes ? Non, décidai-je : c'est sans doute plutôt une de ces réceptions obligatoires qu'on donne une fois par an, pour la famille, les amis et les connaissances. Et mon nom figurait tout bonnement quelque part au bout de la liste. Pas la peine de faire la tête. Amusons-nous pendant qu'on y est.

Puis tout à coup, à ma grande surprise, j'aperçus Natalia. Elle portait une robe de je ne sais quelle étoffe jaune clair, avec de petites manches bouffantes, et tenait à la main un grand chapeau de paille. Je la reconnaissais à peine, tant elle était jolie. Elle s'avança gaiement à ma rencontre :

— Ah ! Christopher ! vous savez, je suis si contente !

— Où étiez-vous tout ce temps ?

— A Paris... Vous ne saviez pas ? Vraiment ? J'attends toujours une lettre de vous et il n'y a rien !

— Mais, Natalia, vous ne m'avez jamais donné votre adresse.

— Oh, je l'ai fait !

— Dans ce cas, je n'ai jamais reçu votre lettre... Je me suis absenté moi aussi, vous savez.

— Ah oui ? vous étiez parti ? Alors je regrette. Je ne peux pas vous aider.

Nous avons ri tous deux. Le rire de Natalia, comme tout

le reste en elle, n'était plus le même. Ce n'était plus le rire de cette étudiante sévère qui m'enjoignait de lire Jacobsen ou Goethe. Sur son visage s'attardait maintenant un sourire rêveur, enchanté, comme si elle prêtait sans cesse l'oreille à quelque musique pleine de fougue et de charme. Malgré le plaisir manifeste de me revoir, elle ne suivait pas très bien la conversation.

— Et que devenez-vous à Paris ! Faites-vous des études artistiques comme vous en aviez l'intention ?

— Mais naturellement !

— C'est intéressant ?

— Merveilleux !

Elle hochait la tête avec énergie, les yeux étincelants, mais son adjectif semblait s'appliquer à tout autre chose.

— Votre mère est-elle avec vous ?

— Oui, oui...

— Vous avez un appartement ?

— Oui... (Nouveau hochement de tête.) Un appartement... Oh, c'est merveilleux !

— Et vous y retournez ? bientôt ?

— Mais oui... Naturellement ! Demain !

Elle semblait tout étonnée de m'entendre poser cette question – étonnée de ce que le monde entier ne fût pas au courant... Comme je connaissais bien cet état d'esprit ! Il n'y avait plus de doute : Natalia était amoureuse.

Nous bavardâmes quelques minutes encore, elle toujours souriante, rêveuse, à l'écoute — mais pas de ce que je disais. Brusquement, elle se dit très pressée, déjà en retard pour ses bagages, obligée de se sauver. Elle me broya la main, puis je la vis courir joyeusement à travers la pelouse vers la voiture qui l'attendait. Elle n'avait même pas pensé à me demander de lui écrire, ni à me donner son adresse. Tandis que je lui faisais signe de loin, mon orteil malade éprouva un élancement d'envie.

Un peu plus tard, les plus jeunes des invités allèrent se baigner en barbotant dans l'eau sale du lac, au pied de l'escalier de pierre. Bernhardt était parmi eux. Il avait un corps tout blanc, d'une étrange candeur de bébé, avec un ventre de bébé, rond et un peu proéminent. Il riait, s'ébattait et criait plus fort que les autres. En rencontrant mon regard, il redoubla de tapage. Etait-ce une manière de défi ? Pensait-il, comme moi, à ce qu'il me racontait six mois plus tôt, à cette même place ? Il hurlait :

— Venez avec nous, Christopher ! Cela fera du bien à votre pied !

Quand enfin ils furent tous sortis, en train de se sécher, lui et quelques autres jeunes gens se mirent à se pourchasser en riant parmi les arbres du jardin.

Cependant Bernhardt avait beau gambader, sa partie de plaisir ne " marchait " pas. On se séparait en petits groupes et même au plus fort des réjouissances, au moins un quart de la société discutait politique, gravement, à voix basse. D'ailleurs certains invités n'étaient manifestement venus que pour se rencontrer et s'entretenir de leurs propres affaires, de sorte qu'ils ne se mettaient même pas en frais de sociabilité. Ils étaient installés là comme à leur bureau ou dans leur propre salon.

Au crépuscule, une jeune fille se mit à chanter. Elle chantait en russe et, comme toujours, c'était triste. Les domestiques parurent avec des verres et une énorme coupe de punch. La fraîcheur tombait sur la pelouse. Il y avait des millions d'étoiles. Au loin, sur le grand lac tranquille, plein jusqu'aux bords, les dernières voiles-fantômes couraient çà et là au souffle incertain de la brise du soir. Le gramophone jouait. Etendu sur des coussins, j'écoutais un médecin juif affirmer que la France ne saurait jamais comprendre l'Allemagne parce que les Français n'ont rien connu de comparable à l'existence névrosée qui fut celle des Allemands d'après guerre. Un rire aigu de femme fusa soudain du milieu d'un groupe de jeunes gens. Là-bas, dans la ville, on comptait les bulletins de vote. Ma pensée alla vers Natalia : « Elle vient de l'échapper belle ; juste à temps sans doute. Malgré les retards possibles du règlement décisif, tous ces gens-là sont condamnés sans merci. Cette soirée est la répétition générale d'un désastre. Ou bien la dernière représentation d'une époque. »

A dix heures et demie, on commença de se disperser. Nous attendions, qui devant le hall, qui devant la sortie, pendant que l'un de nous téléphonait à Berlin pour avoir des nouvelles. Quelques instants de silence attentif, puis le visage brun, l'écouteur à l'oreille, se détendit en un sourire. Nous apprîmes que le Gouvernement était sauf. Quelques-uns des invités applaudirent, un peu ironiques, mais soulagés. En me retournant, je trouvai Bernhardt derrière moi avec son sourire subtil :

— Une fois de plus, le Capitalisme reste intact.

Il s'était arrangé pour qu'on me ramenât jusque chez moi dans le spider d'une auto qui rentrait à Berlin. Au moment où nous arrivions dans la Taùentzienstrasse on y vendait les journaux avec le compte rendu des bagarres de la Bülowplatz. Je songeais à nous autres, affalés sur la pelouse au bord du lac, sirotant notre punch au son du gramophone ; et à cet officier de police, qui, revolver au poing, mortellement blessé, montait en titubant les marches d'un cinéma pour tomber inanimé au pied d'un personnage en carton, réclame de quelque film désopilant.

Encore une interruption — de huit mois, cette fois-ci —, puis de nouveau je sonnais à la porte de Bernhardt. Il était bien chez lui.

— C'est un grand honneur que vous me faites, Christopher. Un honneur trop rare, hélas !

— Oui, j'en suis navré... J'ai pensé si souvent à venir vous voir et je ne l'ai pas fait, je ne sais pourquoi...

— Vous êtes resté tout le temps à Berlin ? Vous savez, j'ai téléphoné à deux reprises chez Frl. Schroeder. Chaque fois une voix inconnue m'a répondu que vous étiez parti pour l'Angleterre.

— C'est ce que j'avais raconté à Frl. Schroeder. Je ne voulais pas qu'elle sache que j'étais toujours là.

— Tiens ! Vous vous étiez disputés ?

— Au contraire. Je lui ai dit que je partais parce que sans cela elle aurait voulu à toute force me prendre à sa charge. J'étais passablement fauché... Mais tout va très bien à présent, m'empressai-je d'ajouter en voyant l'expression alarmée de Bernhardt.

— C'est bien vrai ? J'en suis heureux... Mais à quoi avez-vous passé votre temps ?

— A vivre avec une famille de cinq personnes dans deux mansardes du Hallesches Tor.

Il sourit :

— Ma parole, Christopher, vous menez une existence bien romanesque !

— Tant mieux si vous trouvez cela romanesque. Moi pas.

Et nous rîmes de concert.

— En tout cas, dit Bernhardt, cela a l'air de vous avoir réussi. Vous êtes l'image même de la santé.

Je ne pouvais guère lui retourner le compliment. Je ne lui avais jamais vu aussi mauvaise mine. Son visage était pâle et tiré, la fatigue ne l'abandonnait pas, même quand il souriait. Deux cernes livides soulignaient ses yeux. Son front semblait se dégarnir. Il avait vieilli de dix ans.

— Et vous, qu'avez-vous fait ? demandai-je.

— Mon existence est bien monotone, je le crains, en comparaison de la vôtre... Elle comporte cependant quelques intermèdes tragi-comiques.

— Des intermèdes de quel genre ?

— Ceci, par exemple.

Bernhardt se dirigea vers sa table de travail, prit une feuille de papier et me la tendit :

— J'ai trouvé cela dans mon courrier de ce matin.

Je parcourus le texte dactylographié :

> *Bernhardt Landauer, attention ! Nous allons vous régler votre compte, à toi et à ton oncle et aux autres sales Juifs. Nous vous donnons vingt-quatre heures pour quitter l'Allemagne. Sinon vous êtes des hommes morts.*

— La soif du sang ! Qu'en dites-vous ? fit Bernhardt en riant.

— C'est incroyable. De qui pensez-vous que cela vienne ?

— D'un employé congédié, sans doute. Ou bien d'un farceur. Ou d'un fou. Ou d'un collégien nazi surexcité.

— Qu'allez-vous faire ?

— Rien.

— Vous allez sûrement avertir la police ?

— Mon cher Christopher, la police ne tarderait pas à se lasser d'écouter ces bêtises. Des lettres de ce genre, nous en recevons trois ou quatre par semaine.

— Tout de même, il se peut que cette fois ce soit quelque chose de sérieux... Les Nazis écrivent peut-être comme des collégiens, n'empêche qu'ils sont capables de tout. C'est justement ce qui les rend dangereux. Les gens rient, jusqu'à ce que cela tourne mal...

Bernhardt avait toujours son sourire fatigué :

— J'apprécie beaucoup le souci que vous avez de mon sort. Mais je ne le mérite aucunement. Ma vie n'est pas d'une importance si grande, ni pour moi-même ni pour d'autres, pour que les forces de la Loi soient appelées à la protéger... Quant à mon oncle, il est à Varsovie pour l'instant.

Je voyais qu'il préférait changer de conversation :

— Avez-vous des nouvelles de Natalia et de Frau Landauer ?

— Ah oui, parfaitement ! Natalia est mariée. Vous ne le saviez pas ? Avec un jeune médecin français... On me dit qu'ils sont très heureux.

— J'en suis bien content !

— Oui... C'est un plaisir que de savoir ses amis heureux, n'est-ce pas !

Il alla jusqu'à la corbeille à papier et y jeta la lettre. Puis il sourit avec douceur et mélancolie ;

— Surtout dans un autre pays...

— Et que va-t-il se passer désormais en Allemagne, selon vous ? demandai-je. Un putsch nazi ou une révolution communiste ?

Il se mit à rire :

— Vous n'avez, à ce que je vois, rien perdu de votre enthousiasme ! Je voudrais bien que cette question me parût aussi grave de conséquences qu'à vous...

J'avais sur le bout de la langue : « On verra bien un de ces jours si elle est grave de conséquences ! » Je suis content aujourd'hui de n'avoir pas riposté ainsi et de m'être borné à demander :

— Pourquoi donc voudriez-vous cela ?

— Parce que cela dénoterait quelque chose de plus sain dans mon caractère... Il est bon, de nos jours, de s'intéresser à ces choses, j'en conviens. C'est une preuve de santé... Et parce que tout cela me paraît un peu irréel, un peu... — ne soyez pas froissé, Christopher, je vous en prie — un peu trivial, je me rends compte que je perds contact avec l'existence. C'est mauvais certainement... Il s'agit de garder le sens des proportions... Savez-vous que parfois, quand je suis seul ici, le soir, parmi ces livres et ces pierres sculptées, j'éprouve tout à coup une sensation étrange d'irréalité, comme si tout l'ensemble de ma vie était confiné là ? Oui, vraiment, il m'est arrivé de douter que notre magasin, cet énorme édifice bourré jusqu'au sommer de tous nos biens accumulés, existe autrement que dans mon imagination... Et puis j'ai aussi connu l'impression pénible, comme on en a en rêve, de n'avoir moi-même aucune existence. C'est morbide, c'est déséquilibré, très certainement... Je vais vous confesser quelque chose, Christopher... Un soir, cette hallucination de la non-existence des Landauer m'a poursuivi à tel point que j'ai pris le téléphone pour engager une longue conversation avec un gardien de nuit de chez nous, en m'excusant sous je ne sais quel prétexte ridicule de l'avoir dérangé. Histoire de me rassurer, vous comprenez ? Vous ne croyez pas que je deviens fou ?

— Je ne crois rien de pareil... cela peut arriver à chacun après un surmenage.

— Vous me conseillez de prendre des vacances ? Un mois en Italie, à l'occasion du printemps ? Oui... Je me souviens d'une époque où un mois de soleil d'Italie aurait fait fondre tous mes tracas. Aujourd'hui, hélas, le remède a perdu son efficacité. Tenez, voici un joli paradoxe : l'affaire Landauer n'a plus de réalité à mes yeux, or j'en suis esclave plus que jamais. Vous voyez où mène une vie de sordide matérialisme. Que je lève le nez de ma table et me voilà positivement malheureux... Ah ! Christopher, puisse ma destinée vous servir d'avertissement !

Il parlait en souriant, sur un mode léger, à demi persifleur. Je n'éprouvais aucun plaisir à discuter sur ce thème.

— Vous savez, dis-je, cette fois je m'en vais pour de bon en Angleterre, d'ici trois ou quatre jours.

— J'en suis désolé. Combien de temps comptez-vous y rester ?

— Tout l'été, sans doute.

— Vous en avez assez de Berlin, finalement ?

— Oh ! non... Il me semble plutôt que Berlin en a assez de moi.

— Mais vous reviendrez ?

— Oui, je pense.

— Je suis sûr que vous finirez toujours par revenir à Berlin, Christopher. On a l'impression que vous en faites partie.

— Il y a peut-être du vrai là-dedans.

— C'est curieux comme certaines personnes semblent appartenir à certains lieux, et surtout à des lieux qui ne sont pas ceux de leur naissance. Dès mon arrivée en Chine, j'ai eu l'impression que j'étais chez moi, pour la première fois de ma vie... Quand je mourrai, mon esprit se transportera à Pékin.

— Il vaudrait mieux y faire transporter votre corps par le train, et le plus tôt possible !

Bernhardt riait :

— Entendu... Je suivrai ce sonseil ! Mais à deux conditions : premièrement, vous m'accompagnerez ; deuxièmement, nous quitterons Berlin ce soir même.

— C'est sérieux ?

— Tout à fait.

— Quel dommage ! Je serais ravi de partir avec vous... Malheureusement il ne me reste que cent cinquante marks en tout et pour tout.

— Vous seriez mon invité, cela va sans dire.

— Oh ! Bernhardt, quelle chance ! Nous pourrions nous arrêter quelques jours à Varsovie, puis filer sur Moscou, prendre le Transsibérien...

— Alors vous venez ?

— Mais bien sûr !
— Ce soir même ?
Je fis semblant de réfléchir :
— J'ai bien peur que non, pas ce soir. J'attends mon linge de chez la blanchisseuse... Remettons à demain ?
— Demain il sera trop tard.
— C'est désolant !
— N'est-ce pas ?
Nous riions l'un et l'autre ; Bernhardt paraissait spécialement émoustillé par sa plaisanterie. Il y avait même un accent un peu forcé dans son rire, comme si le comique de la chose comportait une dimension supplémentaire, à laquelle je n'avais pas accès. C'est en riant que nous nous séparâmes.

Je ne suis peut-être pas très fort en devinettes. Toujours est-il qu'il m'a fallu près de dix-huit mois pour trouver le fin mot de celle-ci et pour y reconnaître l'ultime, la plus téméraire et la plus cynique des expériences que Bernhardt ait voulu tenter sur nous deux. Car j'ai maintenant la conviction, la certitude absolue, qu'il m'avait fait son offre le plus sérieusement du monde.

De retour à Berlin en automne 1932, je téléphonai naturellement à Bernhardt, mais on me répondit qu'il était en voyage d'affaires à Hambourg. Je me reproche — on se fait toujours des reproches quand il est trop tard — de ne pas avoir insisté davantage. Mais j'avais tant à faire, tant d'élèves et d'autres personnes à voir que les semaines finirent par devenir des mois. Noël arriva. J'envoyai une carte mais n'eus pas de réponse. Sans doute était-il absent de nouveau. Et puis ce fut la Nouvelle Année, Hitler, l'incendie du Reichstag et la parodie des élections.

Inquiet du sort de Bernhardt, j'essayai trois fois de suite de l'appeler, mais d'un taxiphone, de peur de causer des ennuis à Frl. Schroeder. Toujours pas de réponse. Enfin, en avril, j'allai un soir jusqu'à son domicile. Le concierge, plus méfiant que jamais, sortit la tête du soupirail minuscule et fit mine d'abord d'ignorer qui était Bernhardt ; finalement il aboya :

— Herr Landauer est parti... parti pour de bon.

— C'est-à-dire qu'il a déménagé ? Pouvez-vous me donner son adresse ?

— Il est parti, répéta le concierge en refermant bruyamment son soupirail.

Je me retirai donc, ayant conclu, non sans logique, que Bernhardt était en sûreté quelque part.

Le jour du boycottage des Juifs, je suis allé voir ce qui se passait au *Landauers*. Extérieurement, il n'y avait rien de très anormal. Deux ou trois jeunes S. A. en uniforme étaient postés à chacune des entrées principales. Dès qu'un client approchait, on lui disait : « N'oubliez pas que c'est une affaire juive ! » Les jeunes gens étaient fort polis, souriaient et plaisantaient entre eux. De petits groupes de badauds contemplaient le spectacle, curieux, amusés ou simplement apathiques, ne sachant encore s'il fallait approuver ou non. Cela ne ressemblait en rien à l'atmosphère des villes de province telle que la décrivaient plus tard les journaux, où l'on maltraitait les acheteurs en les marquant avec un tampon-encre au front ou à la joue. Ici les clients entraient nombreux dans le magasin. Je les ai suivis, j'ai acheté le premier objet qui m'est tombé sous la main — en l'occurrence une râpe à muscade — et je suis ressorti en faisant tournoyer mon tout petit paquet. Un des jeunes gardiens de la porte a dit quelque chose à son camarade en clignant de l'œil. Je me suis rappelé l'avoir rencontré une ou deux fois à l'*Alexander Casino* du temps où j'habitais chez les Nowak.

En mai, j'avais définitivement quitté Berlin. Ma première étape fut Prague et c'est là qu'un soir, attablé dans un restaurant en sous-sol, je reçus indirectement les dernières nouvelles de la famille Landauer.

A côté de moi deux hommes s'entretenaient en allemand. L'un des deux était certainement Autrichien ; quant à l'autre, je ne parvenais pas à le situer. Gros et gras, ayant dépassé la quarantaine, il pouvait avoir un petit commerce dans une quelconque capitale d'Europe, entre Belgrade et Stockholm. Tous deux étaient indubitablement prospères, positivement aryens et politiquement neutres. Le gros homme éveilla mon attention en disant :

— Tu connais le *Landauers* ? Le *Landauers* de Berlin ?

L'Autrichien hocha la tête :

— Connais que ça... Fait des affaires en masse avec eux, autrefois. Belle installation qu'ils ont là-bas. Doivent savoir ce que ça a coûté.

— Vu les journaux, ce matin ?

— Non. Pas eu le temps... On emménage dans le nouvel appartement, tu sais. La patronne va rentrer.

— Elle rentre ? Pas possible ! C'est à Vienne qu'elle était ?

— Tout juste.

— Elle s'est payé du bon temps ?

— Tu peux compter sur elle ! En tout cas, je sais ce que ça coûte.

— Ce n'est pas bon marché, à Vienne, par le temps qui court.

— A qui le dis-tu !

— Le ravitaillement revient cher.

— Comme partout.

— C'est vrai, tu as raison.

Le gros homme se mit à se curer les dents :

— Qu'est-ce que je disais donc ?

— Tu parlais du *Landauers*.

— C'est ça... Tu n'as pas lu les journaux ce matin ?

— Non, je ne les ai pas lus.

— Il y avait quelque chose à propos de Bernhardt Landauer.

— Bernhardt ? fit l'Autrichien. Attends... c'est le fils, je crois ?

— Je ne sais pas au juste.

Le gros homme avait délogé une parcelle de viande avec la pointe de son cure-dent. Il la tendait vers la lumière et la contemplait d'un air pensif.

— Ce doit être le fils, dit l'Autrichien ; ou peut-être le neveu... Non, je crois bien que c'est le fils.

— Enfin, quoi qu'il en soit (le gros homme rejeta le petit bout de viande sur l'assiette avec un geste de dégoût), il est mort.

— Non ! Pas possible !

— Arrêt du cœur.

Le gros homme prit un air grave et porta la main à sa bouche pour couvrir un hoquet. Il avait trois bagues en or.

— C'est ce qu'on disait dans le journal.

— Arrêt du cœur !

Inquiet, l'Autrichien se retourna dans son fauteuil :

— Pas possible !

— Ça arrive souvent aujourd'hui en Allemagne, un arrêt du cœur, dit le gros.

L'Autrichien hochait la tête :

— Ce n'est pas croyable, tout ce qu'on entend dire, c'est un fait.

— Si tu veux mon avis, dit le gros, il n'y a pas de cœur qui résiste quand on vous envoie une balle dedans.

L'Autrichien n'était pas du tout dans son assiette.

— Ces Nazis... commença-t-il.

— Ils n'y vont pas de main morte. (Le gros homme semblait prendre plaisir à donner la chair de poule à son ami.) Retiens bien ce que je te dis, ils ne laisseront plus un seul Juif en Allemagne. Plus un seul.

L'Autrichien secouait la tête :

— Je n'aime pas ça.

— Des camps de concentration, dit le gros en allumant un cigare, on les fourre là-dedans, on leur fait signer des papiers... Et puis ils ont un arrêt du cœur.

— Je n'aime pas ça, répéta l'Autrichien, ça va faire du tort au commerce.

— Oui, acquiesça le gros, ça va faire du tort au commerce.

— Tout va aller de travers.

— Très juste. On ne saura plus à qui on a affaire. (Le gros homme riait, macabre à sa façon.) Peut-être à un cadavre !

L'Autrichien eut un petit frisson :

— Et le vieux, dis donc ? le père Landauer ? On l'a pris, lui aussi ?

— Non, pas lui ! Il est plus malin que ça. Il est à Paris.

— Pas possible !

— Je suppose que les Nazis vont reprendre l'affaire. C'est ce qu'ils font maintenant.

— Il sera ruiné alors, le vieux Landauer ?

— Pas de danger ! (Le gros homme secoua la cendre de son cigare, d'un air de mépris.) Il doit avoir un magot quelque part. Tu verras. Il va lancer une nouvelle affaire. Ils ne manquent pas de culot, ces Juifs...

— Tu as raison, opina l'Autrichien, un Juif finit toujours par relever la tête.

Cette idée parut le ragaillardir un peu. Son visage s'éclaira :

— Cela me rappelle... Je savais bien que j'avais quelque chose à te raconter... Tu connais l'histoire du Juif et de la jeune fille *goy* à la jambe de bois ?

— Non.

Le gros homme tirait sur son cigare. Sa digestion se mettait bien en train. Il était de l'humeur qui convient à la fin d'un repas :

— Vas-y.

Journal à Berlin

Hiver 1932-1933

Ce soir, pour la première fois de l'hiver, il fait très froid. Le froid mortel s'empare de la ville dans un silence aussi absolu que celui d'une intense chaleur de midi en été. La ville semble positivement se contracter de froid, se ratatiner jusqu'à n'être plus qu'un petit point noir, guère plus gros que des centaines d'autres points, isolés et presque introuvables sur l'immense carte d'Europe. Dehors, dans la nuit, derrière les blocs de béton des immeubles nouvellement construits, là où les rues se terminent par les jardins glacés des lotissements, il y a les plaines de la Prusse. On les sent qui vous encerclent, ce soir, qui gagnent la ville en rampant, comme l'énorme étendue d'un océan inhospitalier, parsemées de taillis dénudés, de lacs gelés et de minuscules villages qui ne sont que des noms bizarres de champs de bataille dans des guerres dont on ne parle plus. Berlin est un squelette endolori par le froid ; c'est mon propre squelette endolori. Je sens avec mes os la morsure aiguë du gel dans les poutrelles du métro aérien, dans le fer forgé des balcons, dans les ponts, les rails du tramway, les réverbères, les lavabos publics. Le fer sursaute, puis se resserre, la pierre et la brique ont des douleurs sourdes, le plâtre est engourdi.

Berlin est une cité à deux centres : le groupe luxueux des hôtels, des bars, des cinémas et des magasins autour de l'église du Souvenir, noyau scintillant de lumières comme un faux diamant dans la pénombre mesquine de la ville ; et puis le centre civique des édifices pleins de morgue, savamment disposés aux abords de l'Unter den Linden. De grand style international, copies de copies, ils proclament notre dignité de capitale : un parlement, plusieurs musées, une banque d'Etat, une cathédrale, un opéra, une douzaine d'ambassades, un arc de triomphe — rien n'a été oublié. Et tout cela est tellement pompeux, tellement correct — tout, sauf la cathédrale dont l'architecte laisse entrevoir une pointe de cette hystérie qui clignote toujours derrière la grisaille et la gravité d'une façade prussienne. Sous l'éteignoir de sa coupole absurde, elle paraît, au premier abord, d'une drôlerie si inattendue qu'on se met à chercher un nom assez ridicule pour lui convenir — Eglise de l'Immaculée Consomption par exemple.

Mais le vrai cœur de Berlin, c'est un petit bois humide et noir, le Tiergarten. A cette époque de l'année, le froid fait sortir de leurs hameaux mal abrités les jeunes paysans qui viennent chercher en ville quelque pitance et du travail. Mais la ville qui brillait dans la nuit sur la plaine d'un éclat si vif et si engageant se révèle froide et cruelle et morte. Sa tiédeur n'est qu'une illusion, un mirage du désert hivernal. Elle se refuse à recevoir ces garçons. Elle n'a rien à offrir. Le froid les pourchasse dans les rues jusque dans ce bois, son cœur cruel. C'est là qu'ils viennent se blottir sur les bancs, glacés et mourant de faim, rêvant aux cheminées de leurs chaumières lointaines.

Frl. Schroeder a horreur du froid. Recroquevillée dans sa jaquette en velours fourrée, elle s'installe dans un coin et pose ses pieds déchaussés sur le poêle. Tantôt elle allume une cigarette, tantôt elle avale à petites gorgées un verre de thé, mais la plupart du temps elle reste là, fixant d'un regard stupide les carreaux du poêle, dans une sorte d'hibernation. Elle se sent seule depuis quelque temps. Frl. Mayr est en Hollande avec une tournée de son cabaret et Frl. Schroeder n'a personne à qui parler, sauf Bobby et moi.

Bobby, du reste, est tout à fait en disgrâce. Non seulement, faute d'emploi, il est de trois mois en retard pour son loyer, mais encore Frl. Schroeder a des raisons pour le soupçonner d'avoir pris de l'argent dans son sac.

— Vous savez, Herr Issyvoo, me dit-elle, je ne serais pas

étonnée d'apprendre que c'est lui qui a chipé les cinquante marks à Frl. Kost... Il en est bien capable, ce cochon-là ! Dire que j'ai pu me tromper sur lui à ce point ! Vous me croirez si vous voulez, Herr Issyvoo, je le gâtais comme s'il était mon fils ! Il prétend qu'il me paiera jusqu'au dernier pfennig s'il obtient cette place de barman au *Lady Windermere*... si... si, persifle Frl. Schroeder avec un souverain mépris : je pense bien ! si ma grand-mère avait des roues, elle serait un omnibus !

Chassé de son ancienne chambre, Bobby est désormais relégué dans le « Pavillon Suédois ». Cela doit être plein de courants d'air, là-haut. Il y a des jours où le pauvre est bleu de froid. Il a beaucoup changé depuis un an : ses cheveux sont plus clairsemés, ses vêtements plus râpés, son aplomb se fait agressif et produit un effet plutôt lamentable. Un homme comme Bobby ne représente que son emploi. Enlevez-lui cet emploi, et il cesse pour ainsi dire d'exister. Parfois il arrive au salon, la barbe pas faite, les mains dans les poches, et il traîne là, à siffloter avec une maladroite arrogance ; les airs qu'il siffle ne sont plus de la dernière nouveauté. De temps en temps Frl. Schroeder condescend à lui lancer un mot comme on lance un bout de pain, mais elle s'abstient de le regarder ou de lui offrir une place près du poêle. Sans doute ne lui a-t-elle jamais pardonné, au fond, son aventure avec Frl. Kost. C'est fini, les chatouilles et les claques sur le postérieur.

Hier nous avons reçu la visite de Frl. Kost en personne. J'étais sorti à ce moment-là, mais en rentrant j'ai trouvé Frl. Schroeder tout excitée :

— Imaginez-vous, Herr Issyvoo, je ne l'aurais pas reconnue ! C'est une vraie dame, à présent ! Son ami japonais lui a acheté un manteau de fourrure, en fourrure véritable, je ne veux même pas calculer ce que ça a dû lui coûter. Et ses chaussures : du serpent authentique ! Enfin, elle a bien gagné ça, je parie ! Aujourd'hui, c'est le seul métier qui rapporte... Je crois que je finirai par me lancer là-dedans, moi aussi !

Mais Frl. Schroeder avait beau multiplier des sarcasmes aux dépens de Frl. Kost, je me rendais compte qu'elle était profondément impressionnée, et dans un sens non défavorable. Ce qui l'impressionnait d'ailleurs, ce n'était pas tant le manteau de fourrure ou les souliers ; Frl. Kost s'était acquis quelque chose de plus distingué — une estampille de respectabilité dans l'univers de Frl. Schroeder : elle avait subi une opération dans une clinique privée.

— Oh, pas ce que vous pensez, Herr Issyvoo ! C'est quelque chose qu'elle avait à la gorge. Son ami a payé cela aussi, naturellement... Songez donc : les médecins lui ont retiré quelque chose du fond de son nez, alors maintenant quand elle prend de l'eau dans sa bouche, elle peut la recracher par le nez, comme une seringue, ni plus ni moins ! Je ne voulais pas le croire, mais elle l'a fait devant moi ! Je vous en donne ma parole, Herr Issyvoo, elle a fait gicler l'eau jusqu'à l'autre bout de la cuisine. Il n'y a pas à dire, elle a beaucoup gagné depuis le temps où elle habitait ici... Je ne serais pas surprise un de ces jours de la voir épouser un banquier. Oh, oui, vous pouvez m'en croire, elle ira loin, cette fille-là !

Un jeune ingénieur de mes élèves, Herr Krampf, me décrit son enfance, au temps de la guerre et de l'inflation. Pendant les dernières années de la guerre, les courroies disparaissaient des fenêtres dans les voitures de chemin de fer : les gens les coupaient pour les vendre. On pouvait même rencontrer des femmes ou des hommes habillés avec le tissu de ces voitures. Quelques camarades d'école de Krampf ont pénétré de nuit dans une usine et ont emporté toutes les courroies de transmission. Tout le monde volait. Chacun vendait ce qu'il avait à vendre, y compris sa personne. Un garçon de quatorze ans, de la classe de Krampf, colportait de la cocaïne à la sauvette dans les rues, entre ses heures de cours.

Les fermiers, les bouchers étaient tout-puissants. Pour obtenir des légumes ou de la viande, il fallait se plier à leur moindre caprice. Les Krampf connaissaient, dans un petit trou de la banlieue de Berlin, un boucher chez qui l'on trouvait toujours de la viande, mais qui avait une singulière perversion sexuelle : sa plus grande jouissance érotique, c'était de pincer ou de souffleter les joues d'une jeune fille ou d'une femme distinguée et sensible. L'idée d'humilier ainsi une dame telle que Frau Krampf l'excitait énormément. Rien à faire à moins qu'on ne satisfasse sa lubie. Ainsi donc, tous les dimanches, la mère de Krampf se mettait en route avec ses enfants pour tendre patiemment ses joues aux pinçons et aux gifles en échange de quelques côtelettes ou d'un rôti.

Tout au bout de la Potsdamerstrasse il y a un champ de foire avec des manèges, des balançoires, des vérascopes. Une des plus grandes attractions de la foire, c'est une tente sous laquelle se déroulent des matches de boxe et de lutte. Vous payez, vous entrez, vous assistez à trois ou quatre rounds, après quoi l'arbitre annonce que pour en voir davantage il s'agit de payer dix pfennigs de supplément. Un des lutteurs est chauve, avec un très gros ventre ; il porte un pantalon de toile, retroussé comme pour aller canoter. Son adversaire a une culotte noire collante et des genouillères de cuir qui ont l'air d'avoir servi à un vieux cheval de fiacre. Ces lutteurs cherchent à se repousser réciproquement autant que possible et font des sauts périlleux pour amuser le public. Le gros, qui joue les vaincus, simule chaque fois la fureur et menace de se jeter sur l'arbitre. L'un des boxeurs est nègre. C'est toujours lui qui triomphe. Les adversaires échangent des claques du plat de leur gant avec un bruit épouvantable. Le deuxième, un grand jeune homme bien découplé qui a une vingtaine d'années de moins et qui est nettement plus fort que le nègre, se laisse cependant mettre knock-out avec une étrange facilité. Il se tord sur le sol dans une impressionnante agonie, parvient presque à se remettre debout juste avant qu'on n'ait fini de compter jusqu'à dix, puis s'effondre de nouveau en gémissant. A la fin du combat, l'arbitre perçoit encore dix pfennigs par personne et fait appel aux amateurs. Avant qu'un compétiteur de bonne foi n'ait eu le temps de se présenter, un autre jeune homme, qui jusque-là était en train de bavarder et de rire avec les lutteurs, au vu et au su de tout le monde, bondit sur le ring, se déshabille et apparaît déjà en tenue, avec un caleçon et des souliers de boxe. L'arbitre annonce un prix de cinq marks, et cette fois c'est le nègre qui est knock-out.

Le public croit dur comme fer que ces combats sont sérieux ; il encourage les adversaires par ses clameurs ; des disputes, des paris s'engagent même quant aux résultats. Pourtant tout ce monde a séjourné dans la tente aussi longtemps que moi, plus longtemps même. Moralité qui n'a rien de rassurant au point de vue politique : ces gens-là, on peut les amener à donner leur confiance à n'importe qui, à n'importe quoi.

Ce soir, en passant par la Kleiststrasse, j'ai remarqué un petit attroupement autour d'une auto. Dans l'auto, il y avait deux jeunes femmes ; sur le trottoir, deux jeunes Juifs étaient engagés dans une discussion violente avec un gros homme blond, visiblement pris de boisson. Nous apprîmes que les Juifs, roulant au ralenti dans la rue en quête d'aventure, avaient proposé un tour de promenade aux deux jeunes personnes. Celles-ci avaient accepté et étaient montées dans l'auto. Mais à ce moment, l'homme blond est intervenu. Il nous expliqua qu'il était Nazi et qu'à ce titre il avait pour mission de protéger l'honneur de toute femme allemande contre l'immonde péril anti-aryen. Les deux Juifs ne paraissaient nullement intimidés. En termes très vifs, ils enjoignaient au Nazi de se mêler de ce qui le regardait. Entre-temps, à la faveur du grabuge, les jeunes femmes s'étaient glissées hors de la voiture et avaient pris la fuite. Le Nazi essaya d'entraîner l'un des Juifs avec lui à la recherche d'un agent de police, mais le Juif qu'il avait pris par le bras lui envoya un coup de poing qui l'étala sur le dos. Sans laisser au Nazi le temps de se relever, les deux jeunes gens sautèrent dans l'auto et disparurent. Les badauds se dispersèrent petit à petit en commentant l'incident. Peu d'entre eux approuvaient franchement le

Nazi, quelques-uns se prononçaient pour les Juifs, mais la plupart se bornaient à hocher la tête avec incertitude en murmurant : *Allerhand*[1] !

Quand je suis passé, trois heures plus tard, au même endroit, le Nazi y montait toujours la garde, guettant d'un œil vorace quelque autre honneur de femme allemande à protéger.

Nous venons de recevoir une lettre de Frl. Mayr. Frl. Schroeder m'a appelé aussitôt pour en écouter la lecture. Frl. Mayr n'aime pas la Hollande. Elle a été obligée de chanter dans un tas de cafés de second ordre, dans des villes de troisième ordre, et sa chambre est souvent mal chauffée. Les Hollandais, écrit-elle, n'ont aucune culture ; elle n'a rencontré qu'un seul homme du monde, un veuf, vraiment raffiné et supérieur. Ce veuf lui déclare qu'elle est une femme foncièrement féminine ; il n'a pas de goût pour les tendrons. Comme témoignage d'admiration pour son art, il lui a offert tout un assortiment de dessous.

D'autre part, Frl. Mayr a eu des ennuis avec ses collègues. Dans une certaine ville, une concurrente jalouse de sa puissance vocale a tenté de lui crever l'œil avec une épingle à chapeau. Je ne puis m'empêcher d'admirer le courage de cette artiste. En sortant d'entre les mains de Frl. Mayr, elle était si mal en point que pendant huit jours elle n'a pu reparaître sur la scène.

Hier soir, Fritz Wendel me proposa une tournée des boîtes. Cela devait correspondre à des visites d'adieu, car la police commence à manifester un vif intérêt pour ces établissements, en y faisant des descentes et en prenant par écrit le nom des clients. On parle même d'un nettoyage général dans Berlin.

Fritz ne fut guère enchanté de mon insistance pour visiter le *Salomé,* que je ne connaissais pas. Spécialiste de la vie

1. C'est pas croyable !

nocturne, il prit un air tout à fait méprisant. Selon lui, cela n'avait aucun caractère ; c'était un endroit uniquement pour les provinciaux en balade.

Le *Salomé* se révéla comme un endroit très cher et plus déprimant même que je ne l'imaginais.

Des lesbiennes de théâtre et quelques jeunes gens aux sourcils épilés flânaient le long du bar, poussant de temps à autre des ricanements rauques ou des cris de fausset, apparemment destinés à créer l'illusion du rire des damnés. Le local tout entier était peint en or et en rouge infernal ; peluche cramoisie d'un pouce d'épaisseur et vastes miroirs à dorures. Pas mal de monde. Le public se composait principalement d'honorables négociants entre deux âges et de leurs familles qui s'exclamaient avec une stupéfaction bon enfant : « C'est vrai, ils font ça ? » ou bien : « Non ! c'est incroyable ! » Nous sommes partis vers le milieu du spectacle, après qu'un jeune homme en crinoline pailletée et faux seins constellés de bijoux eut exécuté trois fois le grand écart, non sans peine mais avec un vif succès.

A la sortie, nous avons croisé une bande de jeunes Américains, complètement saouls, qui ne se décidaient pas à entrer. Leur chef de file était un jeune homme petit et trapu, avec un pince-nez et une mâchoire agressive.

— Dites donc ! fit-il, s'adressant à Fritz. Qu'est-ce qu'il y a à voir ici ?

— Des hommes habillés en femmes, ricana Fritz.

Le petit Américain n'en croyait pas ses oreilles.

— Des hommes habillés, en *femmes* ? En *femmes,* hein ? Vous voulez dire que ce sont des *cinglés* ?

— Peut-être nous sommes tous des cinglés, chantonna Fritz avec un accent solennel et lugubre.

Le jeune homme nous considéra longuement. Il venait de courir et n'avait pas encore retrouvé sa respiration. Les autres se pressaient derrière lui, empêtrés, mais prêts à affronter n'importe quoi, malgré la légère appréhension qui se peignait sur leurs figures de blancs-becs ébahis, à la clarté verdâtre du réverbère.

— Cinglé, vous aussi, hein ? interrogea le petit Américain, s'attaquant soudain à ma personne.

— Oui, dis-je, tout ce qu'il y a de plus cinglé.

Il se tint un instant devant moi, haletant, avançant la mâchoire, se demandant, semblait-il, s'il ne ferait pas bien de m'envoyer un coup de poing à travers la figure. Enfin il se détourna, lança je ne sais quel cri de guerre estudiantin et sauvage et, suivi de ses camarades, s'engouffra dans la salle.

— Déjà été dans cette boîte communiste près du Zoo ? me demanda Fritz, tandis que nous quittions le *Salomé* :

— Eventuellement, il faudrait aller y jeter un coup d'œil... Dans six mois d'ici, nous porterons peut-être tous la chemise rouge...

J'acquiesçai, curieux de savoir ce qu'était, d'après Fritz, une " boîte communiste ".

Il s'agissait, en l'espèce, d'un caveau exigu, blanchi à la chaux. On était assis par rangées de douze sur de longs bancs de bois devant de grandes tables nues, comme dans un réfectoire d'école. Les murs s'ornaient de griffonnages expressionnistes ; on y voyait aussi des coupures de journaux, de vraies cartes à jouer, des panoplies de dessous de bocks, de boîtes d'allumettes, de cartonnages de cigarettes et de têtes découpées dans des photographies. Le café était plein d'étudiants, pour la plupart habillés avec une négligence politiquement agressive — les hommes en tricot de matelot et pantalon à faux plis, couvert de taches, les femmes avec des pull-overs qui godaient, des jupes ostensiblement maintenues par des épingles de sûreté et des écharpes voyantes de romanichelles, nouées à la diable. La patronne fumait un cigare. Le jeune homme qui tenait l'emploi de serveur allait et venait sans se presser, la cigarette aux lèvres, et tapait les clients dans le dos en prenant les commandes.

Tout cela était parfaitement factice et plein d'une franche gaieté : malgré soi, on se sentait à l'aise dès le premier instant. Fritz, comme toujours, retrouvait une quantité d'amis. Il m'en présenta trois : un certain Martin, un élève des Beaux-Arts du nom de Werner et sa compagne, Inge. Inge était pataude et exubérante ; elle portait un petit chapeau piqué d'une plume qui lui donnait un faux air cocasse d'Henry VIII. Tandis que Werner et Inge bavardaient, Martin gardait le silence. Il était maigre et brun, avec un visage en lame de couteau et le sourire supérieurement sardonique du conspirateur lucide. Un peu plus tard, Fritz Werner et Inge s'étant déplacés pour rejoindre d'autres amis au bout de la table, Martin se mit à parler de la guerre civile imminente. Aussitôt qu'elle aura éclaté, expliquait-il, les communistes, qui manquent de mitrailleuses, occuperont les toits pour tenir la police en respect au moyen de grenades. Il suffira de trois jours, car la flotte soviétique ne fera qu'un bond jusqu'à Swinemünde pour débarquer des troupes.

— En ce moment, je passe presque tout mon temps à fabriquer des bombes, ajouta Martin.

Je hochais la tête et souriais, fort embarrassé, ne sachant s'il se moquait de moi ou s'il était en train de commettre délibérément une indiscrétion monumentale. Il n'était certes pas ivre et je n'avais pas l'impression qu'il fût tout bonnement fou.

Peu après, on vit paraître un garçon de seize ou dix-sept ans, d'une beauté surprenante. Il répondait au nom de Rudi. En blouse russe, culotte de cuir et bottes d'estafette, il se dirigea vers notre table, imitant à s'y méprendre l'attitude héroïque du messager qui revient triomphant après une mission périlleuse. Au reste, il n'avait pas le moindre message à transmettre. Après cette entrée en coup de vent, suivie d'une série de brèves et martiales poignées de main, il vint s'asseoir tranquillement près de nous et se commanda un verre de thé.

Je suis retourné ce soir au café « communiste ». C'est vraiment fascinant, ce petit monde d'intrigues et de contre-intrigues. Son Napoléon, c'est Martin, le sinistre confectionneur de bombes. Werner en est le Danton et Rudi la Jeanne d'Arc. Chacun se méfie de tous les autres. Déjà

Martin m'a prévenu au sujet de Werner, qui n'est pas « sûr politiquement » : l'été dernier, il a dilapidé les fonds d'un groupement de jeunesses communistes. Werner de son côté m'a prévenu au sujet de Martin : celui-ci est soit agent des Nazis, soit informateur de la police, soit encore à la solde du gouvernement français. Au surplus, Werner aussi bien que Martin m'ont énergiquement recommandé de n'avoir jamais rien à faire avec Rudi ; ils ont refusé de m'expliquer pourquoi.

Mais le moyen de n'avoir rien à faire avec Rudi ? Il est venu s'incruster à côté de moi et s'est mis à parler aussitôt : un ouragan d'enthousiasme. Son expression favorite, c'est *knorke* : « oh, formidable ! » Il est éclaireur. Il me posait des questions sur les boy-scouts anglais. Est-ce qu'ils ont l'esprit d'aventure ?

— En Allemagne, tous les garçons sont aventureux. C'est formidable, l'aventure ! Notre chef est quelqu'un de formidable. L'année dernière il est allé en Laponie, il a passé tout l'été à vivre seul dans une hutte... Vous êtes communiste ?

— Non. Et vous ?

Rudi était navré.

— Bien sûr ! Nous le sommes tous, ici... Si vous voulez, je vous prêterai des livres... Vous devriez venir voir notre club. C'est formidable... On chante *Le Drapeau Rouge* et tous les airs défendus... Vous allez me donner des leçons d'anglais. Je veux apprendre toutes les langues.

Je lui ai demandé s'il y avait des filles dans son groupement d'éclaireurs. Il était scandalisé comme si j'avais proféré une obscénité :

— Ça ne vaut rien, les femmes, dit-il avec rancœur, elles vous gâchent tout. Elles n'ont pas l'esprit d'aventure. On se comprend bien mieux, rien qu'entre hommes. Oncle Peter (c'est notre chef) dit que les femmes n'ont qu'à rester chez elles à repriser les chaussettes. C'est tout ce qu'elles savent faire !

— Il est également communiste, l'oncle Peter ?

— Bien sûr ! fit Rudi avec un regard méfiant. Pourquoi me demandez-vous cela ?

— Oh, pour rien de particulier, me hâtai-je de répondre. Pour savoir si je ne le confondais pas avec quelqu'un d'autre.

Cet après-midi je suis allé en banlieue, à la maison de correction, pour faire une visite à l'un de mes élèves, Herr Brink, qui est éducateur là-bas. C'est un homme de petite taille, mais de forte carrure, avec des cheveux clairsemés et sans vie, un regard doux et un front trop massif, en saillie, comme en ont les intellectuels végétariens en Allemagne. Il porte des sandales et une chemise à col ouvert. Je le trouvai au gymnase, en train d'enseigner la culture physique à une classe de jeunes déficients mentaux : la maison, en effet, abrite ceux-ci en même temps que les délinquants mineurs. Avec une certaine fierté attristée, il me signala des cas particuliers : un petit garçon hérédo-syphilitique qui louchait à faire peur ; un autre, né de parents alcooliques, qui ne pouvait s'arrêter de rire. Ils s'accrochaient comme des singes aux barres en espalier, riant et jacassant, l'air parfaitement heureux.

Nous nous rendîmes ensuite dans l'atelier où des garçons plus âgés, en salopette bleue — tous délinquants —, fabriquaient des chaussures. A l'entrée de Brink, la plupart levèrent la tête en souriant ; peu d'entre eux paraissaient farouches. Mais il m'était impossible de les regarder dans les yeux. Je me sentais affreusement fautif et honteux : n'étais-je pas à ce moment, en face d'eux, un représentant isolé de leurs geôliers, de toute la Société Capitaliste ? Je me demandais si par hasard certains d'entre eux n'avaient pas été arrêtés à l'*Alexander Casino* et si, dans ce cas, ils m'avaient reconnu.

Nous déjeunâmes dans la chambre de la surveillante. Herr Brink s'excusait de m'offrir le même menu que celui des garçons : soupe aux pommes de terre avec deux saucisses par personne et compote de pommes aux pruneaux. Je déclarai — comme on s'y attendait de ma part — que c'était excellent. Et pourtant, à la seule idée que ces garçons étaient contraints d'avaler cela, ou autre chose, dans ce bâtiment, chaque bouchée me restait en travers de la gorge. La nourriture des institutions est d'une saveur indescriptible, purement imaginaire peut-être. (Un des souvenirs les plus vifs et les plus écœurants de ma vie de pension, c'est l'odeur du pain blanc ordinaire.)

— Vous n'avez pas de barreaux ici, ni de portes cadenassées, dis-je ; je croyais que c'était obligatoire dans les maisons de redressement. Vos garçons ne se sauvent donc pas ?

— Jamais, pour ainsi dire.

Brink paraissait positivement peiné de faire cet aveu ; il laissa retomber la tête dans ses mains d'un air découragé :

— Et où iraient-ils ? Ici, ils sont mal. Chez eux, ils seraient plus mal encore. La plupart s'en rendent compte.

— Il existe cependant un instinct naturel de liberté ?

— Oui, vous avez raison. Mais chez ces garçons-là il ne tarde pas à disparaître. Le régime contribue à cela. Chez les Allemands cet instinct n'est jamais très développé, sans doute.

— Vous n'avez pas trop d'ennuis ici, dans ce cas ?

— Mais si, quelquefois... Il y a trois mois, il s'est passé quelque chose d'affreux. Un des garçons a volé le pardessus d'un autre. Il a demandé la permission d'aller en ville — c'est autorisé — avec l'intention probable de le vendre. Mais le propriétaire du pardessus l'a suivi et ils ont commencé à se battre. Le propriétaire du pardessus a ramassé une grosse pierre et l'a lancée à l'autre. Celui-ci, se voyant blessé, barbouilla exprès la plaie avec de la boue, dans l'espoir de l'aggraver et d'éviter ainsi la punition. La plaie s'envenima. Trois jours après, le garçon mourait d'un empoisonnement du sang et son camarade en l'apprenant, se tuait avec un couteau de cuisine.

Brink poussa un profond soupir :

— Je désespère parfois, ajouta-t-il. On dirait qu'il y a quelque chose de mauvais, quelque maladie infectieuse qui se répand aujourd'hui sur le monde.

— Mais au fond, que pouvez-vous faire pour ces garçons ? demandai-je.

— Pas grand-chose. On leur apprend un métier. Ensuite

on essaie de leur trouver du travail, ce qui est à peu près impossible. S'ils ont un emploi dans les environs, ils peuvent continuer à coucher ici... Le Principal est d'avis que leur existence peut être transformée grâce à la religion chrétienne. A mon grand regret, je ne partage pas ce sentiment. Le problème n'est pas si simple. J'ai bien peur que, faute d'emploi, la plupart d'entre eux ne se spécialisent dans le crime. On ne peut pas, après tout, obliger les gens à mourir de faim.

— Et il n'y a pas d'autre solution ?

Brink se leva et m'entraîna vers la fenêtre.

— Voyez-vous ces deux bâtiments ? L'un, c'est un atelier de mécanique, l'autre, c'est la prison. Autrefois, les garçons de la région avaient cette alternative devant eux. Aujourd'hui, l'entreprise de mécanique est en faillite. Elle ferme dans huit jours.

Je suis allé ce matin voir le club de Rudi, qui est en même temps le siège d'un journal illustré pour les éclaireurs.

L'oncle Peter, rédacteur en chef et instructeur des scouts, est un homme assez jeune, farouche d'aspect, avec un visage couleur de parchemin et des yeux profondément enfoncés. Il porte une culotte et un blouson de velours à côtes. C'est évidemment l'idole de Rudi. Le seul moment où Rudi veut bien s'arrêter de parler, c'est quand l'oncle Peter a quelque chose à dire. Ils m'ont montré des douzaines de photos, toutes prises d'en bas, de manière que les garçons fassent figure de géants d'épopée, placés de profil sur un fond de nuages énormes. Quant à l'illustré, il contient des articles sur la chasse, le traçage des sentiers, la préparation des repas, le tout rédigé en un style hyperenthousiaste avec un curieux accent d'hystérie, comme si les actes en question faisaient partie d'un rite religieux ou érotique. Il y avait autour de nous dans la pièce une demi-douzaine d'autres garçons, tous à l'état de semi-nudité héroïque, avec des culottes aussi courtes et des chemises ou des gilets aussi minces que possible, malgré le grand froid.

Quand j'eus fini de regarder les photos, Rudi m'emmena dans la salle de réunion. De longues bannières de couleur pendaient contre les murs, brodées d'initiales et de mystérieux emblèmes totémiques. A l'une des extrémités de la salle on voyait une table basse, recouverte d'un tapis écarlate à broderies — une sorte d'autel. Sur la table il y avait des bougies dans des candélabres de cuivre.

— On les allume le jeudi, expliquait Rudi, pour les palabres du feu de camp. Ensuite on s'assied tous en rond par terre et on chante ou on raconte des histoires.

Au-dessus de la table aux candélabres il y avait, en manière d'icône, un dessin encadré représentant un jeune éclaireur d'une beauté surnaturelle, qui fixait un regard sévère dans l'espace et tenait un drapeau à la main. Tout cet endroit m'inspirait un profond malaise. Je saisis le premier prétexte venu pour m'excuser et partir.

Entendu au café : un jeune Nazi et son amie discutent de l'avenir du Parti. Le Nazi est saoul :

— Oh ! je sais bien que nous aurons le dessus, s'écrie-t-il dans son impatience, seulement ce n'est pas assez ! (Il tape du poing sur la table.) Il faut que le sang soit répandu !

La jeune femme lui caresse le bras d'un geste rassurant. Elle voudrait bien le ramener à la maison. Et elle roucoule pour le calmer :

— Mais bien sûr qu'il sera répandu, mon chéri. Le Führer nous l'a promis dans son programme.

Aujourd'hui c'est le “ dimanche d'argent ”. Les rues sont pleines de gens qui font leurs emplettes. Tout le long de la Tauentzienstrasse, hommes, femmes et enfants vous proposent à grands cris des cartes postales, des fleurs, des recueils de chants, de la brillantine, des bracelets. Les sapins de Noël sont entassés pour la vente sur le trottoir central entre les lignes de tramway. Des S.A. en uniforme agitent bruyamment leurs boîtes à collecte. Dans les rues perpendiculaires, des camions attendent, remplis d'agents, car de nos jours tout rassemblement risque de donner lieu à un pugilat politique. L'Armée du Salut, sur la Wittenbergplatz, a dressé un grand arbre illuminé avec une étoile électrique bleue. Des étudiants stationnaient tout autour et lançaient des quolibets. Je reconnus parmi eux le Werner du café “ communiste ”.

— D'ici un an, me dit-il, cette étoile aura changé de couleur !

Il riait de toutes ses forces, très excité, légèrement hystérique. La veille, il lui était arrivé une aventure extraordinaire :

— Vous comprenez, avec trois camarades nous avions décidé de faire une manifestation à l'Office du Travail de Neùköln. Il était convenu que je prendrais la parole tandis que les autres empêcheraient les interruptions. Nous y sommes arrivés vers dix heures et demie, au moment de la grande affluence. Bien entendu, nous avions tout combiné, chacun des copains devait garder une des portes pour que les employés ne puissent pas se sauver. Ils étaient tous là, faits comme des rats. Evidemment, on ne pouvait pas les empêcher de téléphoner à la police, nous le savions bien. Nous disposions, d'après nos calculs, de six ou sept minutes... Alors, aussitôt les portes bouclées, je saute sur une table et je commence à dégoiser ce qui me passe par la tête, je ne sais plus trop quoi. En tout cas, ils ont trouvé ça très bien. En moins d'une minute j'ai réussi à les exciter au point que je n'étais plus rassuré moi-même. J'avais peur qu'ils ne fassent irruption dans les bureaux pour lyncher quelqu'un. Comme chahut, c'était soigné, je vous garantis ! Mais juste comme les choses commençaient à s'animer pour de bon, un camarade d'en bas est venu nous avertir que les flics étaient là, en train de sortir du camion. Il a fallu déguerpir en vitesse... Ils nous auraient eus, je crois bien, si la foule n'avait pas été avec nous et ne les avait empêchés de passer jusqu'à ce que nous ayons pu filer par l'autre côté, dans la rue...

Werner s'arrêta hors d'haleine. Puis il dit encore :

— Je vous le promets, Christopher, le régime capitaliste n'a plus longtemps à vivre. Les travailleurs bougent !

Au début de la soirée je me trouvais dans la Bulowstrasse. Il venait d'y avoir un grand meeting nazi au Sportspalast ; des groupes d'hommes et d'adolescents en sortaient, vêtus de leur uniforme brun ou noir. Trois S.A. marchaient devant moi sur le trottoir, chacun portant, comme un fusil sur l'épaule, un drapeau nazi, roulé autour de sa hampe ; les hampes se terminaient par des pointes métalliques en fer de lance.

Soudain les S.A. se trouvèrent face à face avec un garçon de dix-sept ou dix-huit ans, en civil, qui courait dans la direction opposée. J'entendis un des Nazis crier : « Le voilà ! » et aussitôt tous les trois se ruèrent sur le jeune homme. Il poussa un cri, essaya de s'esquiver, mais n'en eut pas le temps. L'instant d'après, l'ayant refoulé dans l'ombre d'une porte cochère, ils étaient en train de le battre et de le frapper avec les pointes aiguës de leurs hampes. Tout cela s'était déroulé avec une rapidité si invraisemblable que j'en croyais à peine mes yeux. Déjà les trois S.A., abandonnant leur victime, avaient repris leur marche à travers la foule, dans la direction de l'escalier qui conduit au métro aérien.

Je fus, avec un autre passant, le premier à atteindre la porte sous laquelle le jeune homme était tombé. Il était là, tassé sur lui-même, gisant de guingois dans un coin comme un sac oublié. Tandis qu'on le relevait, j'entrevis avec horreur son visage : l'œil gauche était à moitié arraché et le sang s'écoulait de la plaie. Il n'était pas mort. Quelqu'un s'est offert à le transporter à l'hôpital en taxi.

Entre-temps des douzaines de spectateurs s'étaient rassemblés. Ils avaient l'air étonnés, mais pas spécialement émus : ce genre de choses est devenu trop courant. « *Allerhand...* » entendait-on murmurer. A vingt mètres de là, au coin de la Potsdamerstrasse, se tenait un groupe d'agents de police, armés jusqu'aux dents. Bombant le torse, la main sur le ceinturon du revolver, ils demeuraient superbement indifférents à toute cette affaire.

Werner est désormais un héros. Sa photographie a paru il y a quelques jours dans la *Rote Fahne,* avec cette légende : « Nouvelle victime du bain de sang policier. » Hier — le Jour de l'An — je suis allé le voir à l'hôpital.

Aussitôt après Noël, il y a eu, paraît-il, une bagarre aux environs du Stettiner Bahnhof. Werner se trouvait à l'extrémité du rassemblement, ignorant la cause du conflit. A tout hasard, pour le cas où il se serait agi de politique, il se mit à hurler : « Front Rouge ! » Un agent voulut lui mettre la main au collet, Werner lui envoya un coup dans l'estomac ; l'agent sortit son revolver et le déchargea trois fois dans les jambes de Werner. Quand il eut fini, il appela un collègue et ensemble ils portèrent Werner jusqu'à un taxi. Pendant le trajet vers le commissariat, ils lui ont tapé sur la tête avec leurs matraques jusqu'à ce qu'il ait perdu connaissance. Dès qu'il sera suffisamment remis, il devra selon toute vraisemblance passer en jugement.

Il me faisait part de tout cela avec la plus grande satisfaction, assis dans son lit, entouré de ses amis et admirateurs, parmi lesquels Rudi et Inge avec son chapeau Henry VIII. Sa couverture était jonchée de coupures de journaux. Quelqu'un avait pris soin de souligner chaque fois le nom de Werner au crayon rouge.

Aujourd'hui 22 janvier, les Nazis manifestaient sur la Bülowplatz devant la maison de Karl Liebknecht. Toute la semaine dernière, les communistes avaient essayé de faire interdire cette manifestation : il s'agissait uniquement, disaient-ils, d'un acte de provocation, ce qui était exact. Je suis allé voir cela en compagnie de Frank, correspondant d'un journal étranger.

Ainsi que Frank l'a fait remarquer plus tard, c'était plutôt une démonstration de la police qu'une démonstration des Nazis : on comptait au bas mot deux agents pour un Nazi. Peut-être le général Schleicher avait-il autorisé ce défilé afin de montrer quels sont, en réalité, les maîtres de Berlin. Tout le monde dit qu'il va proclamer une dictature militaire.

Mais les vrais maîtres de Berlin, ce ne sont ni la Police, ni l'Armée, ni certes pas les Nazis. Les maîtres de Berlin, ce sont les ouvriers. Malgré tout ce que j'avais lu ou entendu en fait de propagande, malgré toutes les manifestations auxquelles j'avais assisté, c'est seulement aujourd'hui que je m'en suis rendu compte pour la première fois. Parmi les centaines de gens dans les rues autour de la Bülowplatz, les communistes organisés devaient être relativement peu nombreux, et cependant on avait l'impression que tous ces individus isolés faisaient bloc contre le défilé en question. Quelqu'un entonna *l'Internationale* et en un clin d'œil tout le monde se mit à chanter, jusqu'aux femmes qui, leur bébé dans les bras, se montraient aux fenêtres des mansardes. Les Nazis filaient à toutes jambes entre leurs doubles rangées de protecteurs. La plupart baissaient les yeux ou regardaient devant eux d'un air morne ; quelques-uns esquissaient tant bien que mal des sourires furtifs. La procession terminée, un gros petit S.A. d'un certain âge qui pour une raison quelconque était resté en arrière, arriva hors d'haleine, au pas gymnastique, affolé de se trouver seul et s'efforçant en vain de rattraper les autres. La foule tout entière riait aux éclats.

Pendant la manifestation, l'accès de la Bülowplatz était interdit. Alors la foule, impatiente, se mit à déferler tout autour. Les choses menaçaient de se gâter. Les agents, brandissant leur fusil, nous ordonnaient de reculer. Quelques-uns, encore novices, faisaient mine de vouloir tirer. Puis une auto blindée arriva et commença à pointer lentement sa mitrailleuse sur nous. Ce fut un sauve-qui-peut vers les portes cochères et les cafés ; mais dès que l'auto se remit en marche, chacun se précipita de nouveau dans la rue avec des cris et des chants. Cela avait trop l'air d'un jeu d'écoliers indisciplinés pour paraître vraiment alarmant. Frank s'amusait comme un fou, la bouche fendue jusqu'aux oreilles ; il sautillait d'un point à l'autre avec son pardessus flottant et ses énormes lunettes de hibou, tel un oiseau disgracieux et moqueur.

Huit jours seulement depuis que j'ai écrit ce qui précède. Schleicher a démissionné. Les monocles ont bien travaillé. Hitler a formé un cabinet avec Hugenberg. Personne ne croit que cela puisse tenir jusqu'au printemps.

Les journaux ressemblent de plus en plus à des publications scolaires : il n'y est plus question que de nouveaux règlements, de nouvelles punitions et de listes de ceux qui sont mis “ en retenue ”. Ce matin, Goering a inventé trois nouvelles variétés de haute trahison.

Tous les soirs, je vais m'installer dans un grand café d'artistes à moitié vide, près de l'Eglise du Souvenir. Des Juifs et des intellectuels de gauche y rapprochent leurs têtes au-dessus des tables de marbre, s'entretenant à voix basse, angoissée. Beaucoup d'entre eux s'attendent à être arrêtés, aujourd'hui, demain ou la semaine prochaine. Alors ils se montrent polis et affables les uns avec les autres, ils se tirent des coups de chapeau et s'enquièrent de la santé de leurs familles respectives. De célèbres querelles littéraires, vieilles de plusieurs années, sont effacées d'un trait.

Presque tous les soirs, on voit paraître des S.A. dans ce café. Parfois ils se contentent de faire la quête : chacun est obligé d'y contribuer. Mais il en est déjà venu pour des arrestations. Un certain soir, un écrivain juif qui se trouvait là se précipita dans la cabine téléphonique pour alerter la police. Les Nazis l'ont sorti de là et l'ont emmené. Personne n'a levé le petit doigt. On aurait entendu une mouche voler jusqu'à ce qu'ils soient partis.

Les correspondants de la presse étrangère dînent tous les soirs au même petit restaurant italien, dans un coin, autour d'une grande table ronde. Le reste des clients ne les quitte pas des yeux et s'efforce d'écouter leurs propos. Si vous avez un tuyau à leur passer — détails d'une arrestation, adresse d'une victime dont on pourrait interviewer la famille — l'un d'eux quitte la table pour aller faire avec vous les cent pas dans la rue.

Un jeune communiste que je connais avait été arrêté par

les S.A., emmené dans une caserne nazie et sérieusement malmené. Relâché au bout de quelques jours, il est rentré chez lui. Le lendemain matin on frappe à sa porte. Le communiste, le bras en écharpe, va ouvrir en clopinant ; c'est un Nazi qui est là avec un tronc pour la collecte. A cette vue, le communiste éclate et se met à hurler :

— Ça ne vous suffit pas de m'avoir démoli ? Vous osez encore venir me demander de l'argent ?

Mais le Nazi ne perd pas le sourire :

— Allons, allons, camarade ! Pas de chicane politique ! Nous sommes dans le Troisième Reich, ne l'oublie pas ! On est tous des frères ! Tâche donc de chasser de ton cœur cette stupide haine politique !

Ce soir je suis entré dans une maison de thé russe de la Kleiststrasse et j'y ai trouvé D. Sur le moment, j'ai cru rêver. Il m'aborda tout à fait comme d'habitude, la physionomie rayonnante.

— Grands dieux, fis-je à mi-voix, comment se fait-il que tu sois là ?

Il rayonnait de plus belle :

— Tu me croyais à l'étranger ?

— Bien sûr, voyons !

— C'est que la situation est tellement intéressante aujourd'hui...

Je me mis à rire :

— C'est un point de vue, je veux bien... Mais n'est-ce pas terriblement dangereux pour toi ?

D. se contenta de sourire. Puis, se tournant vers la jeune femme assise à sa table, il expliqua :

— Je vous présente Mr. Isherwood... Vous pouvez parler librement avec lui. Il a horreur des Nazis autant que nous autres. Mais oui ! Mr. Isherwood est un antifasciste déclaré !

Il riait cordialement et me tapait dans le dos. Plusieurs clients, à des tables voisines, l'avaient entendu. Leurs réactions étaient curieuses : certains n'en croyaient simplement pas leurs oreilles, d'autres étaient si terrorisés qu'ils faisaient semblant de ne rien entendre et continuaient à déguster leur thé, en proie à une sourde épouvante. Rarement je me suis senti aussi gêné dans ma vie.

(La technique de D. semble pourtant présenter quelques avantages. Il n'a jamais été arrêté. Deux mois plus tard, il franchissait sans encombre la frontière hollandaise.)

Ce matin, comme je passais par la Bülowstrasse, les Nazis venaient d'envahir la maison d'un petit éditeur libéral et pacifiste. Ils avaient amené un camion et y empilaient les éditions. Le chauffeur lisait d'un air goguenard les titres des livres à l'intention des badauds :

— *Nie wieder Krieg!* hurlait-il, brandissant un volume qu'il tenait par un coin de la couverture avec dégoût, comme si c'était un reptile de la pire espèce.

Tout le monde se tordait de rire.

— Plus jamais de guerre! reprenait en écho une grosse femme bien habillée, avec un ricanement méprisant et féroce. En voilà une idée!

Actuellement j'ai comme élève régulier Herr N., naguère préfet de police sous le régime de Weimar. Il vient chez moi tous les jours, désirant rafraîchir son anglais car il est sur le point de partir pour occuper un poste aux Etats-Unis. Ce qu'il y a de curieux dans ces leçons, c'est qu'elles ont lieu pendant que nous roulons par les rues dans l'énorme limousine de Herr N. Personnellement, Herr N. ne met jamais les pieds dans notre maison : il me fait prévenir par son chauffeur, je descends et la voiture démarre aussitôt.

Parfois nous nous arrêtons à la lisière du Tiergarten pour faire quelques pas le long des allées, toujours suivis du chauffeur, à une distance respectueuse.

Herr N. me parle principalement de sa famille. Il est ennuyé à cause de son fils qui n'a pas beaucoup de santé et qu'il est obligé de laisser ici car il doit subir une opération. Sa femme n'a pas de santé non plus. Il espère qu'elle supportera bien le voyage. Il énumère les symptômes de son mal et les médicaments qu'elle prend. Il me raconte des histoires sur l'enfance de son fils.

Une sorte d'intimité discrète et impersonnelle s'est établie entre nous. Herr N. est toujours d'une politesse exquise et m'écoute avec une grave attention expliquer quelque point de grammaire. Derrière chacune de ses phrases je devine une immense tristesse.

Jamais nous ne parlons politique. Je suis sûr cependant que Herr N. est un adversaire des Nazis, menacé même peut-être d'une brusque arrestation. Un matin, en passant par Unter den Linden, nous avons croisé un groupe arrogant de S.A. qui bavardaient sur toute la largeur du trottoir. Herr N. eut un sourire imperceptible et triste :

— On voit des choses bien bizarres aujourd'hui dans les rues.

Ce fut là son seul commentaire.

De temps en temps il se penche vers la portière et contemple un édifice ou un square avec une douloureuse fixité, comme pour imprimer l'image dans sa mémoire ou pour lui dire adieu.

Demain je pars pour l'Angleterre. Je reviendrai dans quelques semaines, mais seulement pour chercher mes affaires avant de quitter Berlin définitivement.

La pauvre Frl. Schroeder est inconsolable :

— Je ne retrouverai jamais un monsieur comme vous, Herr Issyvoo — toujours si exact pour le loyer... Je n'arrive pas à comprendre ce qui peut vous faire quitter Berlin comme ça, tout d'un coup...

Ce n'est pas la peine de tenter des explications ou de parler politique. La voici déjà en train de s'adapter, comme elle s'adaptera à n'importe quel nouveau régime. Ce matin je l'ai même entendue prononcer sérieusement « *der Führer* », en parlant avec la concierge. Si on lui rappelait qu'aux élections de novembre dernier elle a voté communiste, elle s'en défendrait sans doute énergiquement et avec une parfaite conviction. C'est tout simplement qu'elle s'acclimate, en vertu d'une loi naturelle, comme un animal qui change de pelage pour l'hiver. Des milliers de gens pareils à Frl. Schroeder sont en voie d'acclimatation. Après tout, quel que soit le régime au pouvoir, ils sont bien obligés de vivre dans cette ville.

Aujourd'hui le soleil brille de tout son éclat ; le temps est doux et chaud. Je fais ma dernière promenade matinale sans pardessus, sans chapeau. Le soleil brille et Hitler est maître de cette ville. Le soleil brille et des douzaines de mes amis — mes élèves de l'Ecole Ouvrière, les hommes et les femmes que je fréquentais à l'I.A.H. — sont emprisonnés, morts peut-être. Mais ce n'est pas à eux que je pense, aux lucides, aux conscients, aux héroïques ; ils connaissaient et acceptaient les risques. Je pense au pauvre Rudi avec son absurde blouse russe. Le jeu pour faire semblant, le jeu romanesque de Rudi est désormais quelque chose de sérieux. Les Nazis vont se mettre à y jouer avec lui. Les Nazis ne riront pas de lui ; ils le prendront carrément pour ce qu'il s'imaginait être. En ce moment précis, il se peut que Rudi agonise sous les tortures.

J'aperçois mon visage dans la glace d'une boutique et constate avec horreur que je souris. On ne peut s'empêcher de sourire, tant il fait beau. Les trams vont et viennent dans la Kleiststrasse, absolument comme d'habitude. Le trafic, et les passants sur le trottoir, et le dôme en couvre-théière de la gare de la Nollendorfplatz, tout a un aspect étrangement familier, et ressemble de façon frappante à quelque chose que l'on a connu normal et agréable dans le passé — comme une très bonne photographie.

Non. Même à présent je ne parviens pas à croire que rien de tout cela ait vraiment existé.

Table

Du même auteur

A quatre temps
Nagel, 1945

Le Monde au crépuscule
Denoël, 1956

L'Ami de passage
Gallimard, 1964

M. Norris change de train
Julliard, 1964 et coll. « 10/18 », 1981

Tous les conspirateurs
Julliard, 1968 et coll. « 10/18 », 1981

La Violette du Prater
Julliard, 1968 et coll. « 10/18 », 1982

Un homme au singulier
Hachette, 1979 et Seuil, coll. « Points Roman », n° 138

Christopher et son monde, 1929-1939
Hachette, 1981

Mon gourou et son disciple
Flammarion, 1982

Rencontre au bord du fleuve
Flammarion, 1982

Le Mémorial
Bourgois, 1988 et coll. « 10/18 », 1990

Octobre
Rivages, 1984

Le Lion et son ombre
Minerve, 1988

Le Condor : journal de voyage
Rivages, 1990

Kathleen et Frank
Ramsay, 1991

IMPRIMERIE BUSSIÈRE À SAINT-AMAND (CHER)
DÉPÔT LÉGAL : FÉVRIER 1992. N° 13012 (2953)

Collection Points

SÉRIE ROMAN

DERNIERS TITRES PARUS

R350. Boulevard des trahisons, *par Thomas Sanchez*
R351. L'Incendie, *par Mohammed Dib*
R352. Le Centaure, *par John Updike*
R353. Une fille cousue de fil blanc, *par Claire Gallois*
R354. L'Adieu aux champs, *par Rose Vincent*
R355. La Ratte, *par Günter Grass*
R356. Le Monde hallucinant, *par Reinaldo Arenas*
R357. L'Anniversaire, *par Mouloud Feraoun*
R358. Le Premier Jardin, *par Anne Hébert*
R359. L'Amant sans domicile fixe
par Carlo Fruttero et Franco Lucentini
R360. L'Atelier du peintre, *par Patrick Grainville*
R361. Le Train vert, *par Herbert Lieberman*
R362. Autopsie d'une étoile, *par Didier Decoin*
R363. Un joli coup de lune, *par Chester Himes*
R364. La Nuit sacrée, *par Tahar Ben Jelloun*
R365. Le Chasseur, *par Carlo Cassola*
R366. Mon père américain, *par Jean-Marc Roberts*
R367. Remise de peine, *par Patrick Modiano*
R368. Le Rêve du singe fou, *par Christopher Frank*
R369. Angelica, *par Bertrand Visage*
R370. Le Grand Homme, *par Claude Delarue*
R371. La Vie comme à Lausanne, *par Erik Orsenna*
R372. Une amie d'Angleterre, *par Anita Brookner*
R373. Norma ou l'exil infini, *par Emmanuel Roblès*
R374. Les Jungles pensives, *par Michel Rio*
R375. Les Plumes du pigeon, *par John Updike*
R376. L'Héritage Schirmer, *par Eric Ambler*
R377. Les Flamboyants, *par Patrick Grainville*
R378. L'Objet perdu de l'amour, *par Michel Braudeau*
R379. Le Boucher, *par Alina Reyes*
R380. Le Labyrinthe aux olives, *par Eduardo Mendoza*
R381. Les Pays lointains, *par Julien Green*
R382. L'Épopée du buveur d'eau, *par John Irving*
R383. L'Écrivain public, *par Tahar Ben Jelloun*
R384. Les Nouvelles Confessions, *par William Boyd*
R385. Les Lèvres nues, *par France Huser*
R386. La Famille de Pascal Duarte, *par Camilo José Cela*
R387. Une enfance à l'eau bénite, *par Denise Bombardier*
R388. La Preuve, *par Agota Kristof*

R389. Tarabas, *par Joseph Roth*
R390. Replay, *par Ken Grimwood*
R391. Rabbit Boss, *par Thomas Sanchez*
R392. Aden Arabie, *par Paul Nizan*
R393. La Ferme, *par John Updike*
R394. L'Obscène Oiseau de la nuit, *par José Donoso*
R395. Un printemps d'Italie, *par Emmanuel Roblès*
R396. L'Année des méduses, *par Christopher Frank*
R397. Miss Missouri, *par Michel Boujut*
R398. Le Figuier, *par François Maspero*
R399. La Solitude du coureur de fond, *par Alan Sillitoe*
R400. L'Exposition coloniale, *par Erik Orsenna*
R401. La Ville des prodiges, *par Eduardo Mendoza*
R402. La Croyance des voleurs, *par Michel Chaillou*
R403. Rock Springs, *par Richard Ford*
R404. L'Orange amère, *par Didier van Cauwelaert*
R405. Tara, *par Michel del Castillo*
R406. L'Homme à la vie inexplicable, *par Henri Gougaud*
R407. Le Beau Rôle, *par Louis Gardel*
R408. Le Messie de Stockholm, *par Cynthia Ozick*
R409. Les Exagérés, *par Jean- François Vilar*
R410. L'Objet du scandale, *par Robertson Davies*
R411. Berlin mercredi, *par François Weyergans*
R412. L'Inondation, *par Evguéni Zamiatine*
R413. Rentrez chez vous Bogner !, *par Heinrich Böll*
R414. Les Herbes amères, *par Chochana Boukhobza*
R415. Le Pianiste, *par Manuel Vázquez Montalbán*
R416. Une mort secrète, *par Richard Ford*
R417. La Journée d'un scrutateur, *par Italo Calvino*
R418. Collection de sable, *par Italo Calvino*
R419. Les Soleils des indépendances, *par Ahmadou Kourouma*
R420. Lacenaire (un film de Francis Girod), *par Georges Conchon*
R421. Œuvres pré-posthumes, *par Robert Musil*
R422. Merlin, *par Michel Rio*
R423. Charité, *par Éric Jourdan*
R424. Le Visiteur, *par György Konrad*
R425. Monsieur Adrien, *par Franz-Olivier Giesbert*
R426. Palinure de Mexico, *par Fernando Del Paso*
R427. L'Amour du prochain, *par Hugo Claus*
R428. L'Oublié, *par Elie Wiesel*
R429. Temps zéro, *par Italo Calvino*
R430. Les Comptoirs du Sud, *par Philippe Doumenc*
R431. Le Jeu des décapitations, *par Jose Lezama Lima*
R432. Tableaux d'une ex, *par Jean-Luc Benoziglio*
R433. Les Effrois de la glace et des ténèbres
par Christoph Ransmayr
R434. Paris-Athènes, *par Vassilis Alexakis*

R435. La Porte de Brandebourg, *par Anita Brookner*
R436. Le Jardin à la dérive, *par Ida Fink*
R437. Malina, *par Ingeborg Bachmann*
R438. Moi, laminaire, *par Aimé Césaire*
R439. Histoire d'un idiot racontée par lui-même *par Félix de Azúa*
R440. La Résurrection des morts, *par Scott Spencer*
R441. La Caverne, *par Eugène Zamiatine*
R442. Le Manticore, *par Robertson Davies*
R443. Perdre, *par Pierre Mertens*
R444. La Rébellion, *par Joseph Roth*
R445. D'amour P. Q., *par Jacques Godbout*
R446. Un oiseau brûlé vif, *par Agustin Gomez-Arcos*
R447. Le Blues de Buddy Bolden *par Michael Ondaatje*
R448. Étrange séduction (Un bonheur de rencontre) *par Ian McEwan*
R449. La Diable, *par Fay Weldon*
R450. L'Envie, *par Iouri Olecha*
R451. La Maison du Mesnil, *par Maurice Genevoix*
R452. La Joyeuse Bande d'Atzavara *par Manuel Vázquez Montalbán*
R453. Le Photographe et ses Modèles, *par John Hawkes*
R454. Rendez-vous sur la terre, *par Bertrand Visage*
R455. Les Aventures singulières du soldat Ivan Tchonkine *par Vladimir Voïnovitch*
R456. Départements et Territoires d'outre-mort *par Henri Gougaud*
R457. Vendredi des douleurs *par Miguel Angel Asturias*
R458. L'Avortement, *par Richard Brautigan*
R459. Histoire du ciel, *par Jean Cayrol*
R460. Une prière pour Owen, *par John Irving*
R461. L'Orgie, la Neige, *par Patrick Grainville*
R462. Le Tueur et son ombre, *par Herbert Lieberman*
R463. Les Grosses Rêveuses, *par Paul Fournel*
R464. Un week-end dans le Michigan, *par Richard Ford*
R465. Les Marches du palais, *par David Shahar*
R466. Les hommes cruels ne courent pas les rues *par Katherine Pancol*
R467. La Vie exagérée de Martín Romaña *par Alfredo Bryce-Echenique*
R468. Les Étoiles du Sud, *par Julien Green*
R469. Aventures, *par Italo Calvino*
R470. Jour de silence à Tanger, *par Tahar Ben Jelloun*
R471. Sous le soleil jaguar, *par Italo Calvino*
R472. Les cyprès meurent en Italie, *par Michel del Castillo*

R473. Kilomètre zéro, *par Thomas Sanchez*
R474. Singulières Jeunes Filles, *par Henry James*
R475. Franny et Zooey, *par J. D. Salinger*
R476. Vaulascar, *par Michel Braudeau*
R477. La Vérité sur l'affaire Savolta
par Eduardo Mendoza
R478. Les Visiteurs du crépuscule, *par Eric Ambler*
R479. L'Ancienne Comédie, *par Jean-Claude Guillebaud*
R480. La Chasse au lézard, *par William Boyd*
R481. Les Yaquils, *suivi de* Ile déserte
par Emmanuel Roblès
R482. Proses éparses, *par Robert Musil*
R483. Le Loum, *par René-Victor Pilhes*
R484. La Fascination de l'étang, *par Virginia Woolf*
R485. Journaux de jeunesse, *par Rainer Maria Rilke*
R486. Tirano Banderas, *par Ramón del Valle-Inclán*
R487. Une trop bruyante solitude, *par Bohumil Hrabal*
R488. En attendant les barbares, *par J. M. Coetzee*
R489. Les Hauts-Quartiers, *par Paul Gadenne*
R490. Je lègue mon âme au diable
par Germán Castro Caycedo
R491. Le Monde des merveilles, *par Robertson Davies*
R492. Louve basse, *par Denis Roche*
R493. La Couleur du destin
par Carlo Fruttero et Franco Lucentini
R494. Poupée blonde
par Patrick Modiano, dessins de Pierre Le-Tan
R495. La Mort de Lohengrin, *par Heinrich Böll*
R496. L'Aïeul, *par Aris Fakinos*
R497. Le Héros des femmes, *par Adolfo Bioy Casares*
R498. 1492. Les Aventures de Juan Cabezón de Castille
par Homero Aridjis
R499. L'Angoisse du tigre, *par Jean-Marc Roberts*
R500. Les Yeux baissés, *par Tahar Ben Jelloun*
R501. L'Innocent, *par Ian McEwan*
R502. Les Passagers du Roissy-Express
par François Maspero
R503. Adieu à Berlin, *par Christopher Isherwood*
R504. Remèdes désespérés, *par Thomas Hardy*
R505. Le Larron qui ne croyait pas au ciel
par Miguel Angel Asturias
R506. Madame de Mauves, *par Henry James*
R507. L'Année de la mort de Ricardo Reis
par José Saramago
R508. Abattoir 5, *par Kurt Vonnegut*
R509. Comme je l'entends
par John Cowper Powys